STAR WARS®

LA GUERRA DE LOS CLONES

VOLUMEN 1

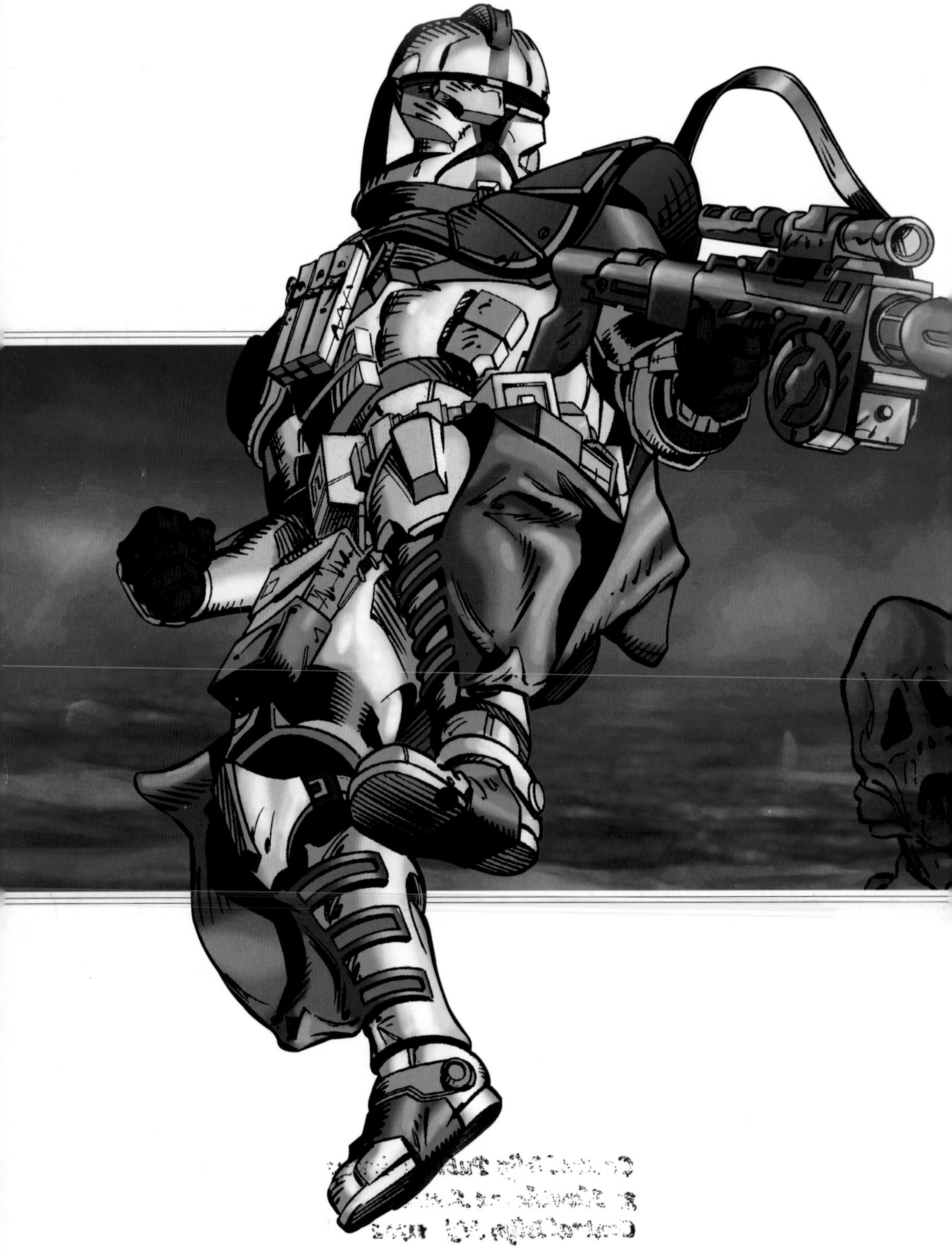

Los sucesos de esta historia ocurren de dos a tres meses después de la Batalla de Geonosis (como se vio en Star Wars: el Ataque de los Clones)

STAR WARS®

LA GUERRA DE LOS CLONES

VOLUMEN 1

La defensa de Kamino
y otras historias

Dark Horse Comics®

color **Joe Wayne**

letras **Digital Chameleon**

ilustración de portada **Carlo Arellano**

editor en jefe **Mike Richardson**

diseñador de la colección **Darin Fabrick**

director de arte **Mark Cox**

editor asociado **Jeremy Barlow**

editor **Randy Stradley**

traducción **Caligrama Editores**

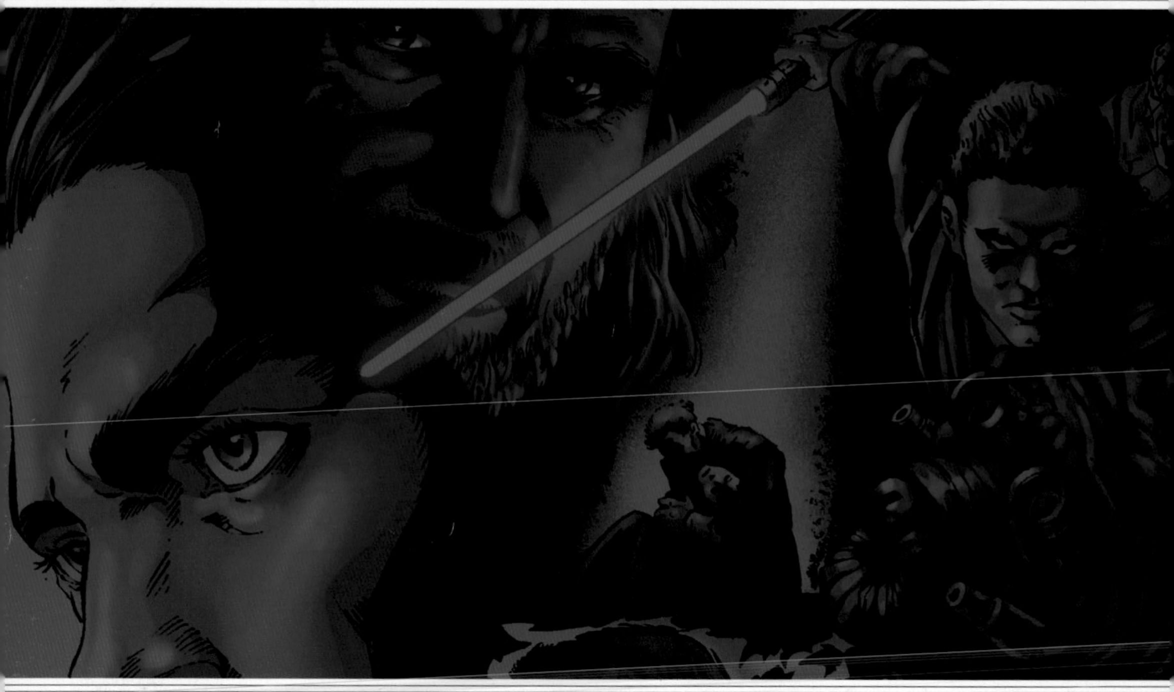

agradecimiento especial a **Chris Cerasi** y
Lucy Autrey Wilson de Lucas Licensing

STAR WARS®:LA GUERRA DE LOS CLONES VOLUMEN 1

ESTE VOLUMEN INCLUYE STAR WARS: REPÚBLICA #49-50 y JEDI: MACE WINDU

PUBLICADO POR DARK HORSE COMICS, INC.
10956 SE MAIN STREET · MILWAUKIE, OR 97222

WWW.DARKHORSE.COM
Servicio gratuito de Localización de Tiendas de Cómics: 1-888-266-4226

PRIMERA EDICION: ISBN-10: 1-59307-581-2 ISBN-13: 978-1-59307-581-1
1 3 5 7 9 10 8 6 4 2
IMPRESO IN CHINA

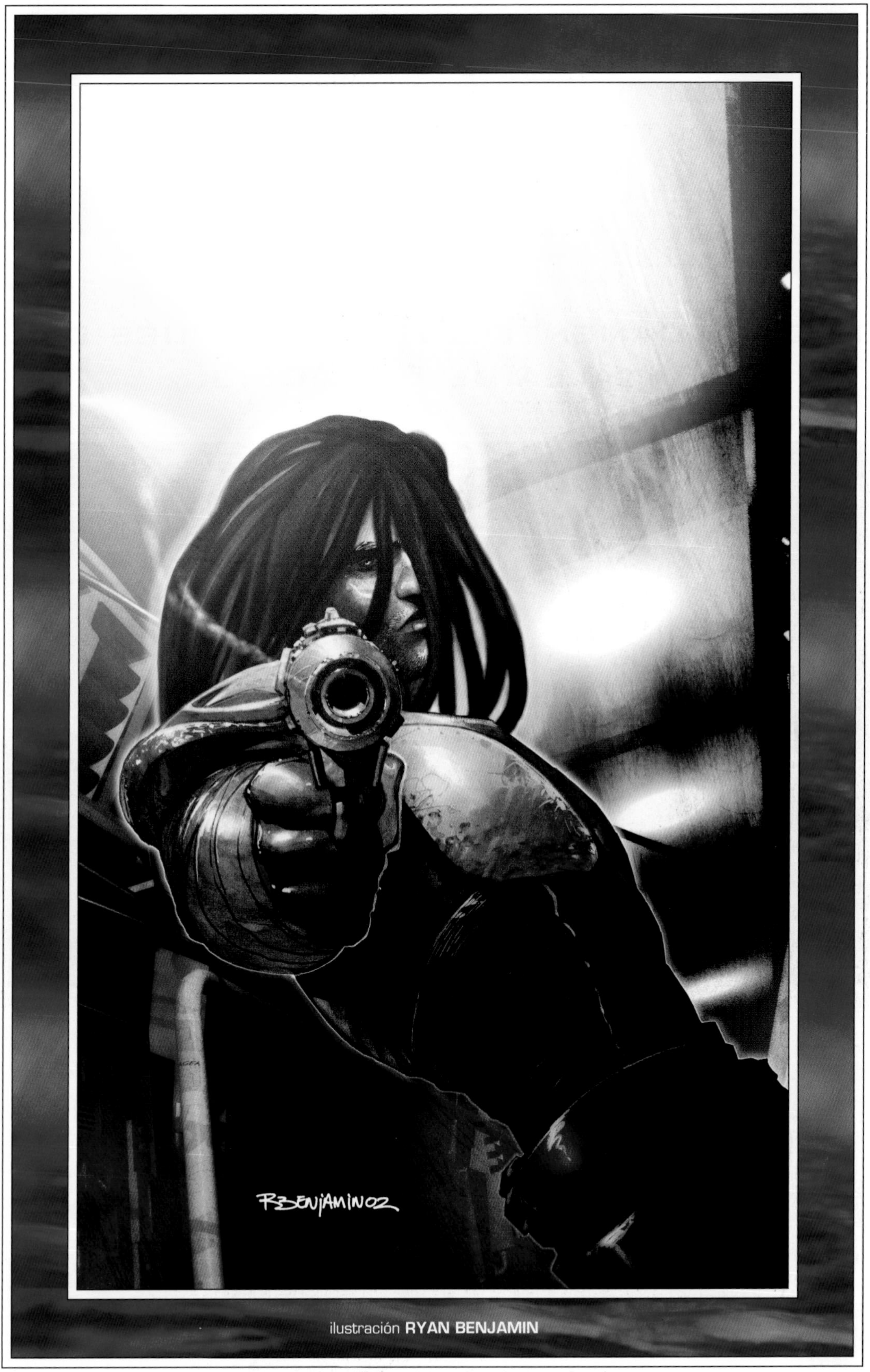
RBENJAMIN02

ilustración **RYAN BENJAMIN**

SACRIFICIO

APROXIMADAMENTE UN MES DESPUÉS DE LA
BATALLA DE GEONOSIS...

"Sacrificio"
autor **John Ostrander**
arte **Jan Duursema**

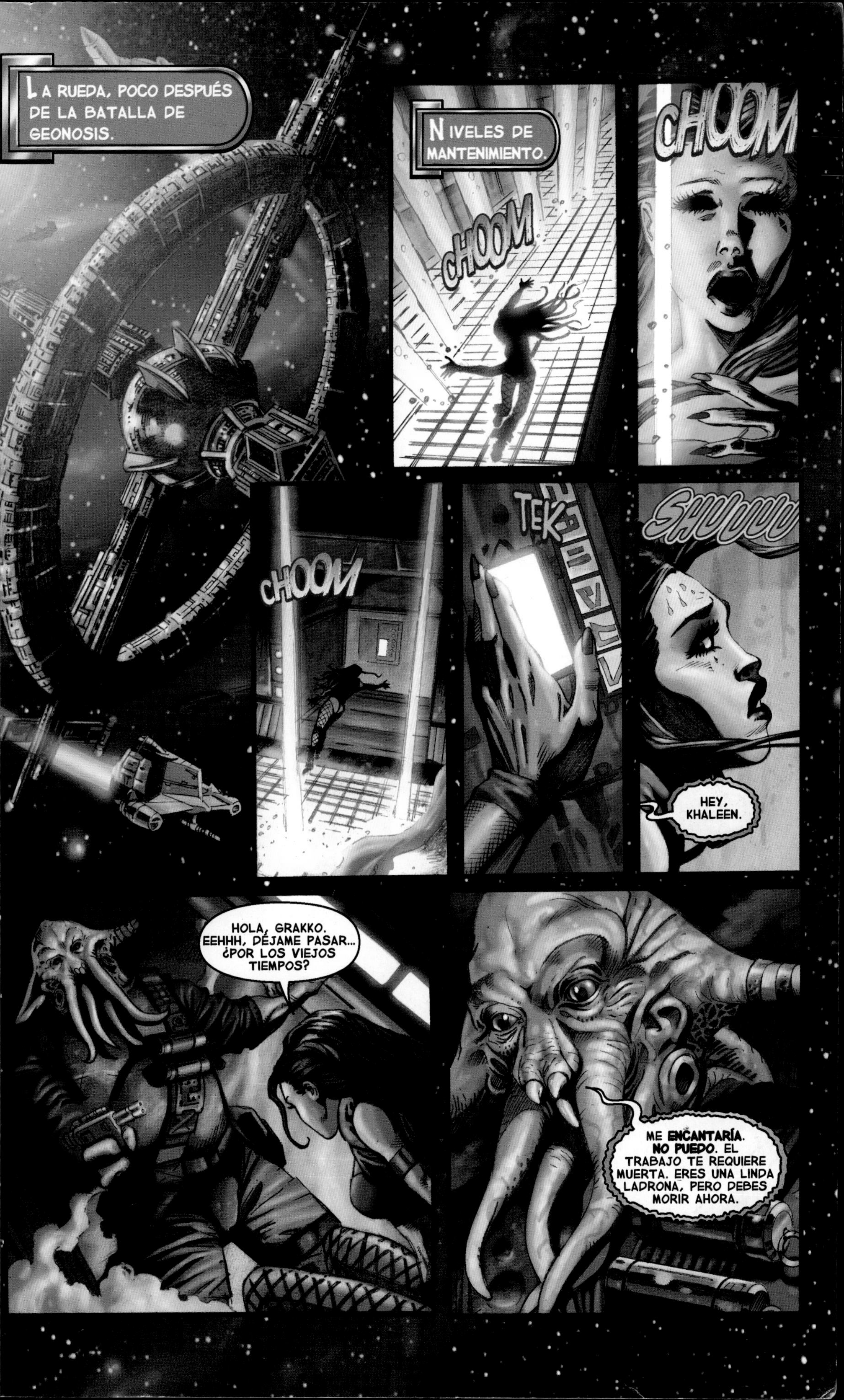
LA RUEDA, POCO DESPUÉS DE LA BATALLA DE GEONOSIS.
NIVELES DE MANTENIMIENTO.
cHOOM
cHOOM
cHOOM
TEK
SHUUUU
HEY, KHALEEN.
HOLA, GRAKKO. EEHHH, DÉJAME PASAR... ¿POR LOS VIEJOS TIEMPOS?
ME ENCANTARÍA. NO PUEDO. EL TRABAJO TE REQUIERE MUERTA. ERES UNA LINDA LADRONA, PERO DEBES MORIR AHORA.

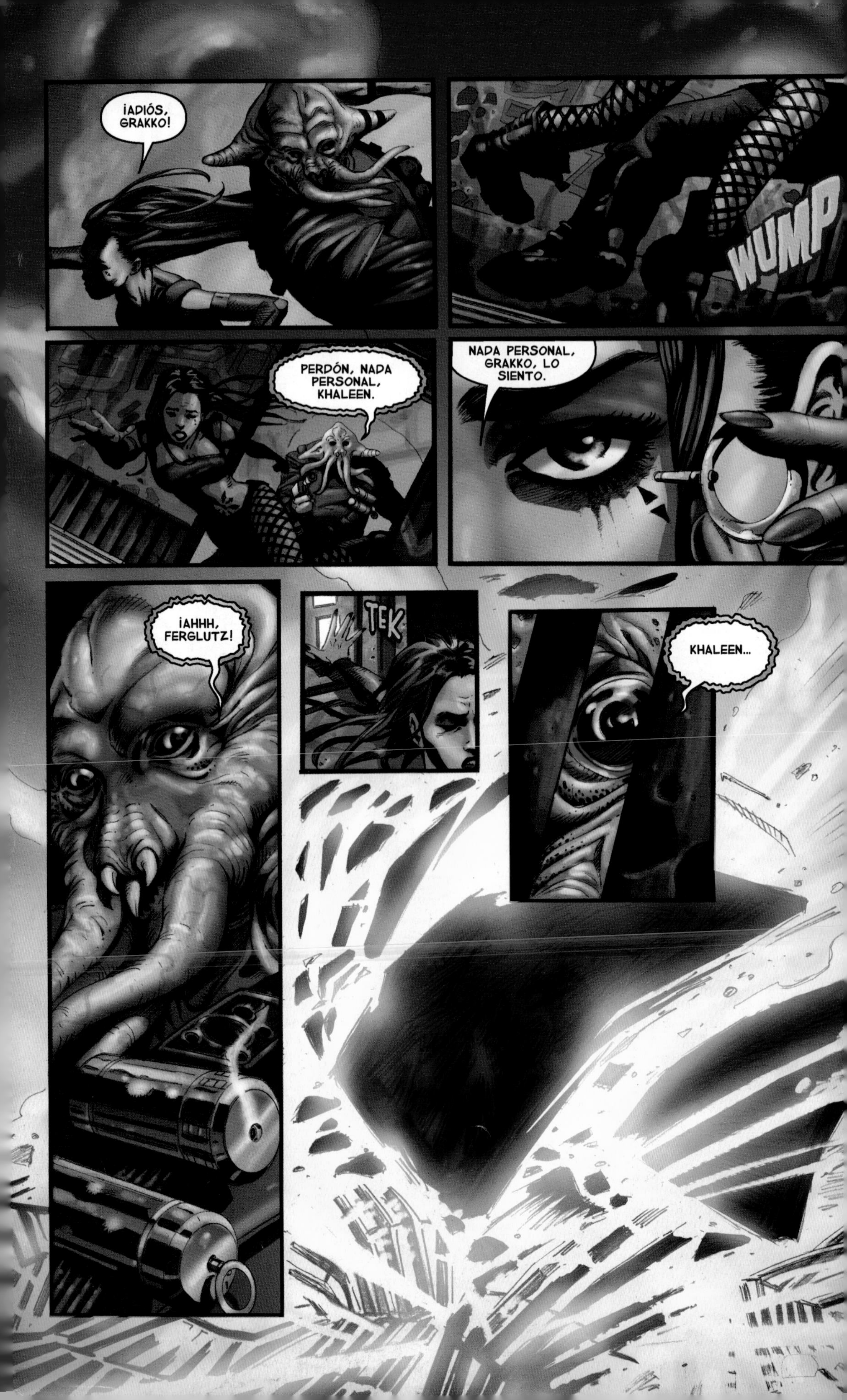
¡ADIÓS, GRAKKO!
WUMP
PERDÓN, NADA PERSONAL, KHALEEN.
NADA PERSONAL, GRAKKO, LO SIENTO.
¡AHHH, FERGLUTZ!
TEK
KHALEEN...

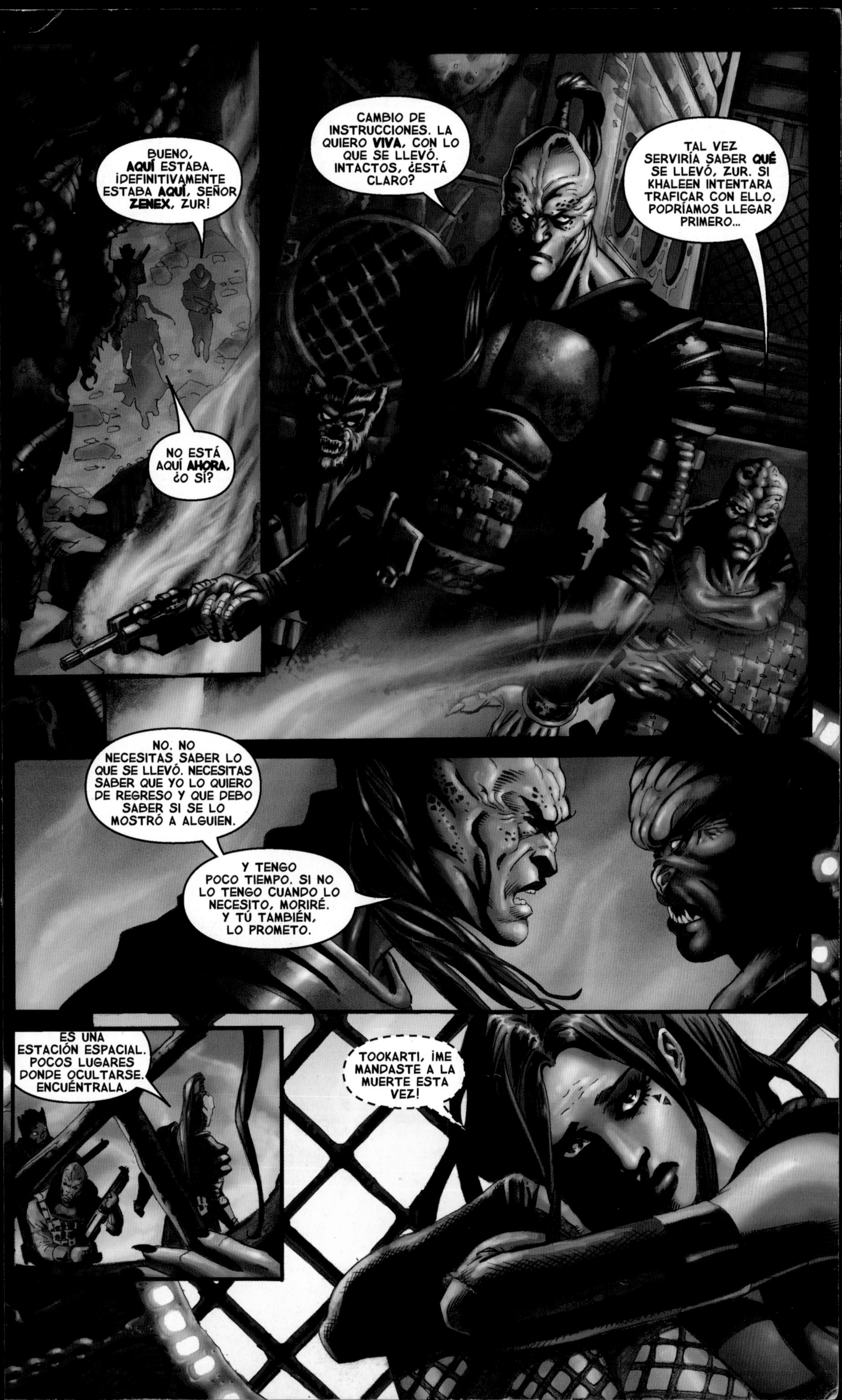
BUENO, AQUÍ ESTABA. ¡DEFINITIVAMENTE ESTABA AQUÍ, SEÑOR ZENEX, ZUR!
NO ESTÁ AQUÍ AHORA, ¿O SÍ?
CAMBIO DE INSTRUCCIONES. LA QUIERO VIVA, CON LO QUE SE LLEVÓ. INTACTOS, ¿ESTÁ CLARO?
TAL VEZ SERVIRÍA SABER QUÉ SE LLEVÓ, ZUR. SI KHALEEN INTENTARA TRAFICAR CON ELLO, PODRÍAMOS LLEGAR PRIMERO...
NO. NO NECESITAS SABER LO QUE SE LLEVÓ. NECESITAS SABER QUE YO LO QUIERO DE REGRESO Y QUE DEBO SABER SI SE LO MOSTRÓ A ALGUIEN.
Y TENGO POCO TIEMPO. SI NO LO TENGO CUANDO LO NECESITO, MORIRÉ. Y TÚ TAMBIÉN, LO PROMETO.
ES UNA ESTACIÓN ESPACIAL. POCOS LUGARES DONDE OCULTARSE. ENCUÉNTRALA.
TOOKARTI, ¡ME MANDASTE A LA MUERTE ESTA VEZ!

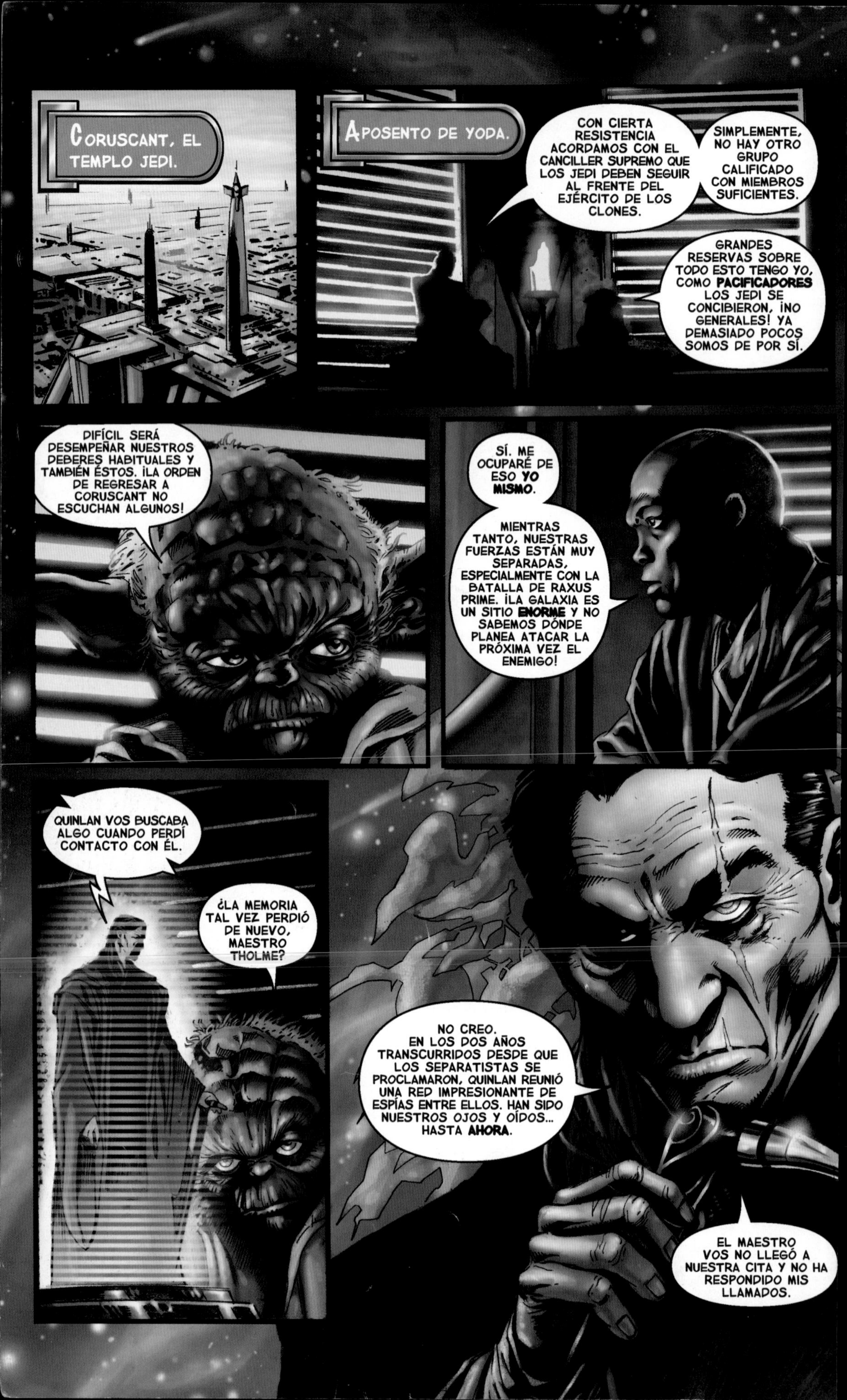
Coruscant, el templo Jedi.
Aposento de Yoda.
CON CIERTA RESISTENCIA ACORDAMOS CON EL CANCILLER SUPREMO QUE LOS JEDI DEBEN SEGUIR AL FRENTE DEL EJÉRCITO DE LOS CLONES.
SIMPLEMENTE, NO HAY OTRO GRUPO CALIFICADO CON MIEMBROS SUFICIENTES.
GRANDES RESERVAS SOBRE TODO ESTO TENGO YO, COMO PACIFICADORES LOS JEDI SE CONCIBIERON, ¡NO GENERALES! YA DEMASIADO POCOS SOMOS DE POR SÍ.
DIFÍCIL SERÁ DESEMPEÑAR NUESTROS DEBERES HABITUALES Y TAMBIÉN ÉSTOS. ¡LA ORDEN DE REGRESAR A CORUSCANT NO ESCUCHAN ALGUNOS!
SÍ. ME OCUPARÉ DE ESO YO MISMO.
MIENTRAS TANTO, NUESTRAS FUERZAS ESTÁN MUY SEPARADAS, ESPECIALMENTE CON LA BATALLA DE RAXUS PRIME. ¡LA GALAXIA ES UN SITIO ENORME Y NO SABEMOS DÓNDE PLANEA ATACAR LA PRÓXIMA VEZ EL ENEMIGO!
QUINLAN VOS BUSCABA ALGO CUANDO PERDÍ CONTACTO CON ÉL.
¿LA MEMORIA TAL VEZ PERDIÓ DE NUEVO, MAESTRO THOLME?
NO CREO. EN LOS DOS AÑOS TRANSCURRIDOS DESDE QUE LOS SEPARATISTAS SE PROCLAMARON, QUINLAN REUNIÓ UNA RED IMPRESIONANTE DE ESPÍAS ENTRE ELLOS. HAN SIDO NUESTROS OJOS Y OÍDOS... HASTA AHORA.
EL MAESTRO VOS NO LLEGÓ A NUESTRA CITA Y NO HA RESPONDIDO MIS LLAMADOS.

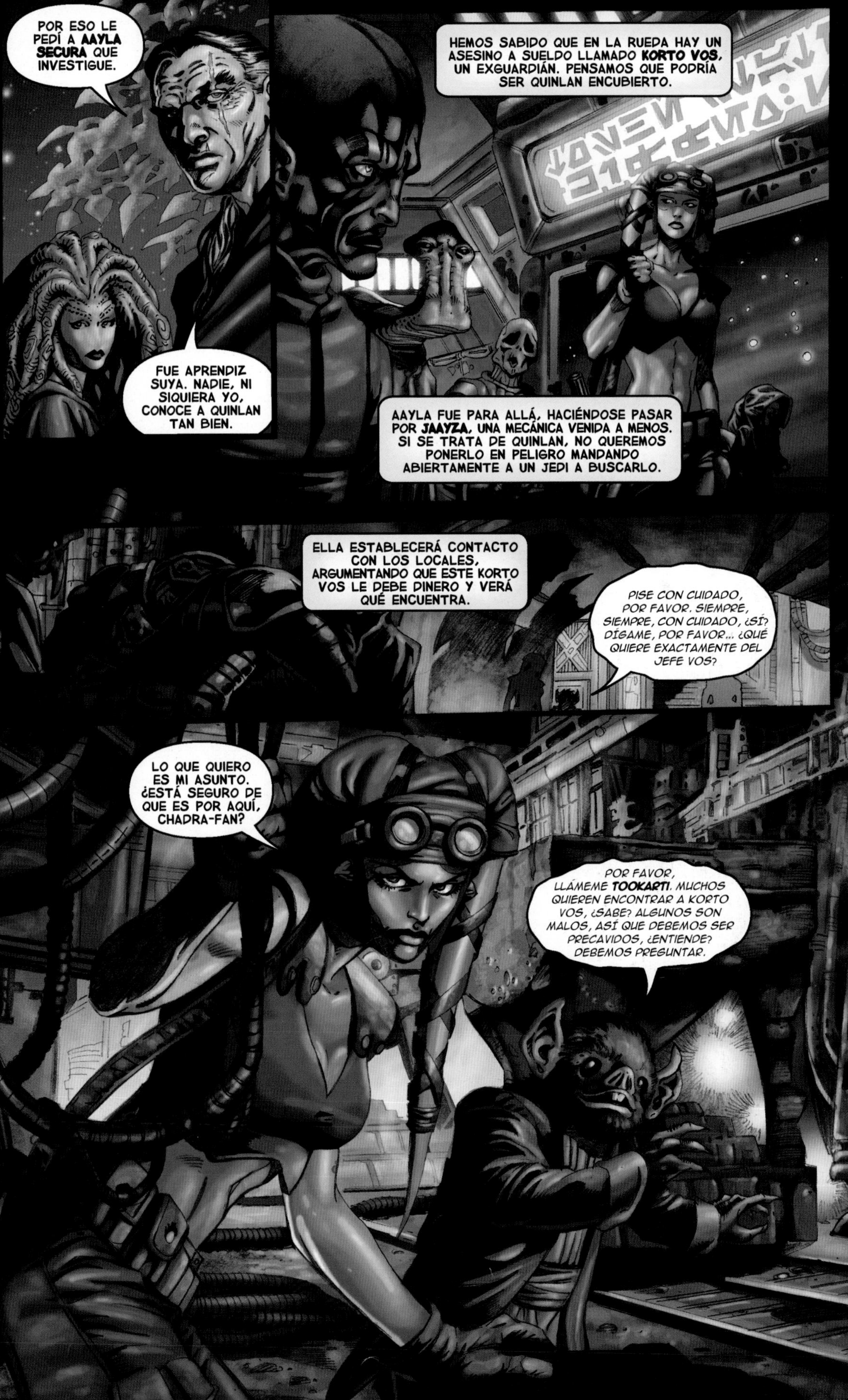
POR ESO LE PEDÍ A **AAYLA SECURA** QUE INVESTIGUE.
HEMOS SABIDO QUE EN LA RUEDA HAY UN ASESINO A SUELDO LLAMADO **KORTO VOS**, UN EXGUARDIÁN. PENSAMOS QUE PODRÍA SER QUINLAN ENCUBIERTO.
FUE APRENDIZ SUYA. NADIE, NI SIQUIERA YO, CONOCE A QUINLAN TAN BIEN.
AAYLA FUE PARA ALLÁ, HACIÉNDOSE PASAR POR **JAAYZA**, UNA MECÁNICA VENIDA A MENOS. SI SE TRATA DE QUINLAN, NO QUEREMOS PONERLO EN PELIGRO MANDANDO ABIERTAMENTE A UN JEDI A BUSCARLO.
ELLA ESTABLECERÁ CONTACTO CON LOS LOCALES, ARGUMENTANDO QUE ESTE KORTO VOS LE DEBE DINERO Y VERÁ QUÉ ENCUENTRA.
PISE CON CUIDADO, POR FAVOR. SIEMPRE, SIEMPRE, CON CUIDADO, ¿SÍ? DÍGAME, POR FAVOR... ¿QUÉ QUIERE EXACTAMENTE DEL JEFE VOS?
LO QUE QUIERO ES MI ASUNTO. ¿ESTÁ SEGURO DE QUE ES POR AQUÍ, CHADRA-FAN?
POR FAVOR, LLÁMEME **TOOKARTI**. MUCHOS QUIEREN ENCONTRAR A KORTO VOS, ¿SABE? ALGUNOS SON MALOS, ASÍ QUE DEBEMOS SER PRECAVIDOS, ¿ENTIENDE? DEBEMOS PREGUNTAR.

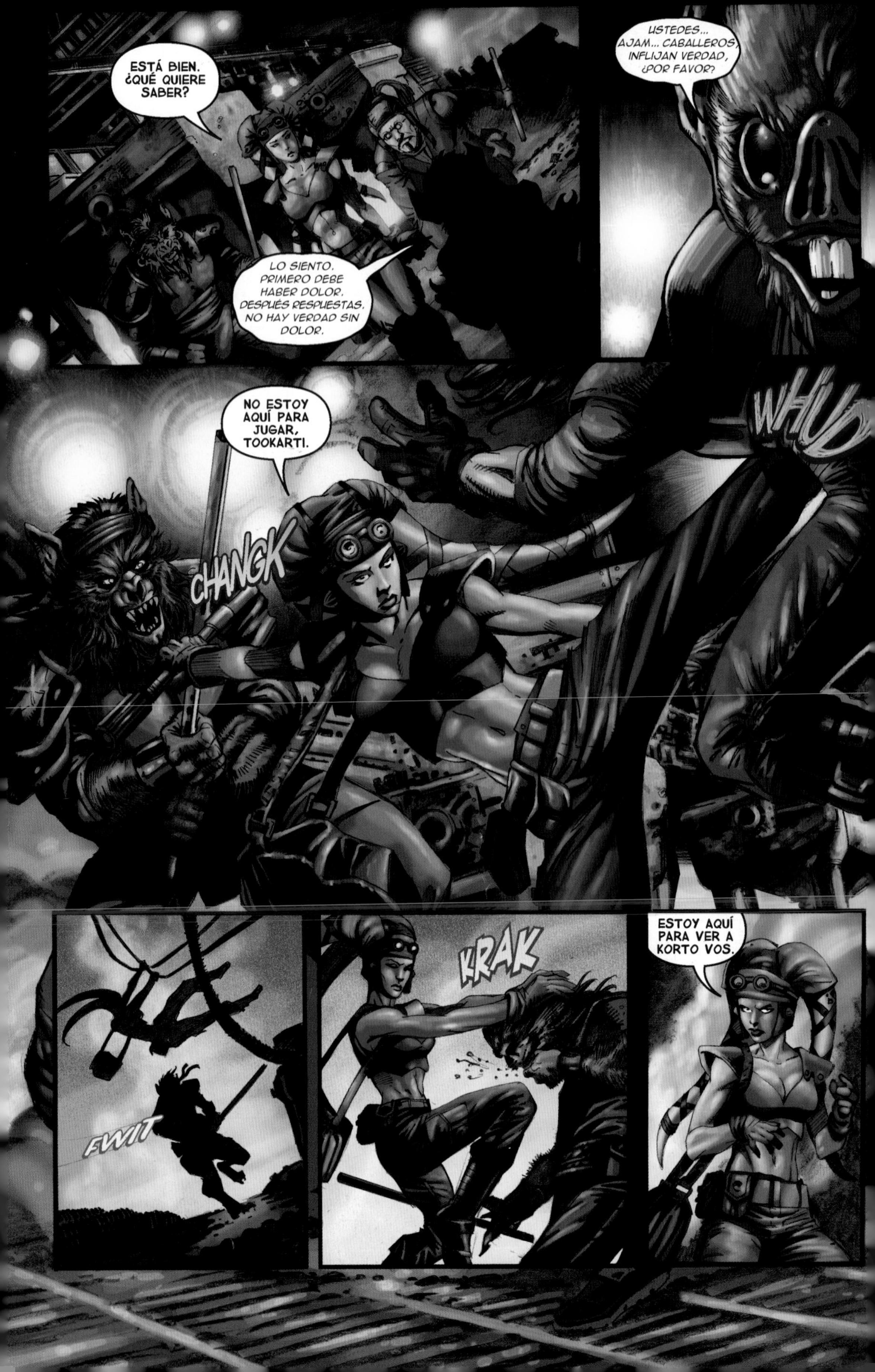
ESTÁ BIEN. ¿QUÉ QUIERE SABER?
LO SIENTO. PRIMERO DEBE HABER DOLOR. DESPUÉS RESPUESTAS. NO HAY VERDAD SIN DOLOR.
USTEDES... AJAM... CABALLEROS, INFLIJAN VERDAD, ¿POR FAVOR?
NO ESTOY AQUÍ PARA JUGAR, TOOKARTI.
WHUD
CHANGK
FWIT
KRAK
ESTOY AQUÍ PARA VER A KORTO VOS.

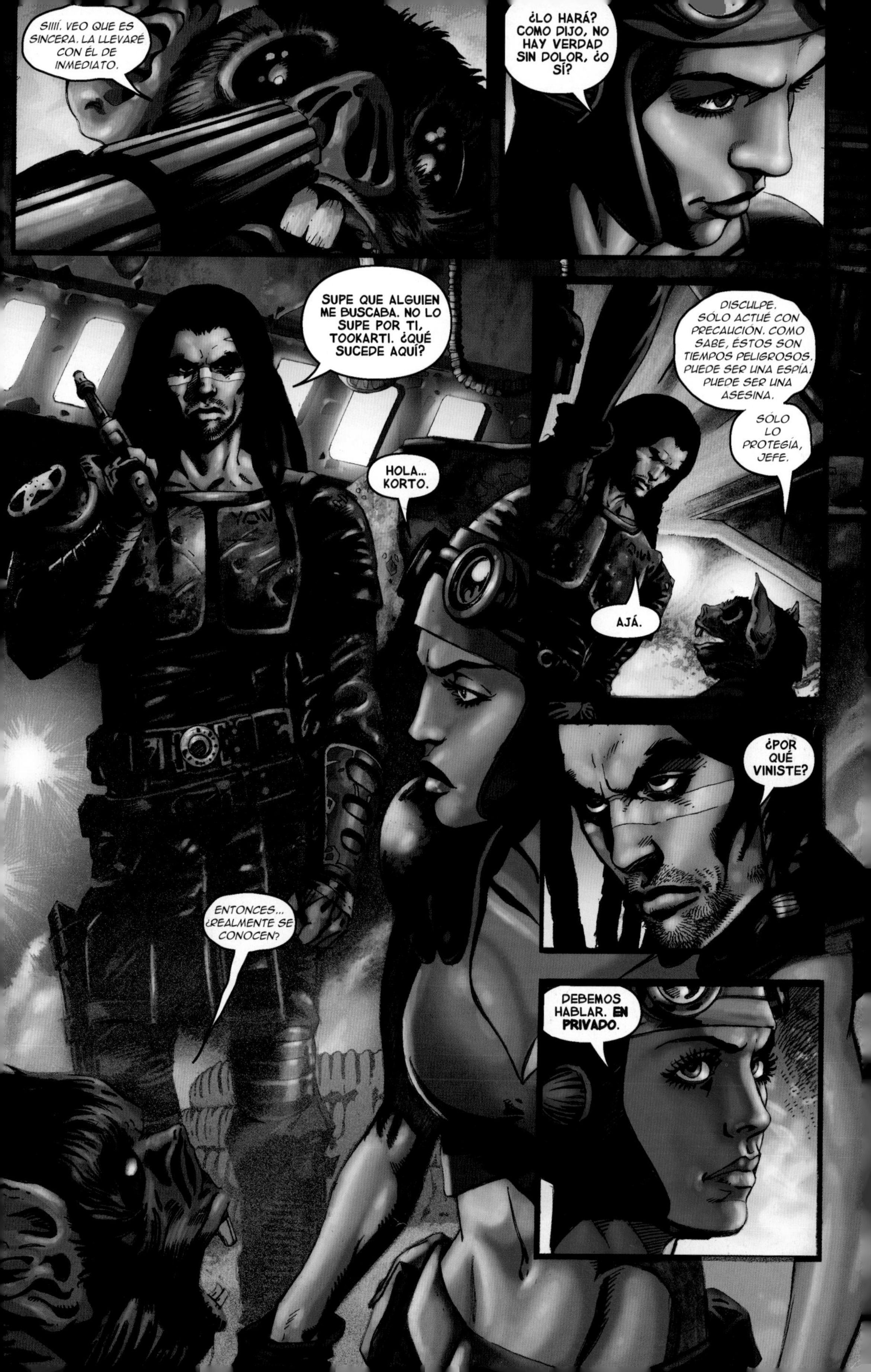
SIIIÍ. VEO QUE ES SINCERA. LA LLEVARÉ CON ÉL DE INMEDIATO.
¿LO HARÁ? COMO DIJO, NO HAY VERDAD SIN DOLOR, ¿O SÍ?
SUPE QUE ALGUIEN ME BUSCABA. NO LO SUPE POR TI, TOOKARTI. ¿QUÉ SUCEDE AQUÍ?
HOLA... KORTO.
ENTONCES... ¿REALMENTE SE CONOCEN?
DISCULPE. SÓLO ACTUÉ CON PRECAUCIÓN. COMO SABE, ÉSTOS SON TIEMPOS PELIGROSOS. PUEDE SER UNA ESPÍA. PUEDE SER UNA ASESINA.
SÓLO LO PROTEGÍA, JEFE.
AJÁ.
¿POR QUÉ VINISTE?
DEBEMOS HABLAR. **EN PRIVADO**.

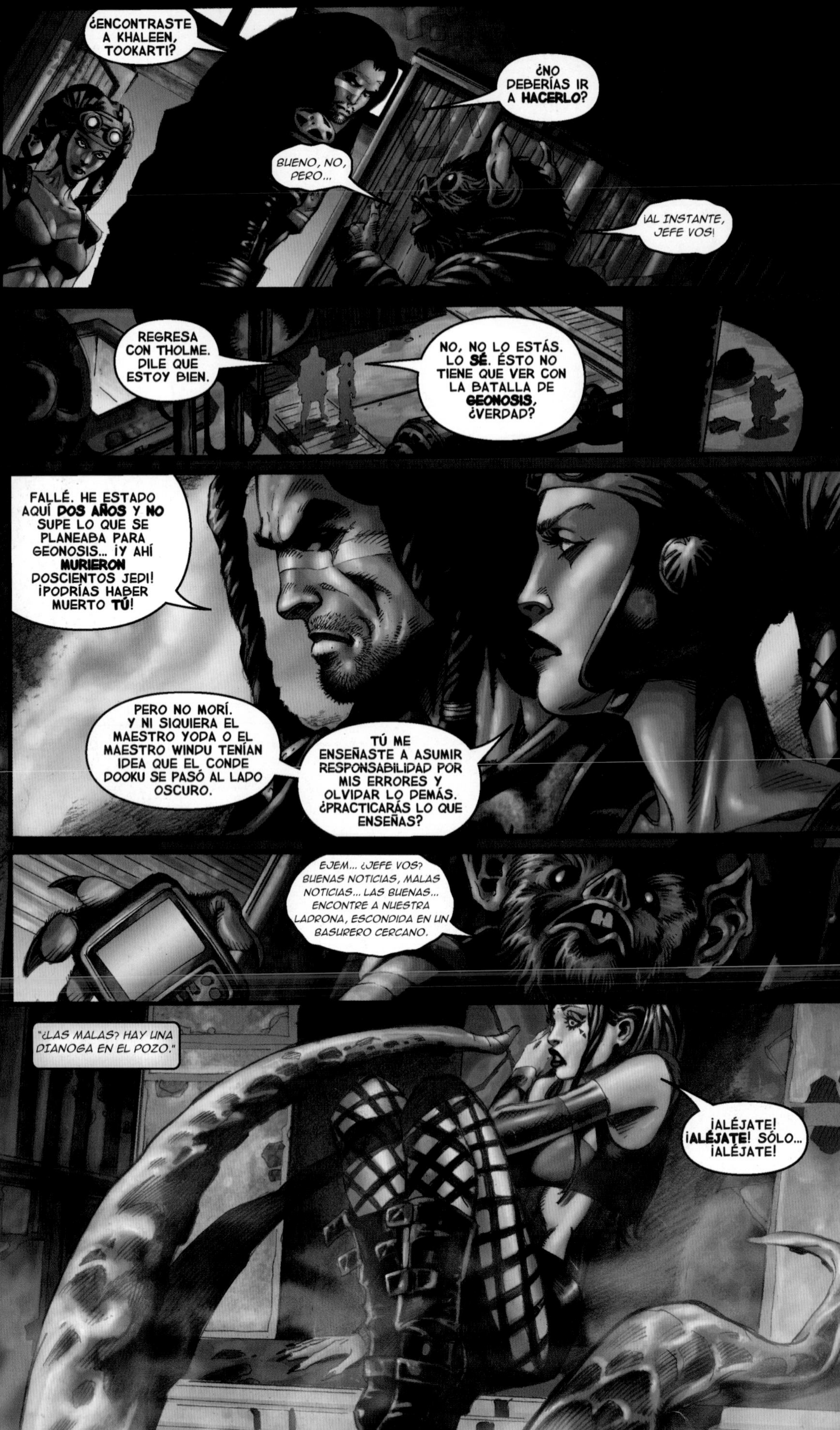
¿ENCONTRASTE A KHALEEN, TOOKARTI?
BUENO, NO, PERO...
¿NO DEBERÍAS IR A **HACERLO**?
¡AL INSTANTE, JEFE VOS!
REGRESA CON THOLME. DILE QUE ESTOY BIEN.
NO, NO LO ESTÁS. LO **SÉ**. ÉSTO NO TIENE QUE VER CON LA BATALLA DE **GEONOSIS**, ¿VERDAD?
FALLÉ. HE ESTADO AQUÍ **DOS AÑOS** Y **NO** SUPE LO QUE SE PLANEABA PARA GEONOSIS... ¡Y AHÍ **MURIERON** DOSCIENTOS JEDI! ¡PODRÍAS HABER MUERTO **TÚ**!
PERO NO MORÍ. Y NI SIQUIERA EL MAESTRO YODA O EL MAESTRO WINDU TENÍAN IDEA QUE EL CONDE DOOKU SE PASÓ AL LADO OSCURO.
TÚ ME ENSEÑASTE A ASUMIR RESPONSABILIDAD POR MIS ERRORES Y OLVIDAR LO DEMÁS. ¿PRACTICARÁS LO QUE ENSEÑAS?
EJEM... ¿JEFE VOS? BUENAS NOTICIAS, MALAS NOTICIAS... LAS BUENAS... ENCONTRE A NUESTRA LADRONA, ESCONDIDA EN UN BASURERO CERCANO.
"¿LAS MALAS? HAY UNA DIANOGA EN EL POZO."
¡ALÉJATE! **¡ALÉJATE!** SÓLO... ¡ALÉJATE!

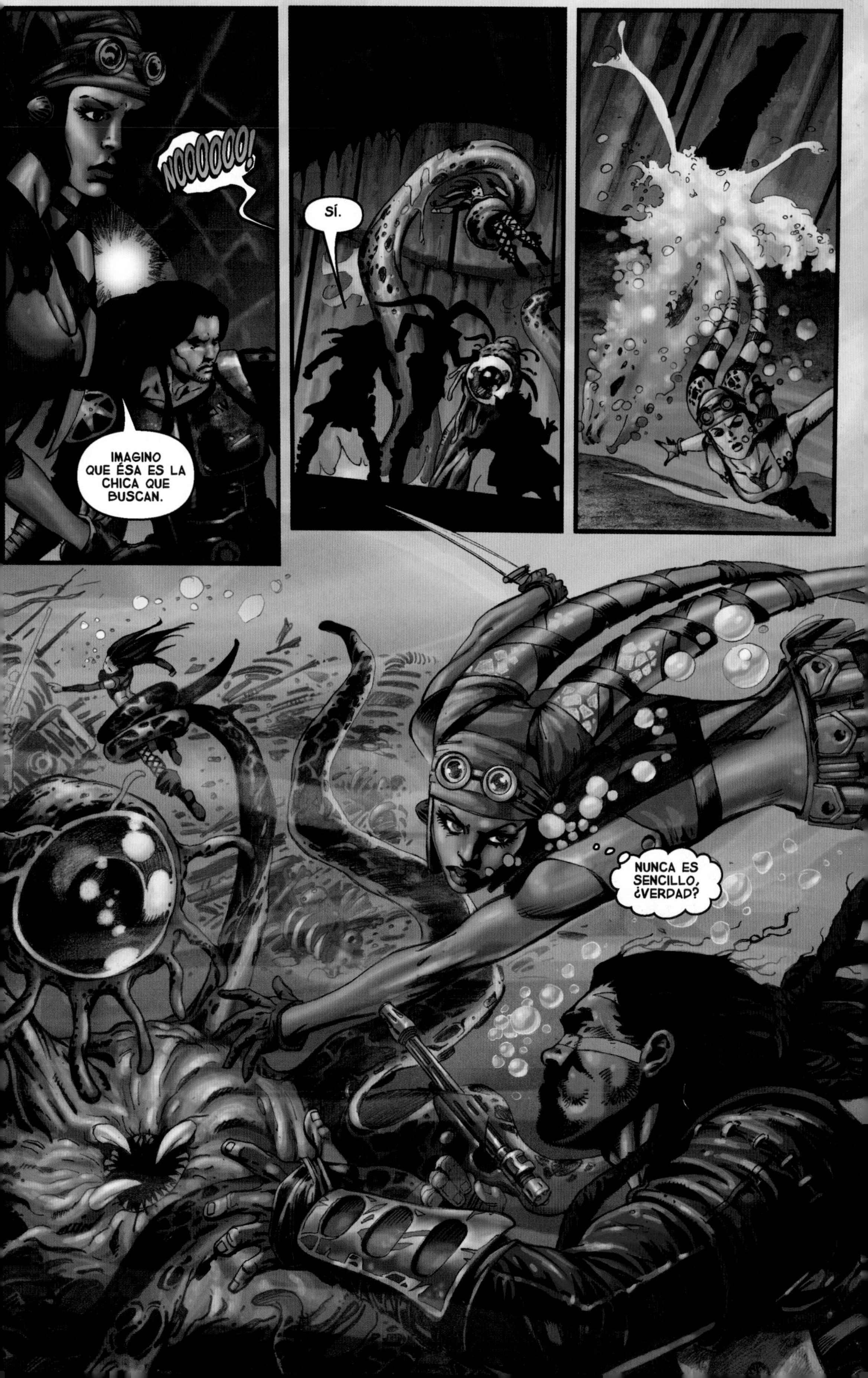
NOOOOOO!
IMAGINO QUE ÉSA ES LA CHICA QUE BUSCAN.
SÍ.
NUNCA ES SENCILLO, ¿VERDAD?

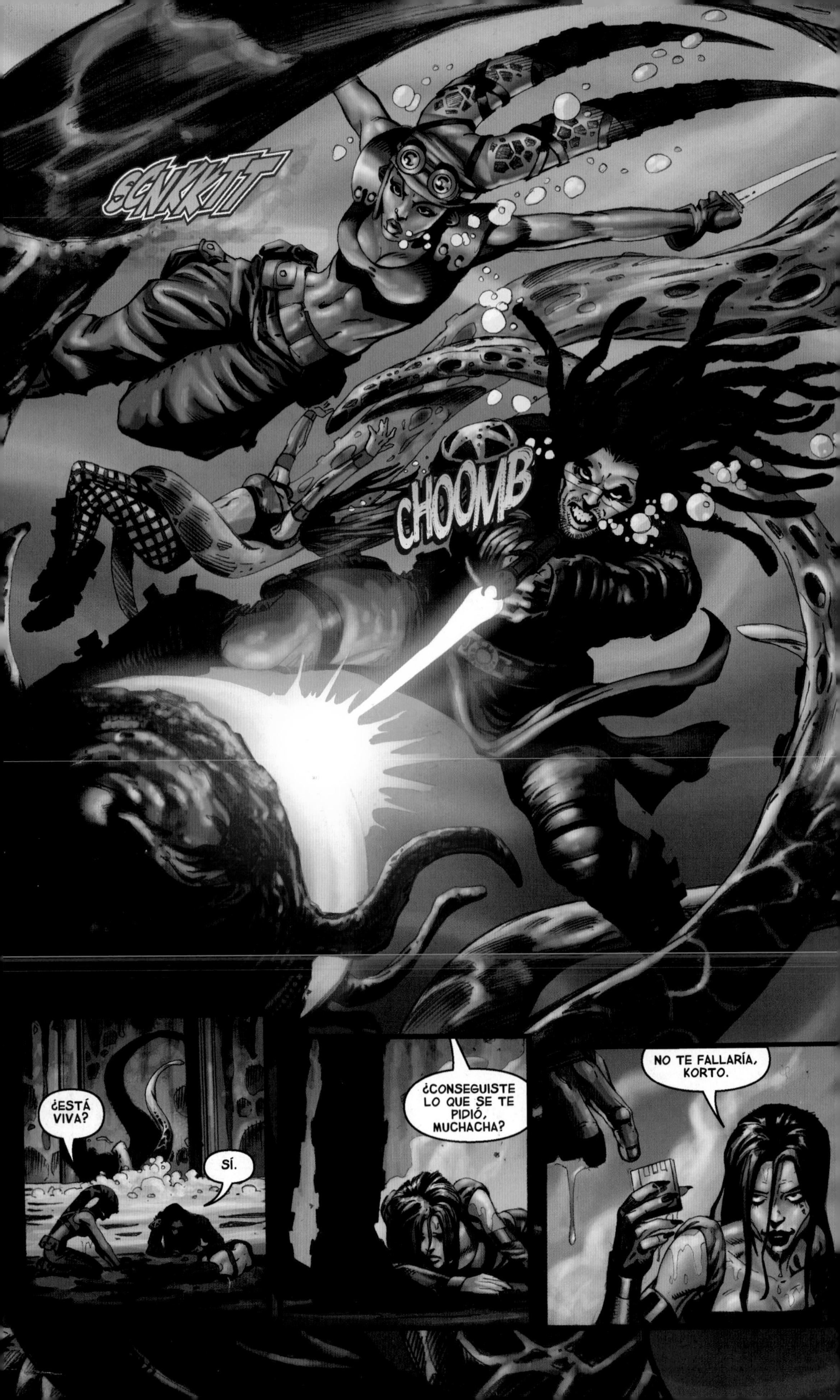

SCNKKTT
CHOOMB
¿ESTÁ VIVA?
SÍ.
¿CONSEGUISTE LO QUE SE TE PIDIÓ, MUCHACHA?
NO TE FALLARÍA, KORTO.

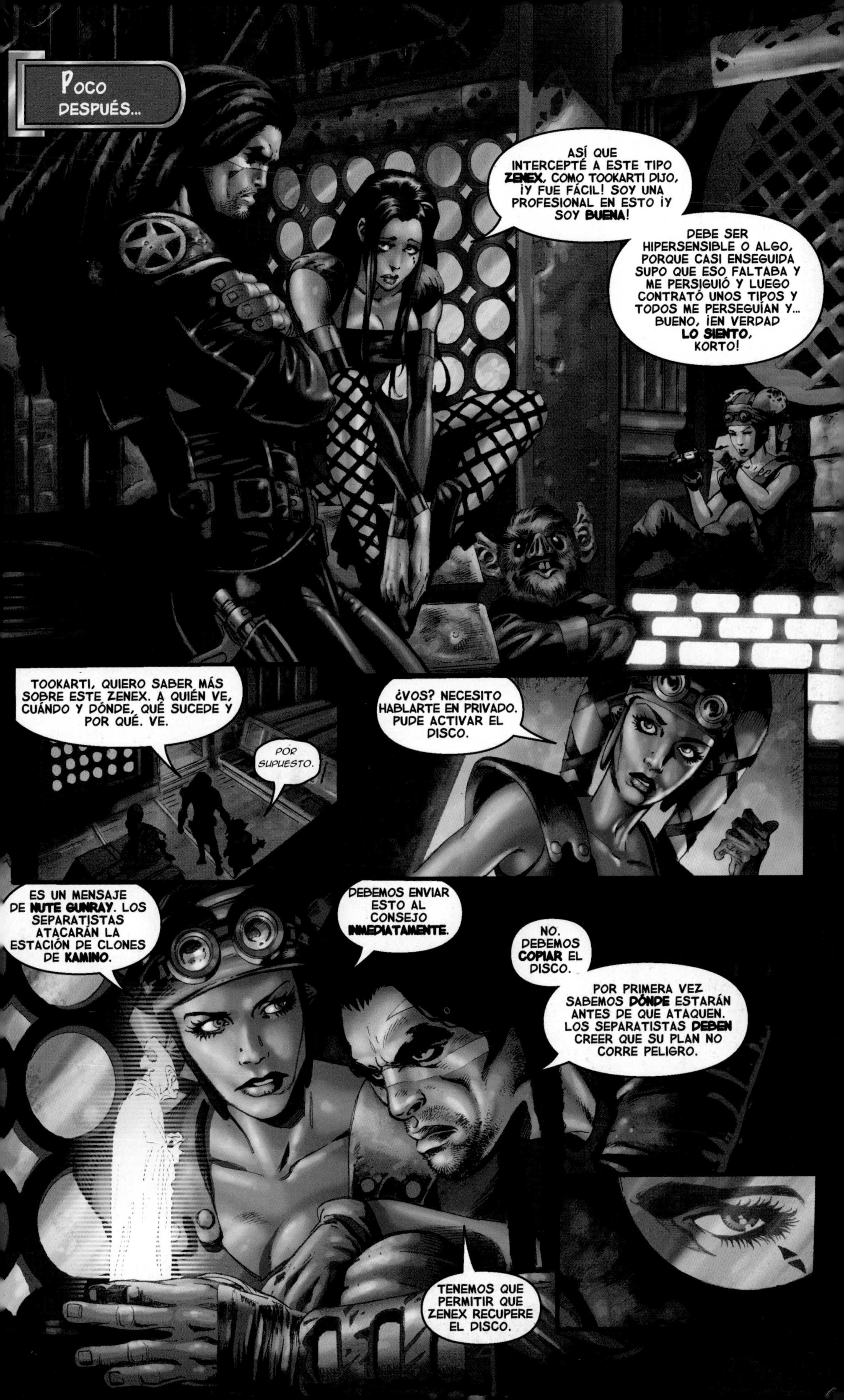
POCO DESPUÉS...
ASÍ QUE INTERCEPTÉ A ESTE TIPO ZENEX, COMO TOOKARTI DIJO, ¡Y FUE FÁCIL! SOY UNA PROFESIONAL EN ESTO ¡Y SOY BUENA!
DEBE SER HIPERSENSIBLE O ALGO, PORQUE CASI ENSEGUIDA SUPO QUE ESO FALTABA Y ME PERSIGUIÓ Y LUEGO CONTRATÓ UNOS TIPOS Y TODOS ME PERSEGUÍAN Y... BUENO, ¡EN VERDAD LO SIENTO, KORTO!
TOOKARTI, QUIERO SABER MÁS SOBRE ESTE ZENEX. A QUIÉN VE, CUÁNDO Y DÓNDE, QUÉ SUCEDE Y POR QUÉ. VE.
POR SUPUESTO.
¿VOS? NECESITO HABLARTE EN PRIVADO. PUDE ACTIVAR EL DISCO.
ES UN MENSAJE DE NUTE GUNRAY. LOS SEPARATISTAS ATACARÁN LA ESTACIÓN DE CLONES DE KAMINO.
DEBEMOS ENVIAR ESTO AL CONSEJO INMEDIATAMENTE.
NO. DEBEMOS COPIAR EL DISCO.
POR PRIMERA VEZ SABEMOS DÓNDE ESTARÁN ANTES DE QUE ATAQUEN. LOS SEPARATISTAS DEBEN CREER QUE SU PLAN NO CORRE PELIGRO.
TENEMOS QUE PERMITIR QUE ZENEX RECUPERE EL DISCO.

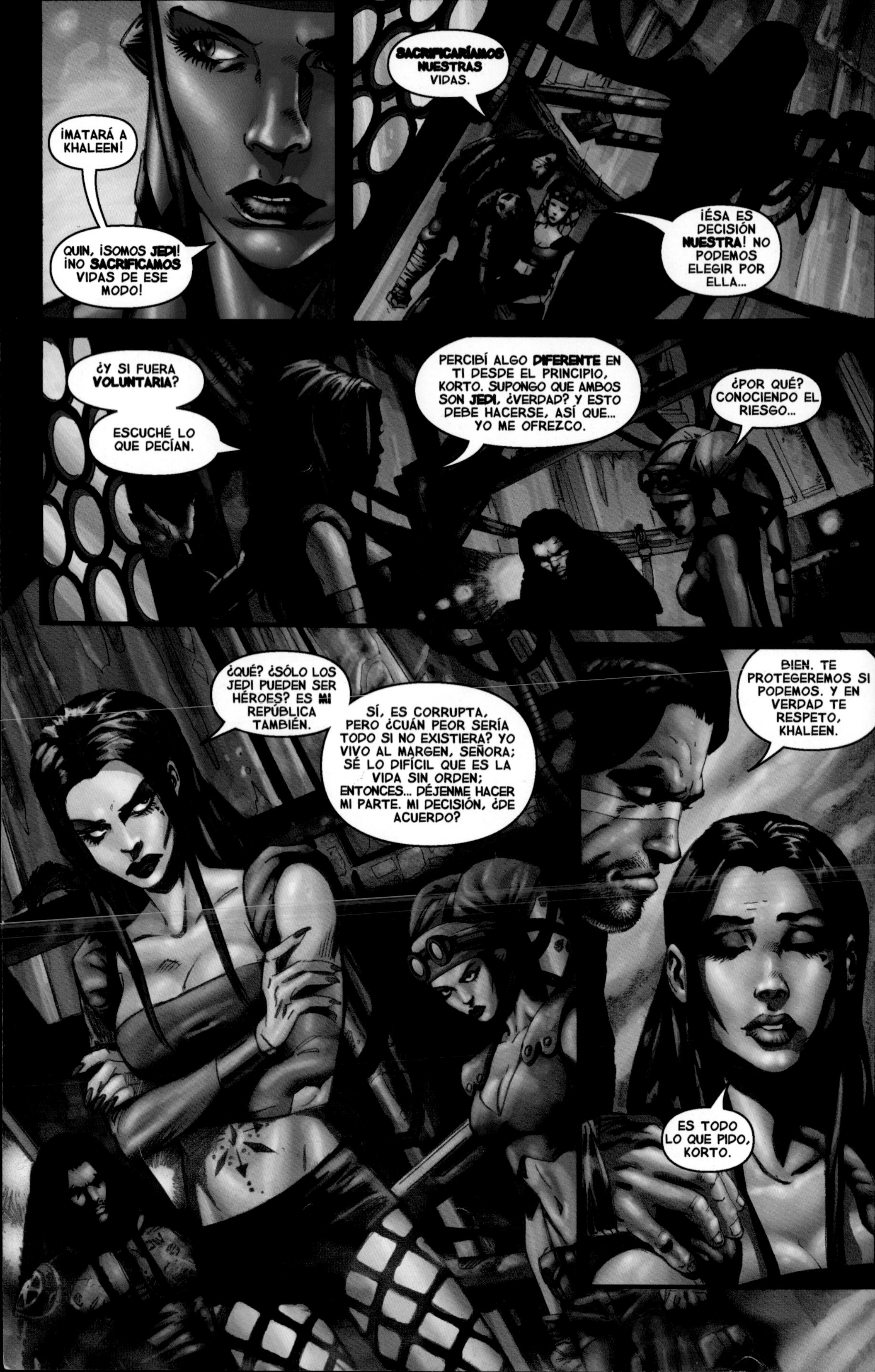
¡MATARÁ A KHALEEN!
QUIN, ¡SOMOS JEDI! ¡NO SACRIFICAMOS VIDAS DE ESE MODO!
SACRIFICARÍAMOS NUESTRAS VIDAS.
¡ÉSA ES DECISIÓN NUESTRA! NO PODEMOS ELEGIR POR ELLA...
¿Y SI FUERA VOLUNTARIA?
ESCUCHÉ LO QUE DECÍAN.
PERCIBÍ ALGO DIFERENTE EN TI DESDE EL PRINCIPIO, KORTO. SUPONGO QUE AMBOS SON JEDI, ¿VERDAD? Y ESTO DEBE HACERSE, ASÍ QUE... YO ME OFREZCO.
¿POR QUÉ? CONOCIENDO EL RIESGO...
¿QUÉ? ¿SÓLO LOS JEDI PUEDEN SER HÉROES? ES MI REPÚBLICA TAMBIÉN.
SÍ, ES CORRUPTA, PERO ¿CUÁN PEOR SERÍA TODO SI NO EXISTIERA? YO VIVO AL MARGEN, SEÑORA; SÉ LO DIFÍCIL QUE ES LA VIDA SIN ORDEN; ENTONCES... DÉJENME HACER MI PARTE. MI DECISIÓN, ¿DE ACUERDO?
BIEN. TE PROTEGEREMOS SI PODEMOS. Y EN VERDAD TE RESPETO, KHALEEN.
ES TODO LO QUE PIDO, KORTO.

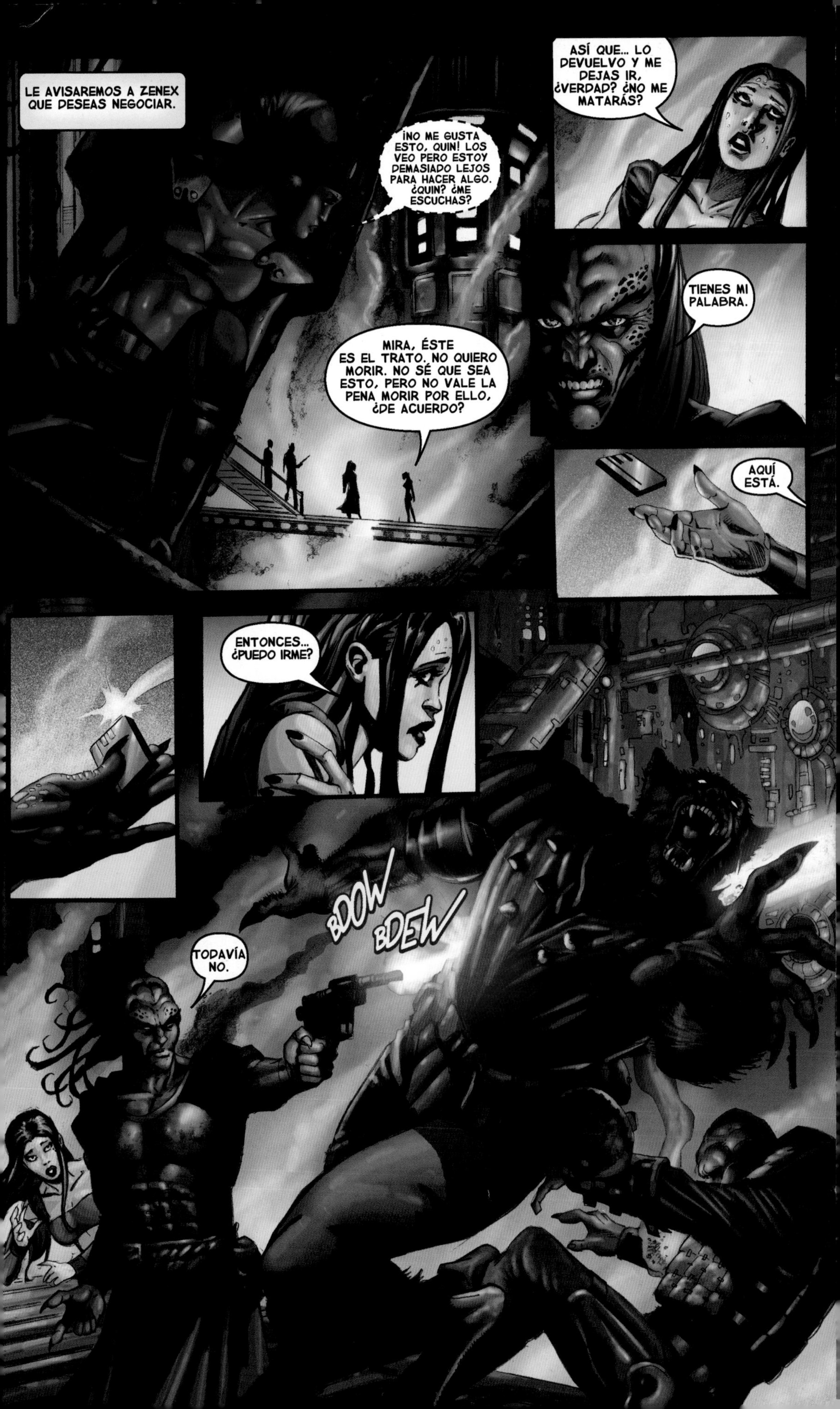
LE AVISAREMOS A ZENEX QUE DESEAS NEGOCIAR.
¡NO ME GUSTA ESTO, QUIN! LOS VEO PERO ESTOY DEMASIADO LEJOS PARA HACER ALGO. ¿QUIN? ¿ME ESCUCHAS?
MIRA, ÉSTE ES EL TRATO. NO QUIERO MORIR. NO SÉ QUE SEA ESTO, PERO NO VALE LA PENA MORIR POR ELLO, ¿DE ACUERDO?
ASÍ QUE... LO DEVUELVO Y ME DEJAS IR, ¿VERDAD? ¿NO ME MATARÁS?
TIENES MI PALABRA.
AQUÍ ESTÁ.
ENTONCES... ¿PUEDO IRME?
TODAVÍA NO.
BDOW
BDEW

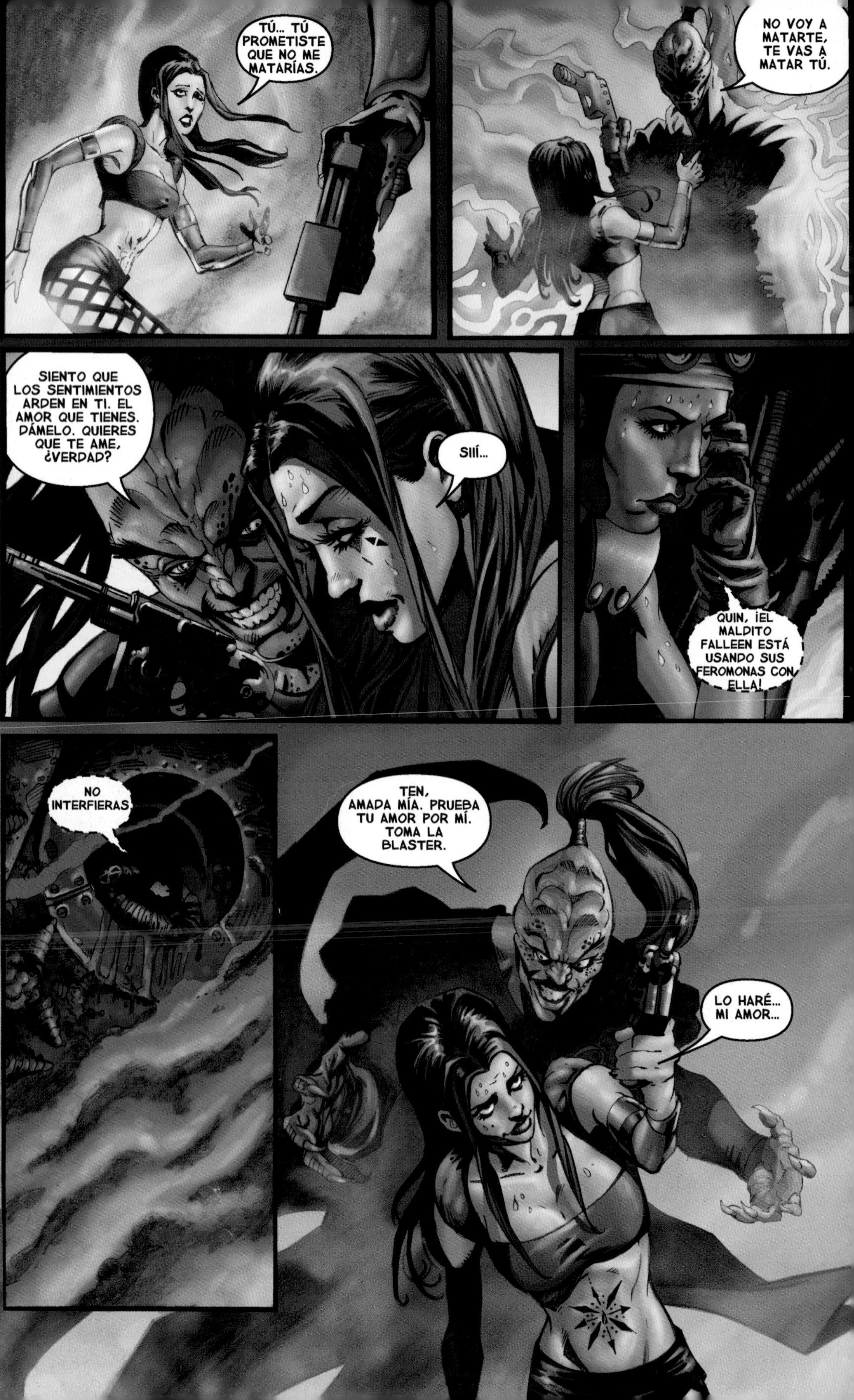
TÚ... TÚ PROMETISTE QUE NO ME MATARÍAS.
NO VOY A MATARTE, TE VAS A MATAR TÚ.
SIENTO QUE LOS SENTIMIENTOS ARDEN EN TI. EL AMOR QUE TIENES. DÁMELO. QUIERES QUE TE AME, ¿VERDAD?
SIIÍ...
QUIN, ¡EL MALDITO FALLEEN ESTÁ USANDO SUS FEROMONAS CON ELLA!
NO INTERFIERAS.
TEN, AMADA MÍA. PRUEBA TU AMOR POR MÍ. TOMA LA BLASTER.
LO HARÉ... MI AMOR...

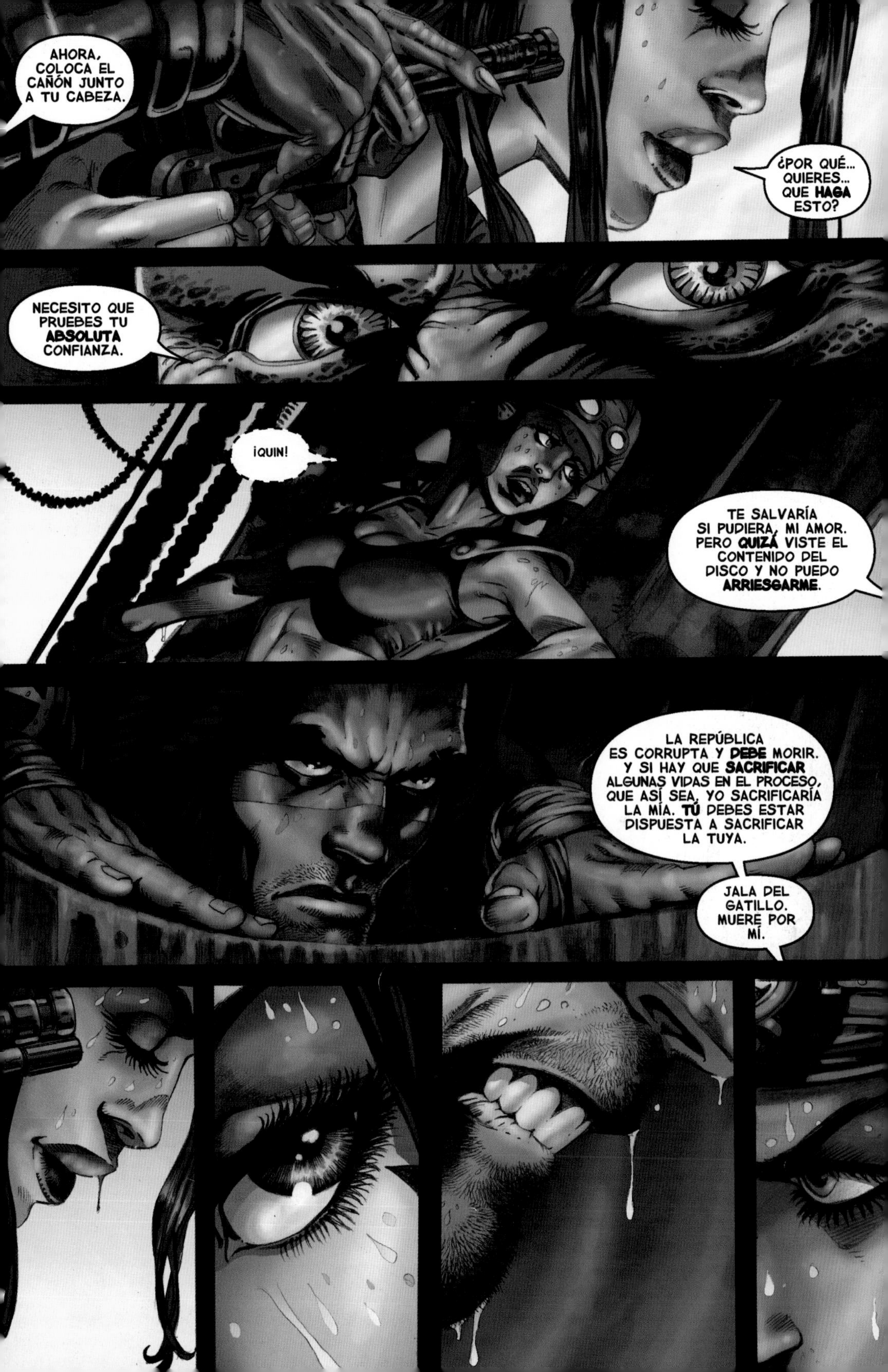
AHORA, COLOCA EL CAÑÓN JUNTO A TU CABEZA.
¿POR QUÉ... QUIERES... QUE **HAGA** ESTO?
NECESITO QUE PRUEBES TU **ABSOLUTA** CONFIANZA.
¡QUIN!
TE SALVARÍA SI PUDIERA, MI AMOR. PERO **QUIZÁ** VISTE EL CONTENIDO DEL DISCO Y NO PUEDO **ARRIESGARME**.
LA REPÚBLICA ES CORRUPTA Y **DEBE** MORIR. Y SI HAY QUE **SACRIFICAR** ALGUNAS VIDAS EN EL PROCESO, QUE ASÍ SEA, YO SACRIFICARÍA LA MÍA. **TÚ** DEBES ESTAR DISPUESTA A SACRIFICAR LA TUYA.
JALA DEL GATILLO. MUERE POR MÍ.

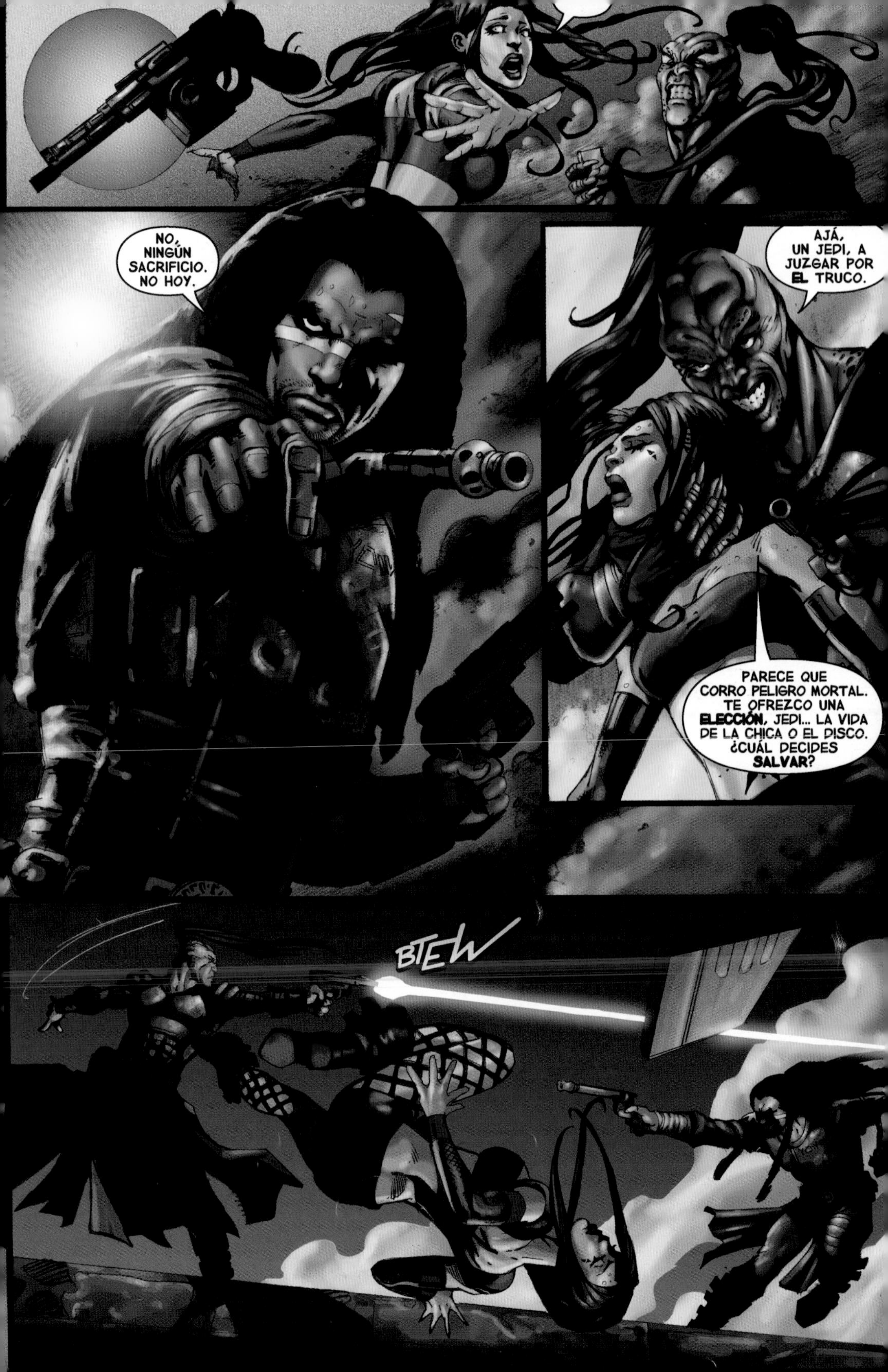
NO, NINGÚN SACRIFICIO. NO HOY.
AJÁ, UN JEDI, A JUZGAR POR EL TRUCO.
PARECE QUE CORRO PELIGRO MORTAL. TE OFREZCO UNA ELECCIÓN, JEDI... LA VIDA DE LA CHICA O EL DISCO. ¿CUÁL DECIDES SALVAR?
BTEW

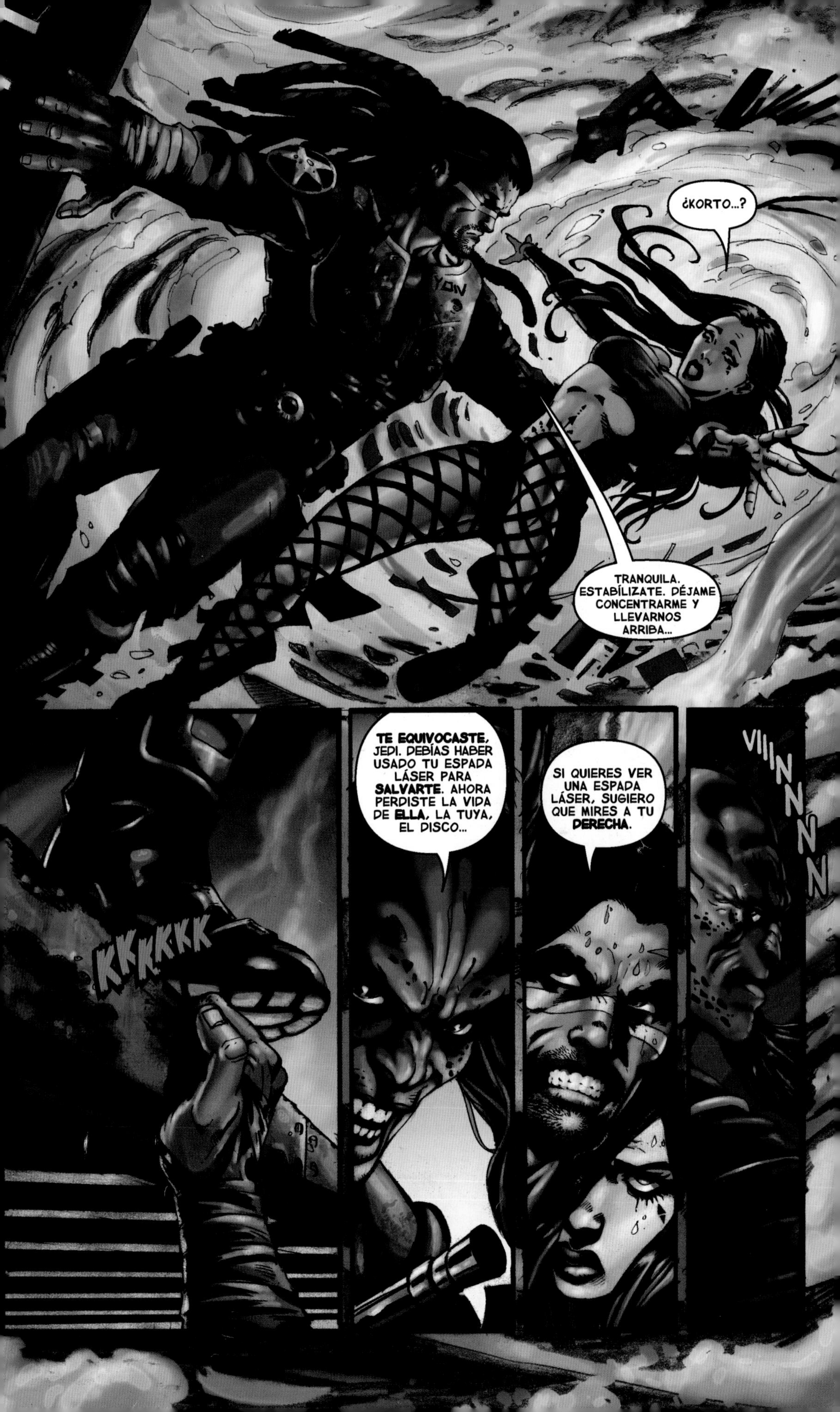
¿KORTO...?
TRANQUILA. ESTABILÍZATE. DÉJAME CONCENTRARME Y LLEVARNOS ARRIBA...
KKKKKK
TE EQUIVOCASTE, JEDI. DEBÍAS HABER USADO TU ESPADA LÁSER PARA SALVARTE. AHORA PERDISTE LA VIDA DE ELLA, LA TUYA, EL DISCO...
SI QUIERES VER UNA ESPADA LÁSER, SUGIERO QUE MIRES A TU DERECHA.
VIIINNNNN

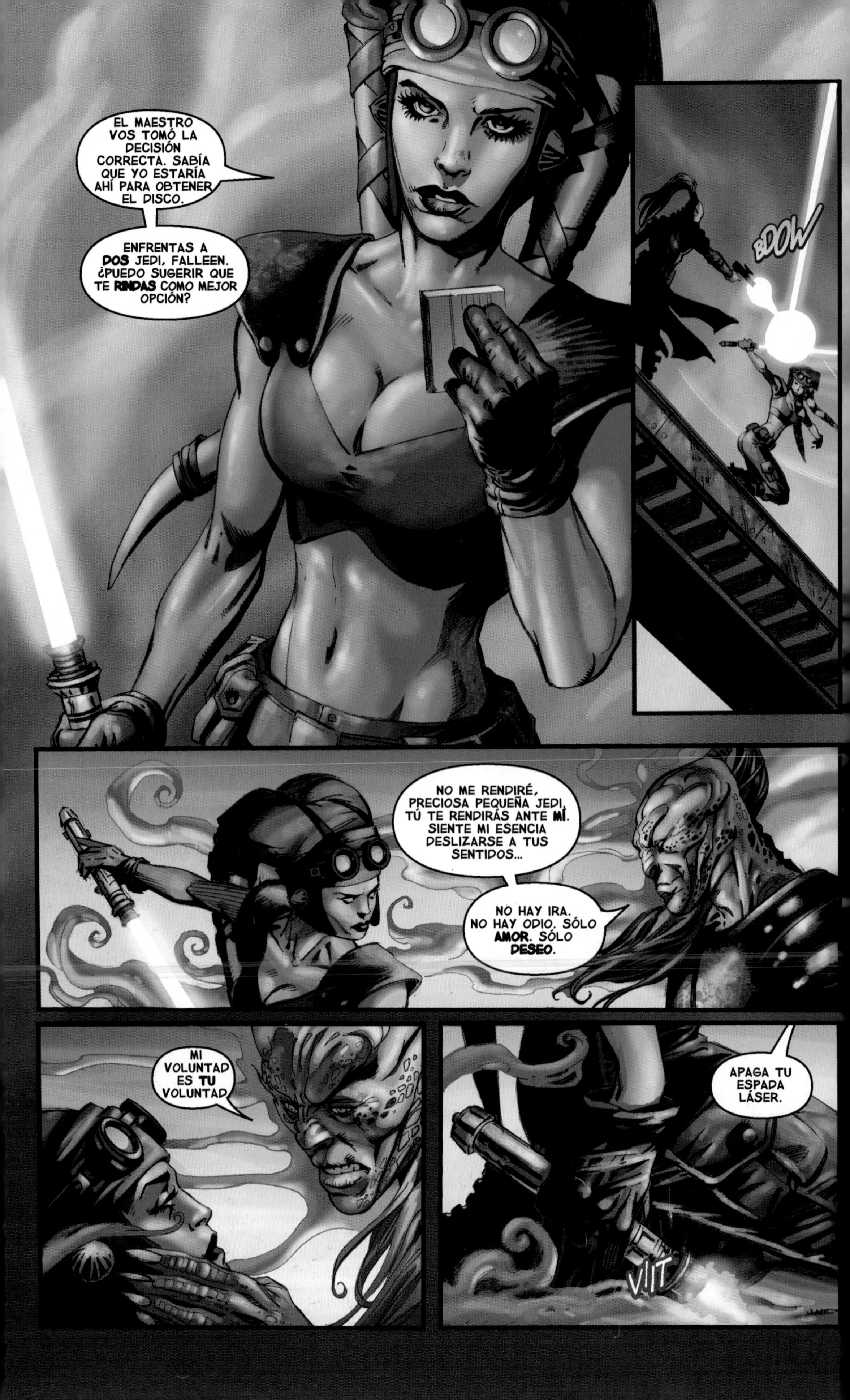

EL MAESTRO VOS TOMÓ LA DECISIÓN CORRECTA. SABÍA QUE YO ESTARÍA AHÍ PARA OBTENER EL DISCO.
ENFRENTAS A **DOS** JEDI, FALLEEN. ¿PUEDO SUGERIR QUE TE **RINDAS** COMO MEJOR OPCIÓN?
BDOW
NO ME RENDIRÉ, PRECIOSA PEQUEÑA JEDI. TÚ TE RENDIRÁS ANTE **MÍ**. SIENTE MI ESENCIA DESLIZARSE A TUS SENTIDOS...
NO HAY IRA. NO HAY ODIO. SÓLO **AMOR**. SÓLO **DESEO**.
MI VOLUNTAD ES **TU** VOLUNTAD.
APAGA TU ESPADA LÁSER.
VIIT

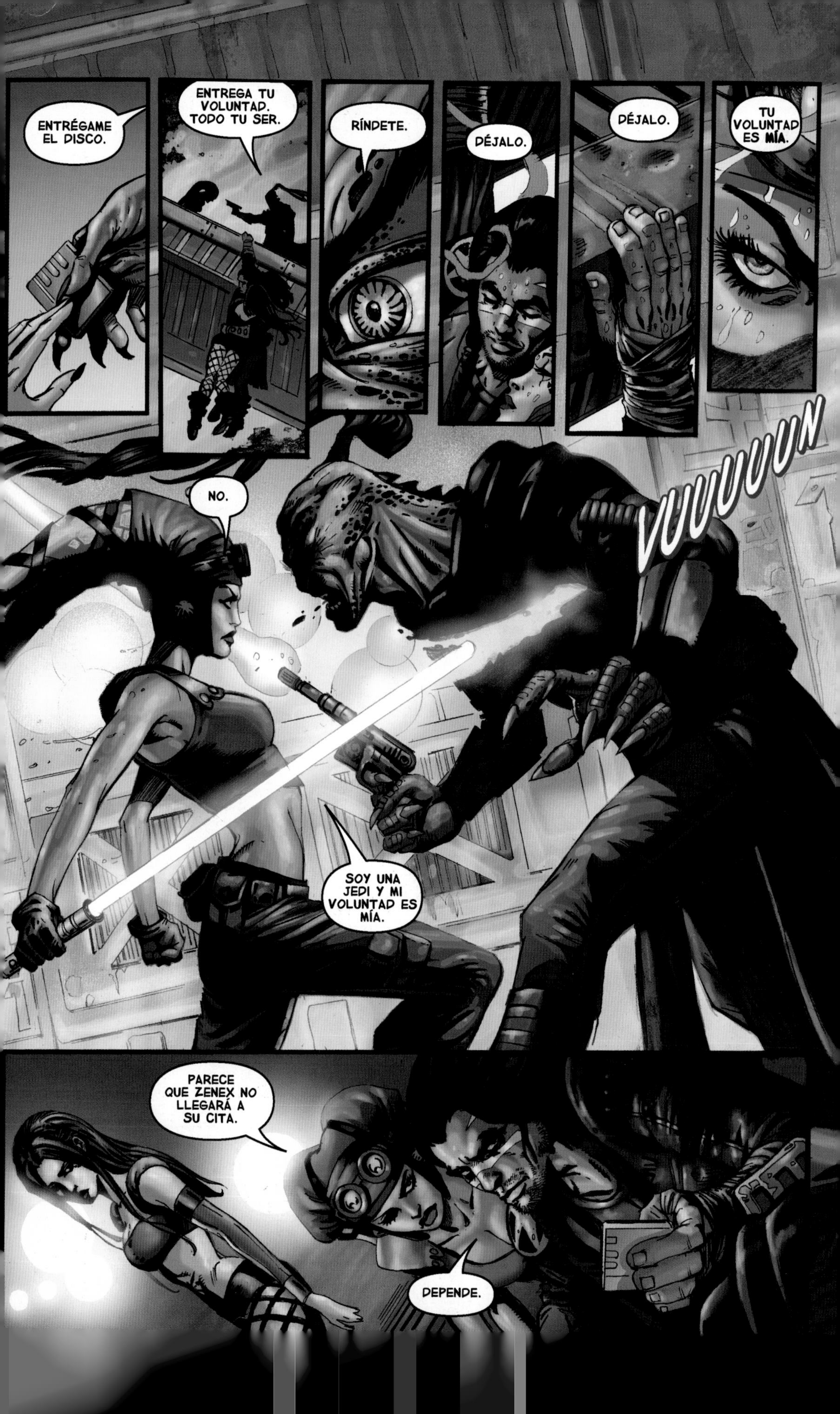
ENTRÉGAME EL DISCO.
ENTREGA TU VOLUNTAD. TODO TU SER.
RÍNDETE.
DÉJALO.
DÉJALO.
TU VOLUNTAD ES MÍA.
NO.
VUUUUUN
SOY UNA JEDI Y MI VOLUNTAD ES MÍA.
PARECE QUE ZENEX NO LLEGARÁ A SU CITA.
DEPENDE.

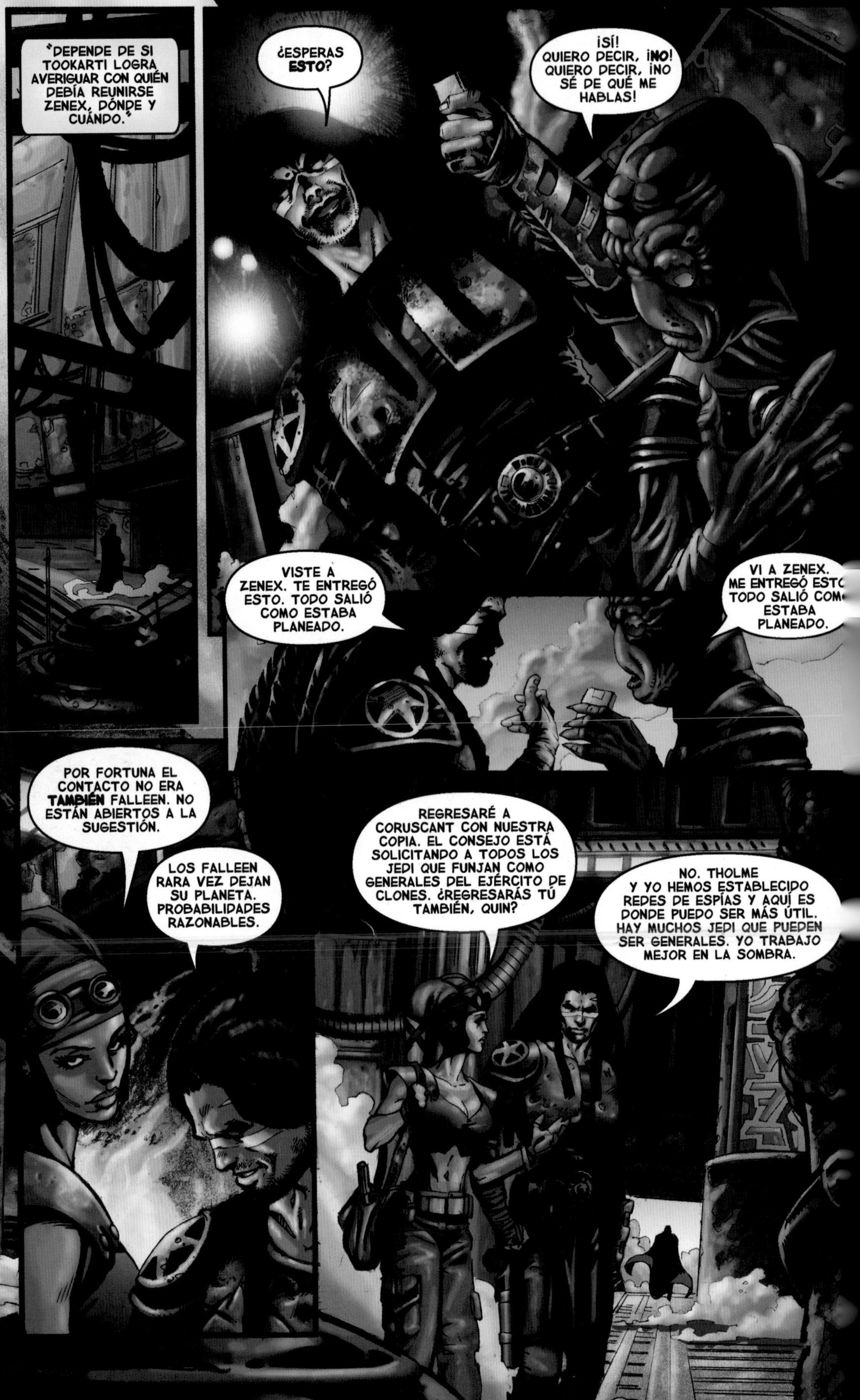
"DEPENDE DE SI TOOKARTI LOGRA AVERIGUAR CON QUIÉN DEBÍA REUNIRSE ZENEX, DÓNDE Y CUÁNDO."
¿ESPERAS **ESTO**?
¡SÍ! QUIERO DECIR, ¡**NO**! QUIERO DECIR, ¡NO SÉ DE QUÉ ME HABLAS!
VISTE A ZENEX. TE ENTREGÓ ESTO. TODO SALIÓ COMO ESTABA PLANEADO.
VI A ZENEX. ME ENTREGÓ ESTO. TODO SALIÓ COMO ESTABA PLANEADO.
POR FORTUNA EL CONTACTO NO ERA **TAMBIÉN** FALLEEN. NO ESTÁN ABIERTOS A LA SUGESTIÓN.
LOS FALLEEN RARA VEZ DEJAN SU PLANETA. PROBABILIDADES RAZONABLES.
REGRESARÉ A CORUSCANT CON NUESTRA COPIA. EL CONSEJO ESTÁ SOLICITANDO A TODOS LOS JEDI QUE FUNJAN COMO GENERALES DEL EJÉRCITO DE CLONES. ¿REGRESARÁS TÚ TAMBIÉN, QUIN?
NO. THOLME Y YO HEMOS ESTABLECIDO REDES DE ESPÍAS Y AQUÍ ES DONDE PUEDO SER MÁS ÚTIL. HAY MUCHOS JEDI QUE PUEDEN SER GENERALES. YO TRABAJO MEJOR EN LA SOMBRA.

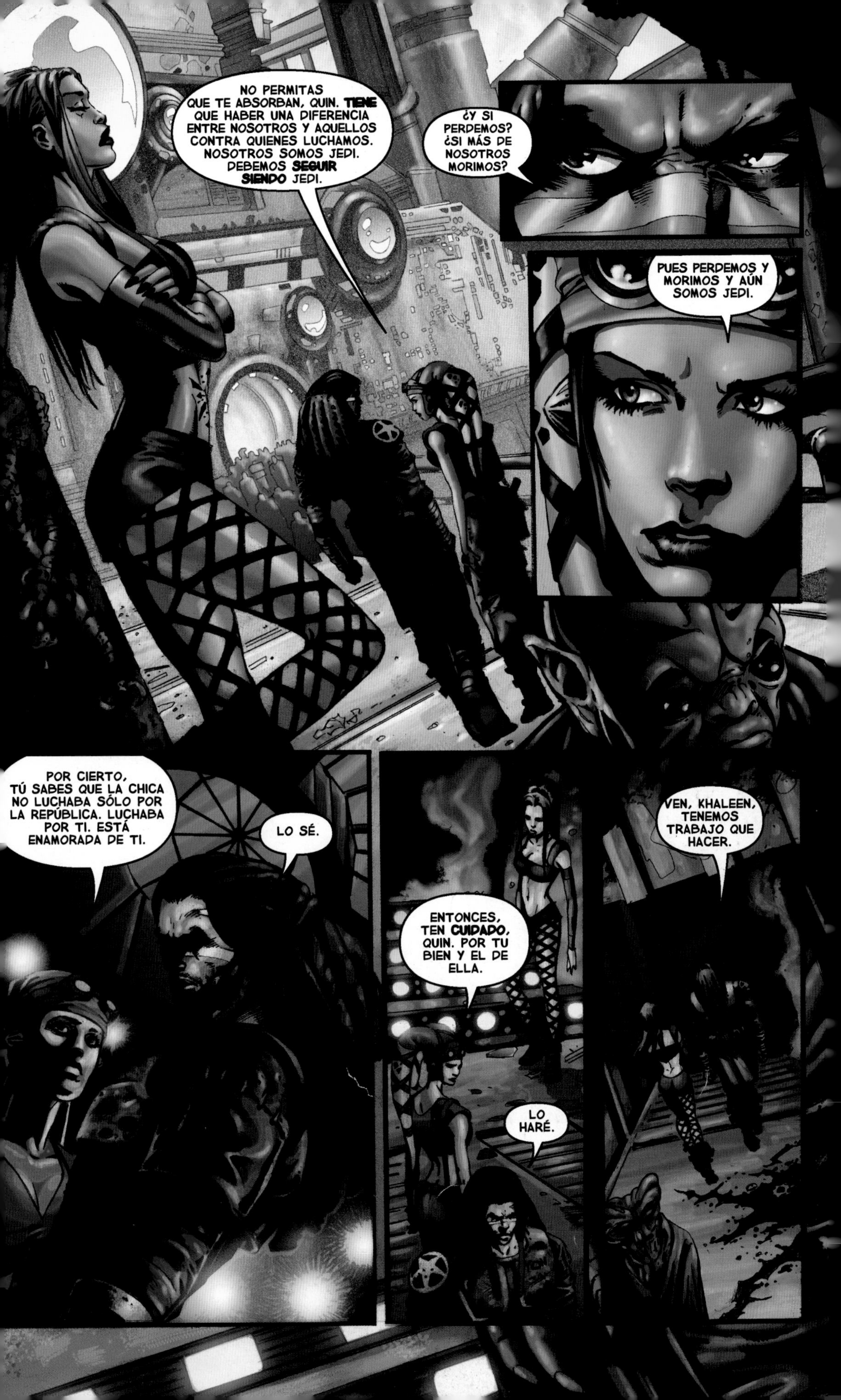
NO PERMITAS QUE TE ABSORBAN, QUIN. TIENE QUE HABER UNA DIFERENCIA ENTRE NOSOTROS Y AQUELLOS CONTRA QUIENES LUCHAMOS. NOSOTROS SOMOS JEDI. DEBEMOS SEGUIR SIENDO JEDI.
¿Y SI PERDEMOS? ¿SI MÁS DE NOSOTROS MORIMOS?
PUES PERDEMOS Y MORIMOS Y AÚN SOMOS JEDI.
POR CIERTO, TÚ SABES QUE LA CHICA NO LUCHABA SÓLO POR LA REPÚBLICA. LUCHABA POR TI. ESTÁ ENAMORADA DE TI.
LO SÉ.
ENTONCES, TEN CUIDADO, QUIN. POR TU BIEN Y EL DE ELLA.
LO HARÉ.
VEN, KHALEEN, TENEMOS TRABAJO QUE HACER.

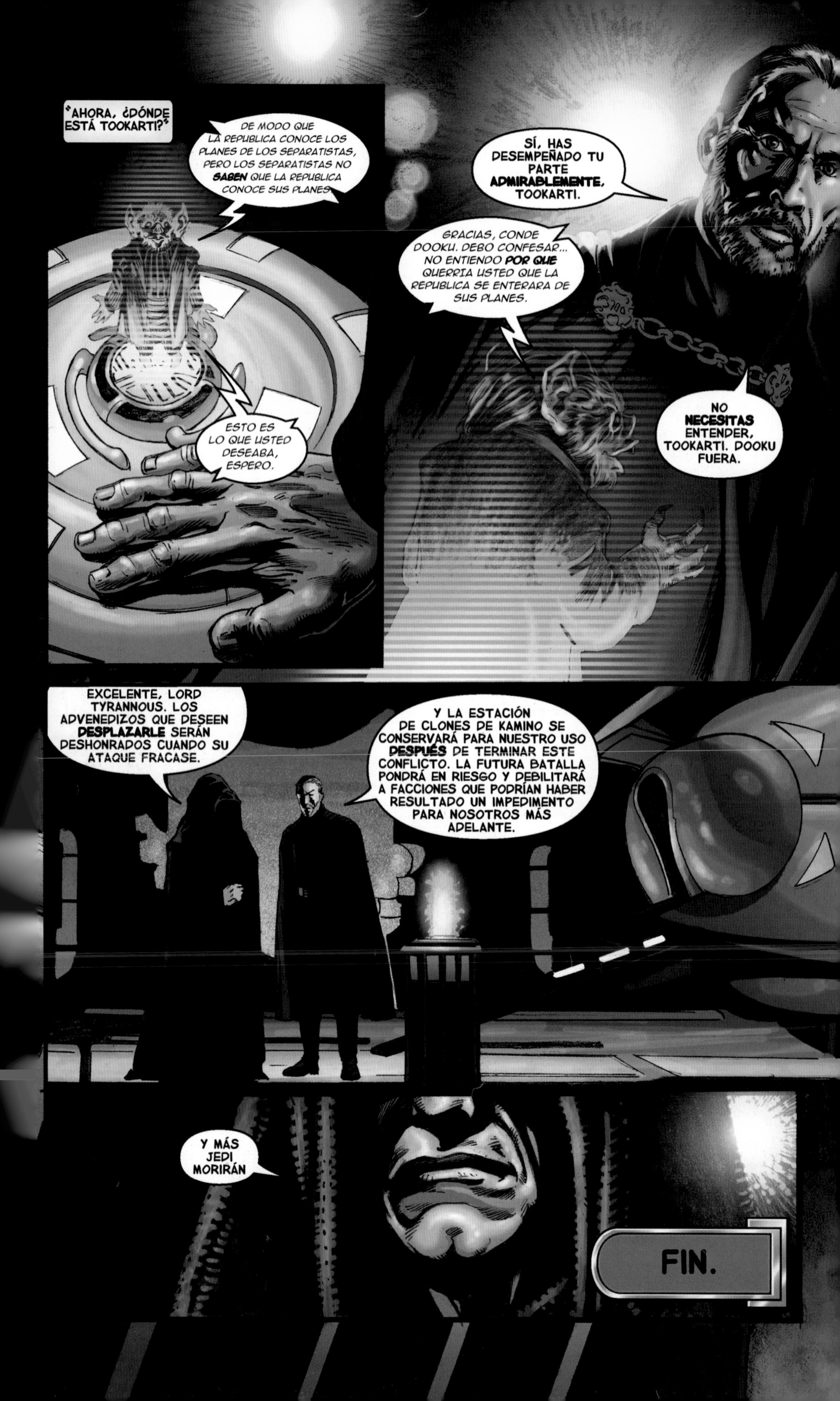
"AHORA, ¿DÓNDE ESTÁ TOOKARTI?"
DE MODO QUE LA REPUBLICA CONOCE LOS PLANES DE LOS SEPARATISTAS, PERO LOS SEPARATISTAS NO SABEN QUE LA REPUBLICA CONOCE SUS PLANES.
ESTO ES LO QUE USTED DESEABA, ESPERO.
SÍ, HAS DESEMPEÑADO TU PARTE ADMIRABLEMENTE, TOOKARTI.
GRACIAS, CONDE DOOKU. DEBO CONFESAR... NO ENTIENDO POR QUE QUERRIA USTED QUE LA REPUBLICA SE ENTERARA DE SUS PLANES.
NO NECESITAS ENTENDER, TOOKARTI. DOOKU FUERA.
EXCELENTE, LORD TYRANNOUS. LOS ADVENEDIZOS QUE DESEEN DESPLAZARLE SERÁN DESHONRADOS CUANDO SU ATAQUE FRACASE.
Y LA ESTACIÓN DE CLONES DE KAMINO SE CONSERVARÁ PARA NUESTRO USO DESPUÉS DE TERMINAR ESTE CONFLICTO. LA FUTURA BATALLA PONDRÁ EN RIESGO Y DEBILITARÁ A FACCIONES QUE PODRÍAN HABER RESULTADO UN IMPEDIMENTO PARA NOSOTROS MÁS ADELANTE.
Y MÁS JEDI MORIRÁN
FIN.

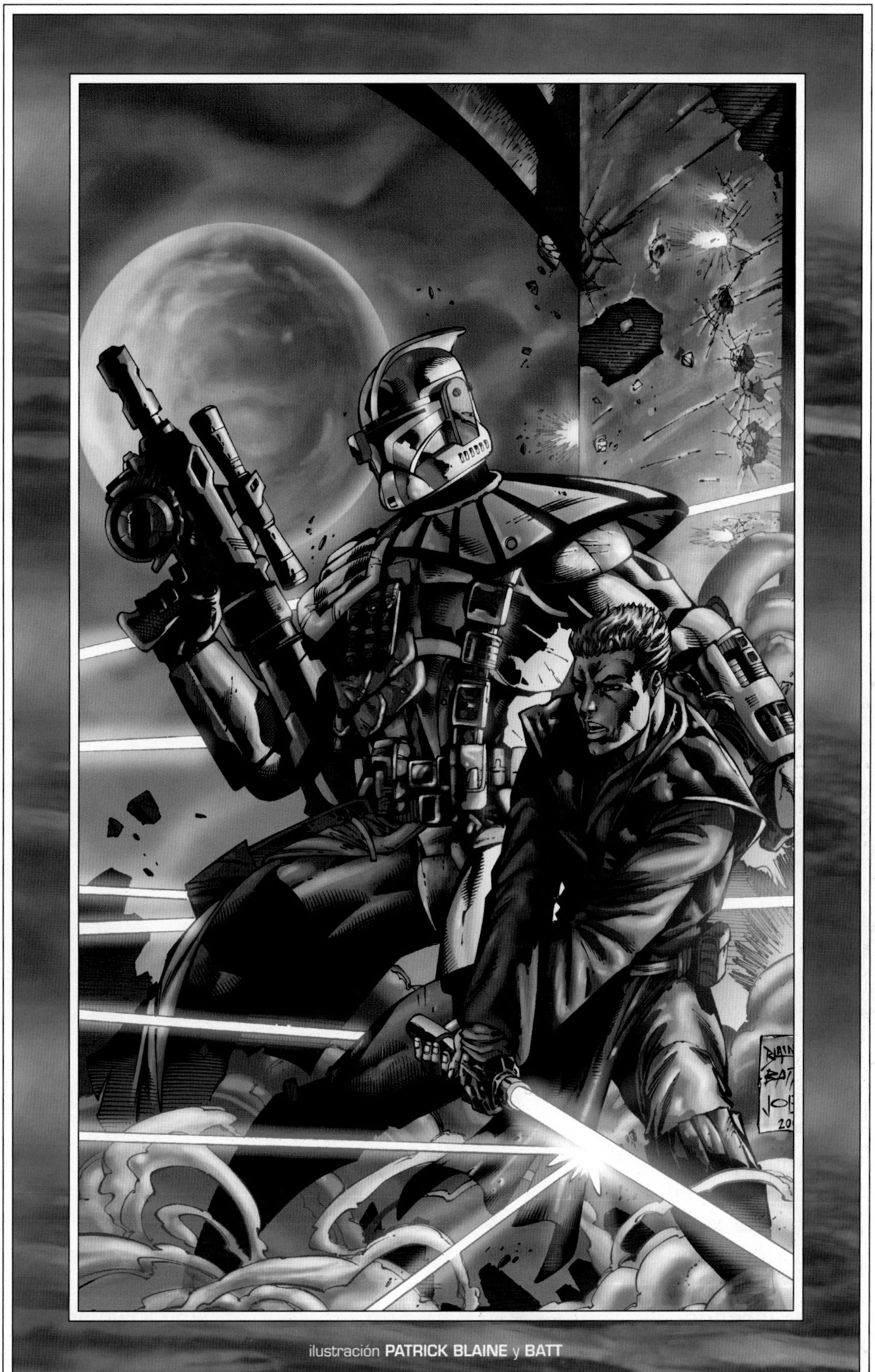

ilustración **PATRICK BLAINE** y **BATT**

LA DEFENSA DE KAMINO

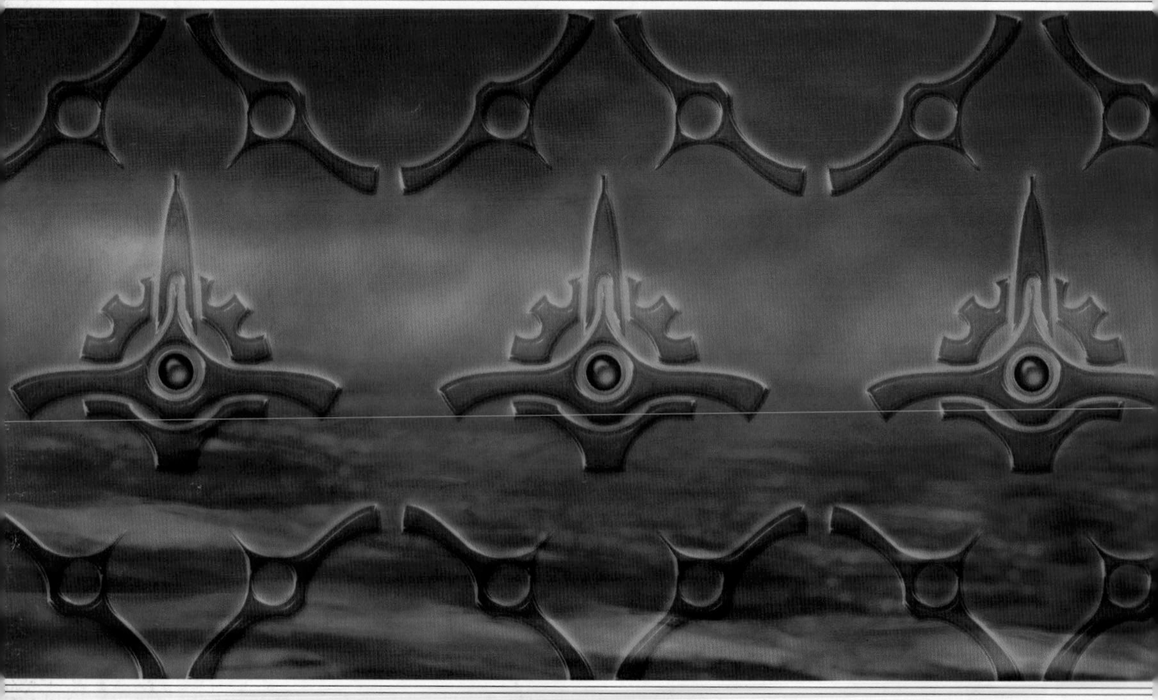

"Compañeros en Armas"
autor
John Ostrander
arte
Jan Duursema
color
Dan Parsons

"El Legado de Jango"
autor
Haden Blackman
arte
Stephen Thompson
color
Ray Kryssing

"No se Vislumbra el Final"
autor
Scott Allie
arte
Tomás Giorello
color
Ray Kryssing

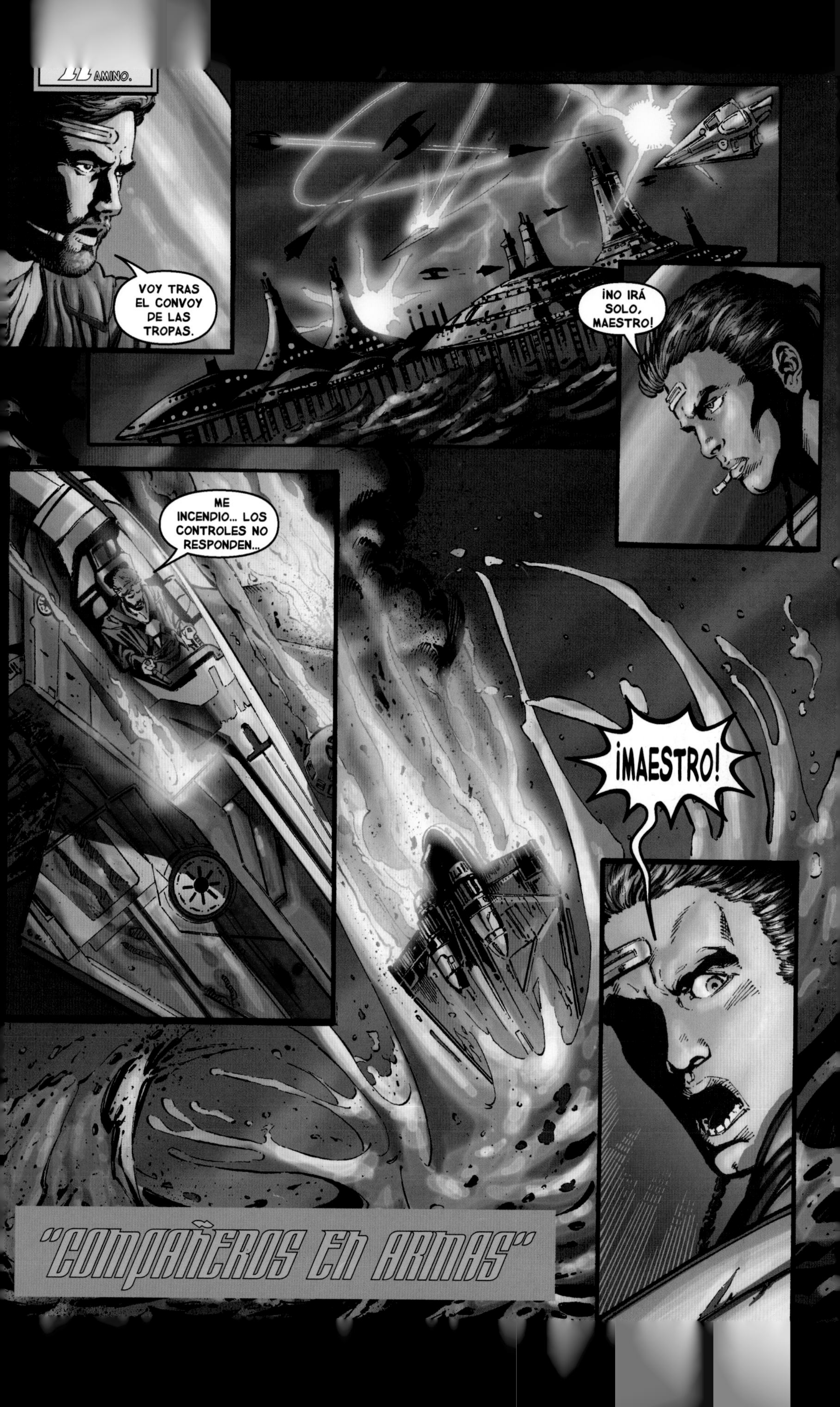
LLAMINO.
VOY TRAS EL CONVOY DE LAS TROPAS.
¡NO IRÁ SOLO, MAESTRO!
ME INCENDIO... LOS CONTROLES NO RESPONDEN...
¡MAESTRO!
"COMPAÑEROS EN ARMAS"

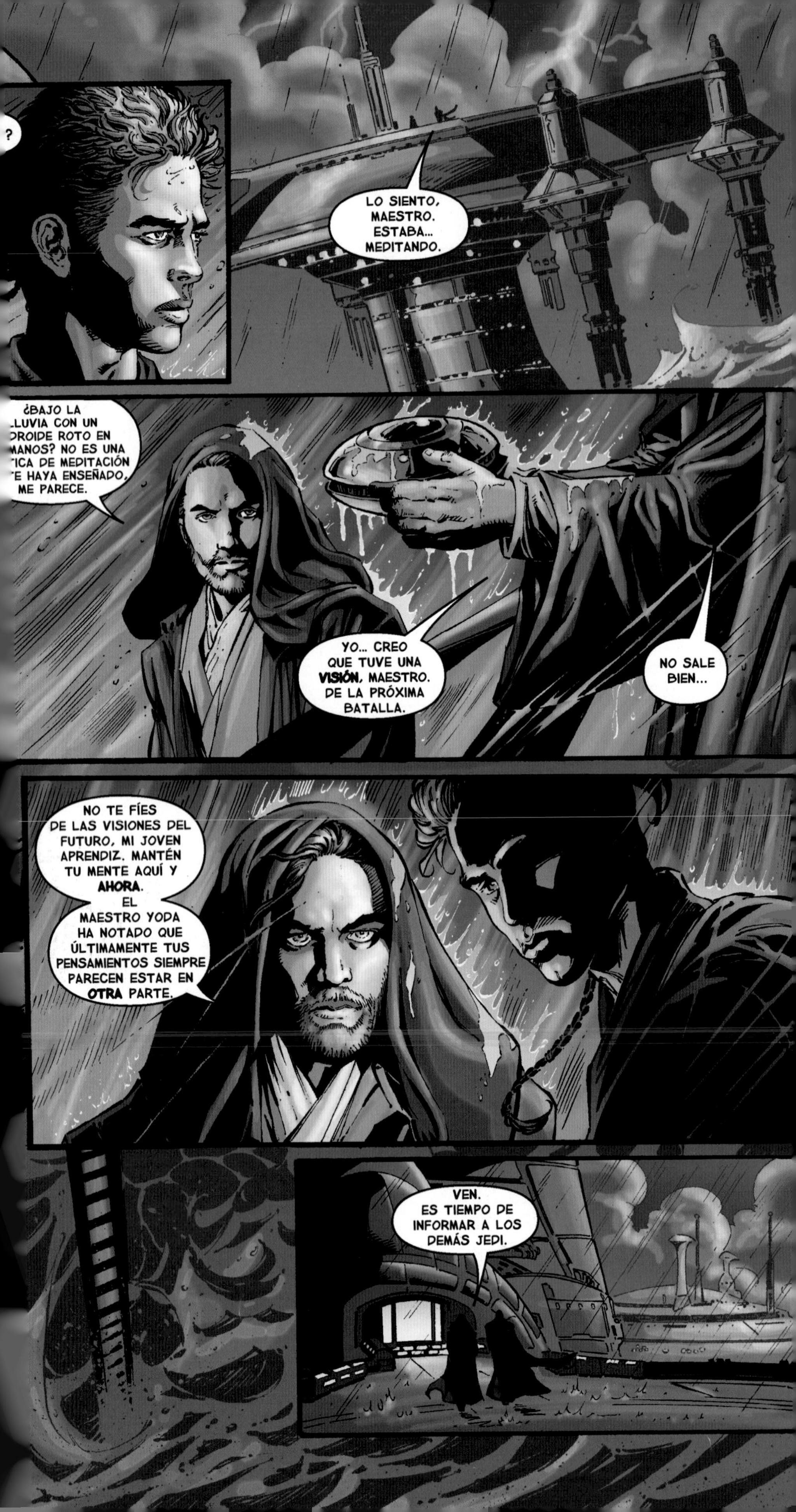
?
LO SIENTO, MAESTRO. ESTABA... MEDITANDO.
¿BAJO LA LLUVIA CON UN DROIDE ROTO EN MANOS? NO ES UNA TICA DE MEDITACIÓN TE HAYA ENSEÑADO, ME PARECE.
YO... CREO QUE TUVE UNA VISIÓN, MAESTRO. DE LA PRÓXIMA BATALLA.
NO SALE BIEN...
NO TE FÍES DE LAS VISIONES DEL FUTURO, MI JOVEN APRENDIZ. MANTÉN TU MENTE AQUÍ Y AHORA.
EL MAESTRO YODA HA NOTADO QUE ÚLTIMAMENTE TUS PENSAMIENTOS SIEMPRE PARECEN ESTAR EN OTRA PARTE.
VEN. ES TIEMPO DE INFORMAR A LOS DEMÁS JEDI.

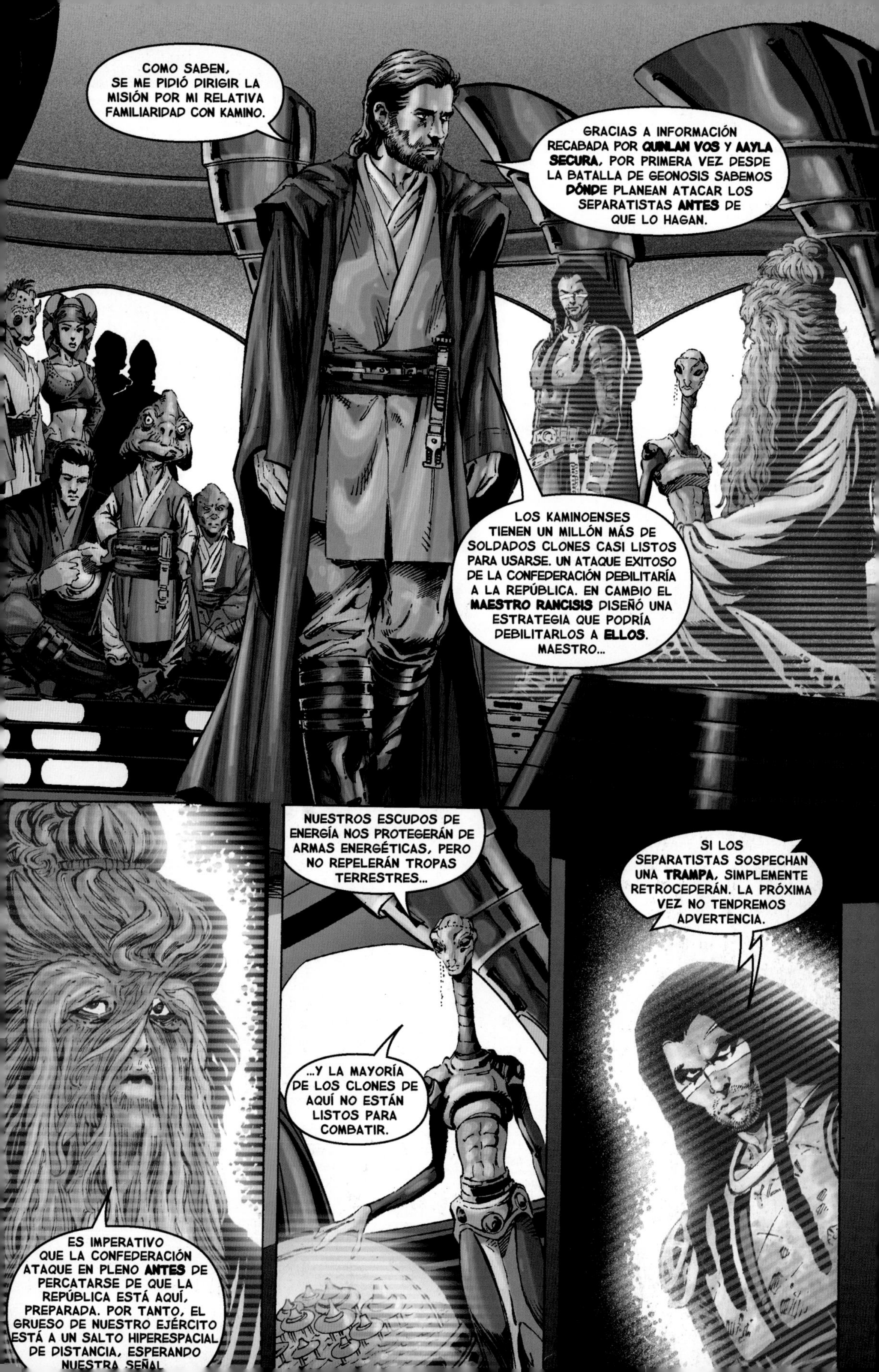
COMO SABEN, SE ME PIDIÓ DIRIGIR LA MISIÓN POR MI RELATIVA FAMILIARIDAD CON KAMINO.
GRACIAS A INFORMACIÓN RECABADA POR QUINLAN VOS Y AAYLA SECURA, POR PRIMERA VEZ DESDE LA BATALLA DE GEONOSIS SABEMOS DÓNDE PLANEAN ATACAR LOS SEPARATISTAS ANTES DE QUE LO HAGAN.
LOS KAMINOENSES TIENEN UN MILLÓN MÁS DE SOLDADOS CLONES CASI LISTOS PARA USARSE. UN ATAQUE EXITOSO DE LA CONFEDERACIÓN DEBILITARÍA A LA REPÚBLICA. EN CAMBIO EL MAESTRO RANCISIS DISEÑÓ UNA ESTRATEGIA QUE PODRÍA DEBILITARLOS A ELLOS. MAESTRO...
ES IMPERATIVO QUE LA CONFEDERACIÓN ATAQUE EN PLENO ANTES DE PERCATARSE DE QUE LA REPÚBLICA ESTÁ AQUÍ, PREPARADA. POR TANTO, EL GRUESO DE NUESTRO EJÉRCITO ESTÁ A UN SALTO HIPERESPACIAL DE DISTANCIA, ESPERANDO NUESTRA SEÑAL
NUESTROS ESCUDOS DE ENERGÍA NOS PROTEGERÁN DE ARMAS ENERGÉTICAS, PERO NO REPELERÁN TROPAS TERRESTRES...
...Y LA MAYORÍA DE LOS CLONES DE AQUÍ NO ESTÁN LISTOS PARA COMBATIR.
SI LOS SEPARATISTAS SOSPECHAN UNA TRAMPA, SIMPLEMENTE RETROCEDERÁN. LA PRÓXIMA VEZ NO TENDREMOS ADVERTENCIA.

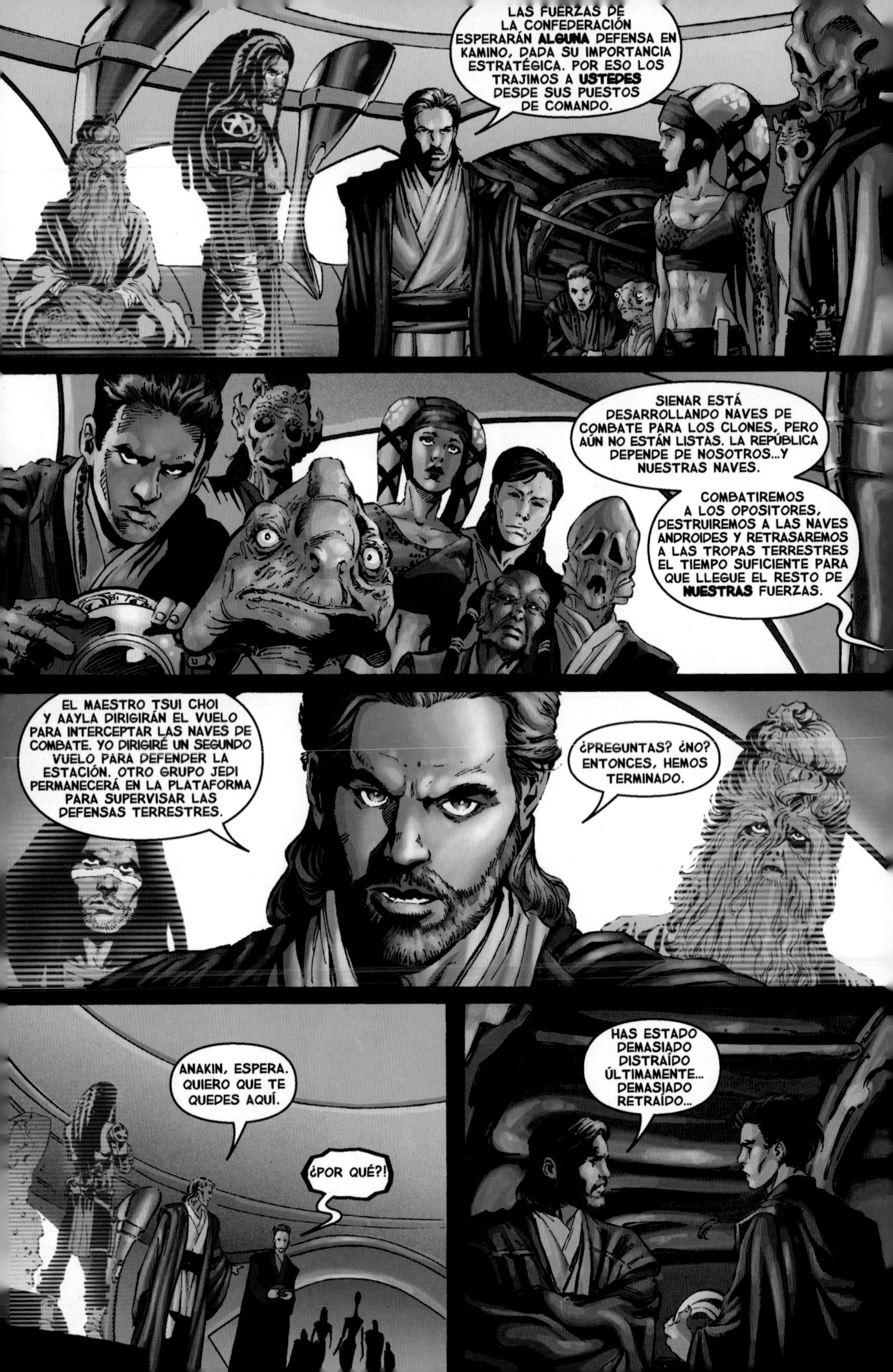

LAS FUERZAS DE LA CONFEDERACIÓN ESPERARÁN ALGUNA DEFENSA EN KAMINO, DADA SU IMPORTANCIA ESTRATÉGICA. POR ESO LOS TRAJIMOS A USTEDES DESDE SUS PUESTOS DE COMANDO.
SIENAR ESTÁ DESARROLLANDO NAVES DE COMBATE PARA LOS CLONES, PERO AÚN NO ESTÁN LISTAS. LA REPÚBLICA DEPENDE DE NOSOTROS...Y NUESTRAS NAVES.
COMBATIREMOS A LOS OPOSITORES, DESTRUIREMOS A LAS NAVES ANDROIDES Y RETRASAREMOS A LAS TROPAS TERRESTRES EL TIEMPO SUFICIENTE PARA QUE LLEGUE EL RESTO DE NUESTRAS FUERZAS.
EL MAESTRO TSUI CHOI Y AAYLA DIRIGIRÁN EL VUELO PARA INTERCEPTAR LAS NAVES DE COMBATE. YO DIRIGIRÉ UN SEGUNDO VUELO PARA DEFENDER LA ESTACIÓN. OTRO GRUPO JEDI PERMANECERÁ EN LA PLATAFORMA PARA SUPERVISAR LAS DEFENSAS TERRESTRES.
¿PREGUNTAS? ¿NO? ENTONCES, HEMOS TERMINADO.
ANAKIN, ESPERA. QUIERO QUE TE QUEDES AQUÍ.
¿POR QUÉ?!
HAS ESTADO DEMASIADO DISTRAÍDO ÚLTIMAMENTE... DEMASIADO RETRAÍDO...

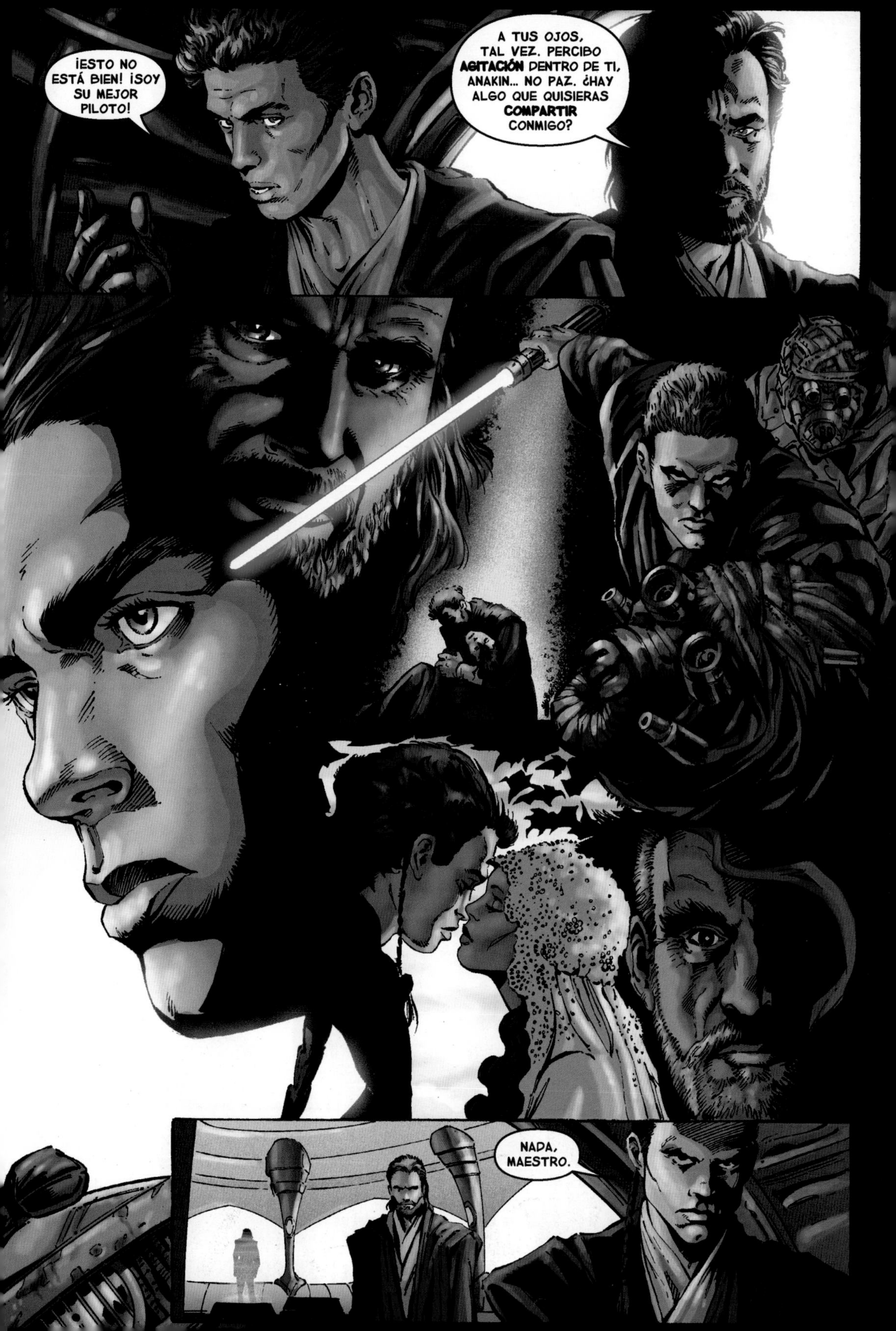
¡ESTO NO ESTÁ BIEN! ¡SOY SU MEJOR PILOTO!
A TUS OJOS, TAL VEZ. PERCIBO AGITACIÓN DENTRO DE TI, ANAKIN... NO PAZ. ¿HAY ALGO QUE QUISIERAS COMPARTIR CONMIGO?
NADA, MAESTRO.

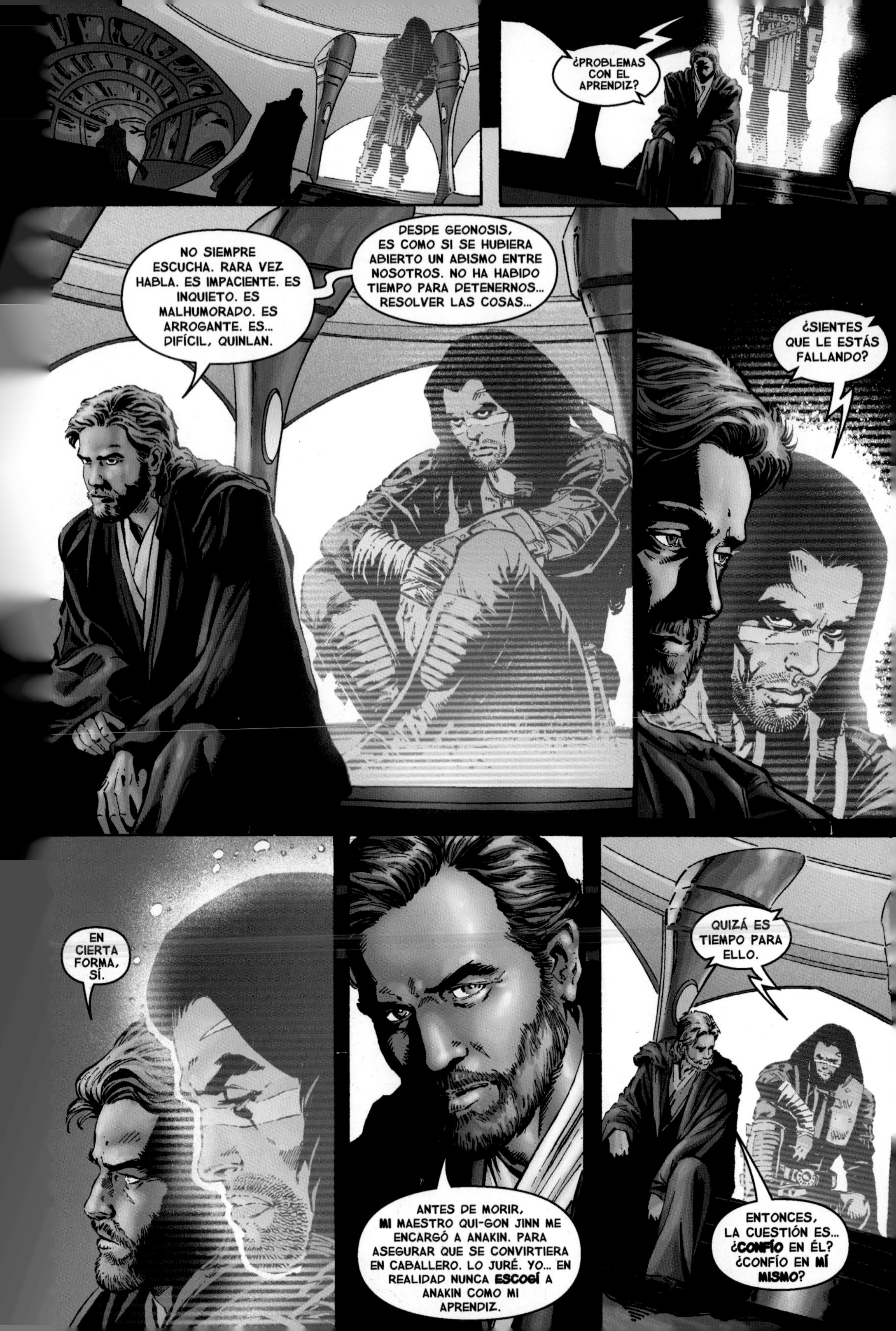
¿PROBLEMAS CON EL APRENDIZ?
NO SIEMPRE ESCUCHA. RARA VEZ HABLA. ES IMPACIENTE. ES INQUIETO. ES MALHUMORADO. ES ARROGANTE. ES... DIFÍCIL, QUINLAN.
DESDE GEONOSIS, ES COMO SI SE HUBIERA ABIERTO UN ABISMO ENTRE NOSOTROS. NO HA HABIDO TIEMPO PARA DETENERNOS... RESOLVER LAS COSAS...
¿SIENTES QUE LE ESTÁS FALLANDO?
EN CIERTA FORMA, SÍ.
ANTES DE MORIR, MI MAESTRO QUI-GON JINN ME ENCARGÓ A ANAKIN. PARA ASEGURAR QUE SE CONVIRTIERA EN CABALLERO. LO JURÉ. YO... EN REALIDAD NUNCA ESCOGÍ A ANAKIN COMO MI APRENDIZ.
QUIZÁ ES TIEMPO PARA ELLO.
ENTONCES, LA CUESTIÓN ES... ¿CONFÍO EN ÉL? ¿CONFÍO EN MÍ MISMO?

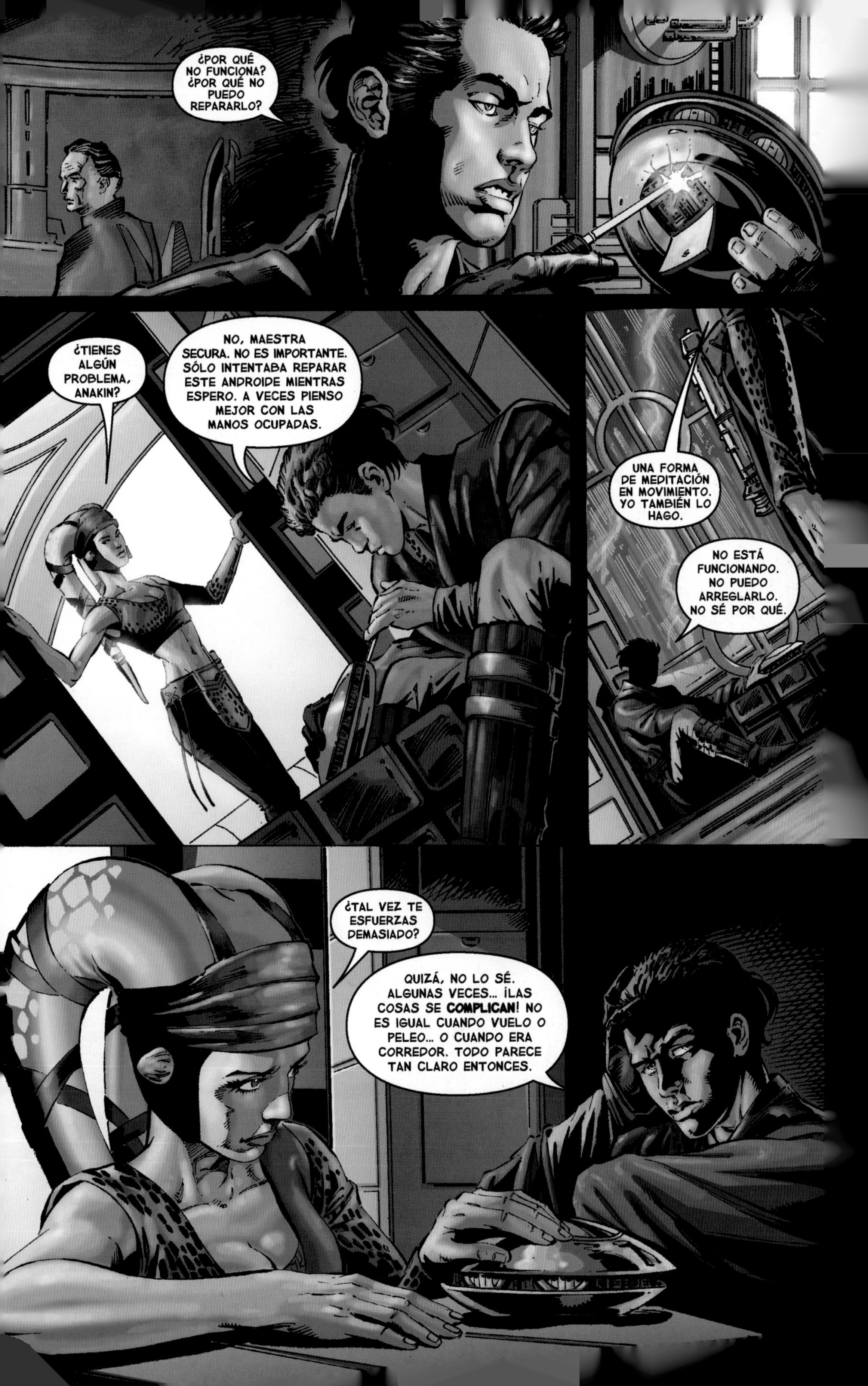
¿POR QUÉ NO FUNCIONA? ¿POR QUÉ NO PUEDO REPARARLO?
¿TIENES ALGÚN PROBLEMA, ANAKIN?
NO, MAESTRA SECURA. NO ES IMPORTANTE. SÓLO INTENTABA REPARAR ESTE ANDROIDE MIENTRAS ESPERO. A VECES PIENSO MEJOR CON LAS MANOS OCUPADAS.
UNA FORMA DE MEDITACIÓN EN MOVIMIENTO. YO TAMBIÉN LO HAGO.
NO ESTÁ FUNCIONANDO. NO PUEDO ARREGLARLO. NO SÉ POR QUÉ.
¿TAL VEZ TE ESFUERZAS DEMASIADO?
QUIZÁ, NO LO SÉ. ALGUNAS VECES... ¡LAS COSAS SE **COMPLICAN**! NO ES IGUAL CUANDO VUELO O PELEO... O CUANDO ERA CORREDOR. TODO PARECE TAN CLARO ENTONCES.

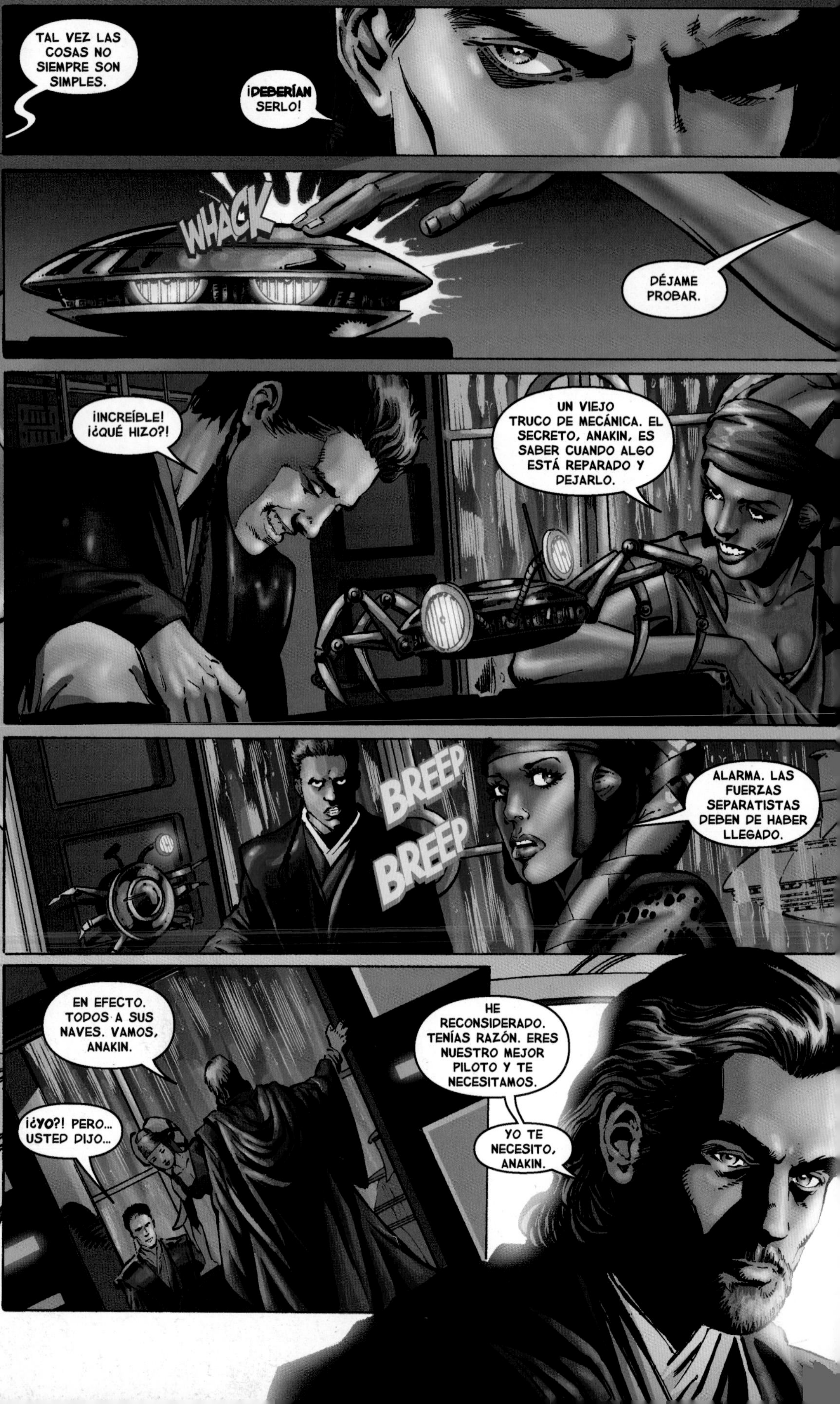
TAL VEZ LAS COSAS NO SIEMPRE SON SIMPLES.
¡DEBERÍAN SERLO!
WHACK
DÉJAME PROBAR.
¡INCREÍBLE! ¡¿QUÉ HIZO?!
UN VIEJO TRUCO DE MECÁNICA. EL SECRETO, ANAKIN, ES SABER CUANDO ALGO ESTÁ REPARADO Y DEJARLO.
BREEP BREEP
ALARMA. LAS FUERZAS SEPARATISTAS DEBEN DE HABER LLEGADO.
EN EFECTO. TODOS A SUS NAVES. VAMOS, ANAKIN.
¡¿YO?! PERO... USTED DIJO...
HE RECONSIDERADO. TENÍAS RAZÓN. ERES NUESTRO MEJOR PILOTO Y TE NECESITAMOS.
YO TE NECESITO, ANAKIN.

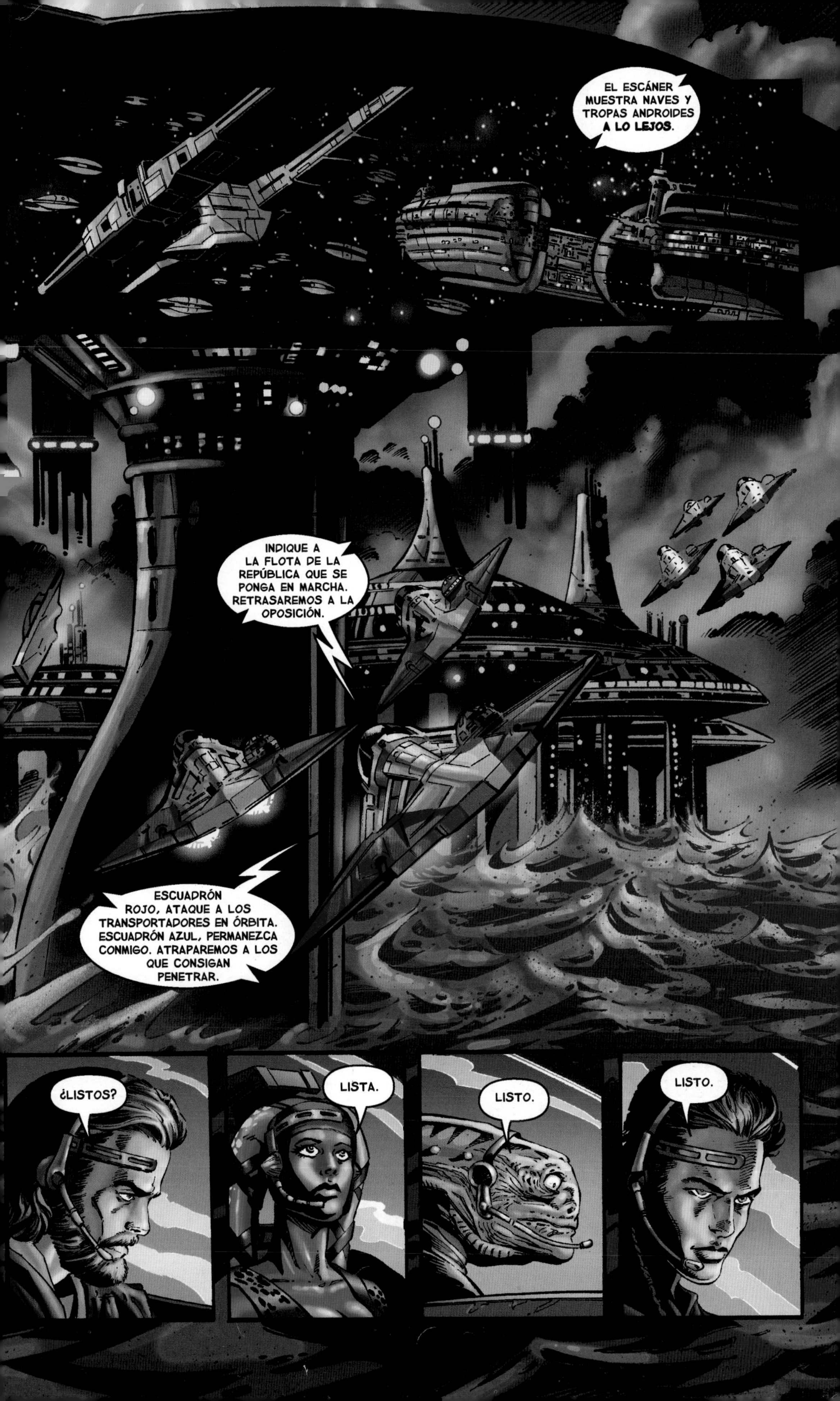
EL ESCÁNER MUESTRA NAVES Y TROPAS ANDROIDES A LO LEJOS.
INDIQUE A LA FLOTA DE LA REPÚBLICA QUE SE PONGA EN MARCHA. RETRASAREMOS A LA OPOSICIÓN.
ESCUADRÓN ROJO, ATAQUE A LOS TRANSPORTADORES EN ÓRBITA. ESCUADRÓN AZUL, PERMANEZCA CONMIGO. ATRAPAREMOS A LOS QUE CONSIGAN PENETRAR.
¿LISTOS?
LISTA.
LISTO.
LISTO.

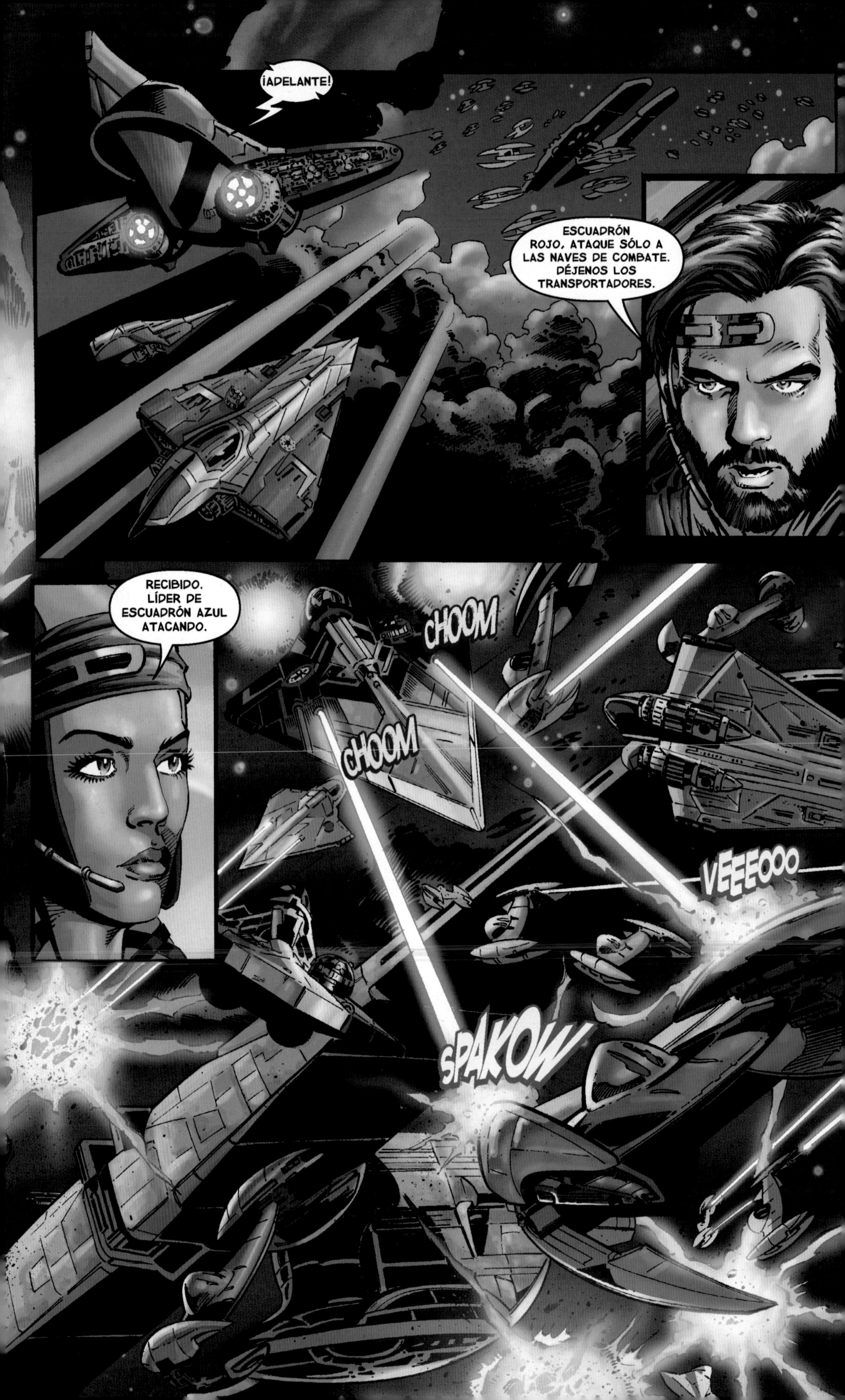
¡ADELANTE!
ESCUADRÓN ROJO, ATAQUE SÓLO A LAS NAVES DE COMBATE. DÉJENOS LOS TRANSPORTADORES.
RECIBIDO. LÍDER DE ESCUADRÓN AZUL ATACANDO.
CHOOM
CHOOM
VEEEOOO
SPAKOW

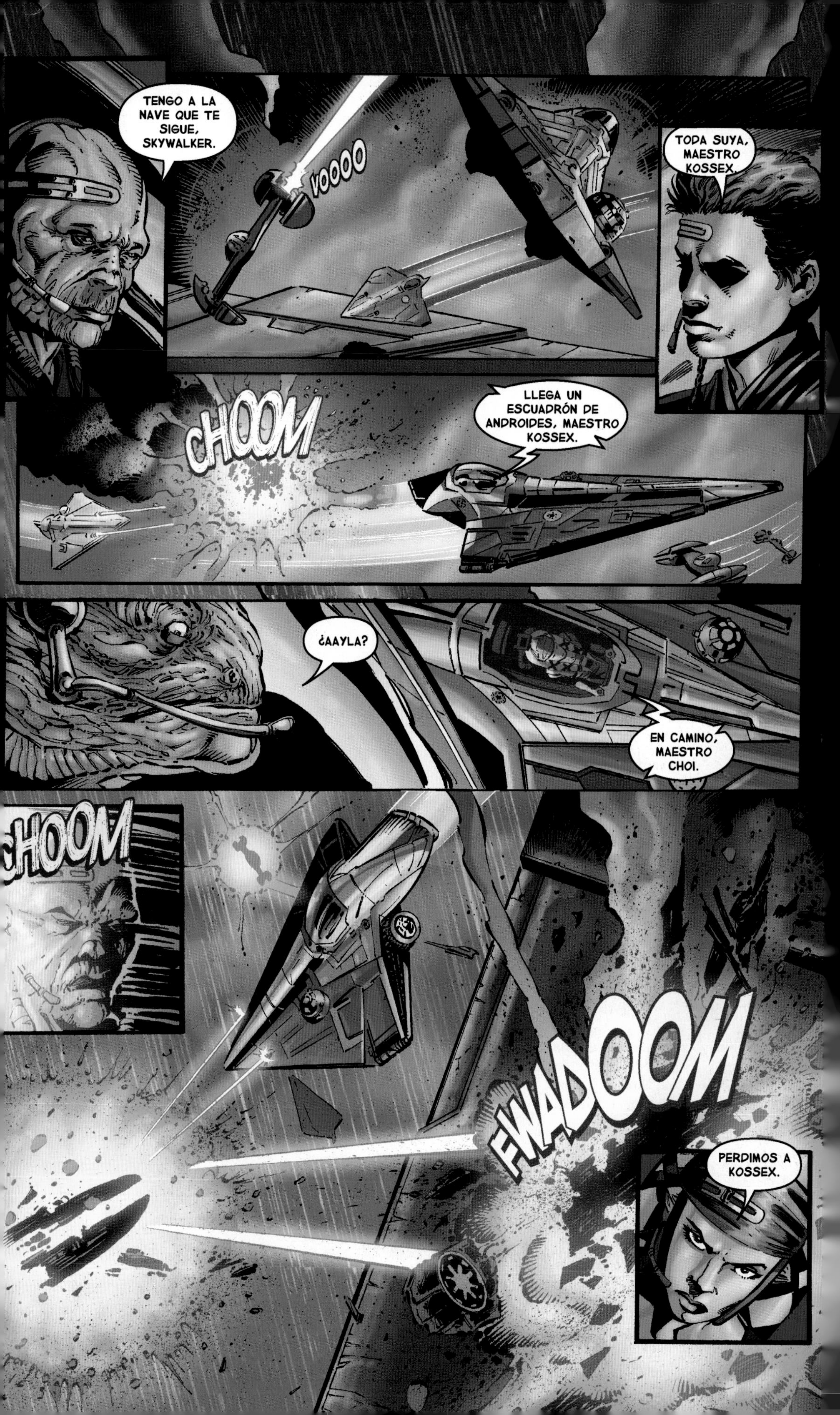
TENGO A LA NAVE QUE TE SIGUE, SKYWALKER.
VOOOO
TODA SUYA, MAESTRO KOSSEX.
CHOOM
LLEGA UN ESCUADRÓN DE ANDROIDES, MAESTRO KOSSEX.
¿AAYLA?
EN CAMINO, MAESTRO CHOI.
CHOOM
FWADOOM
PERDIMOS A KOSSEX.

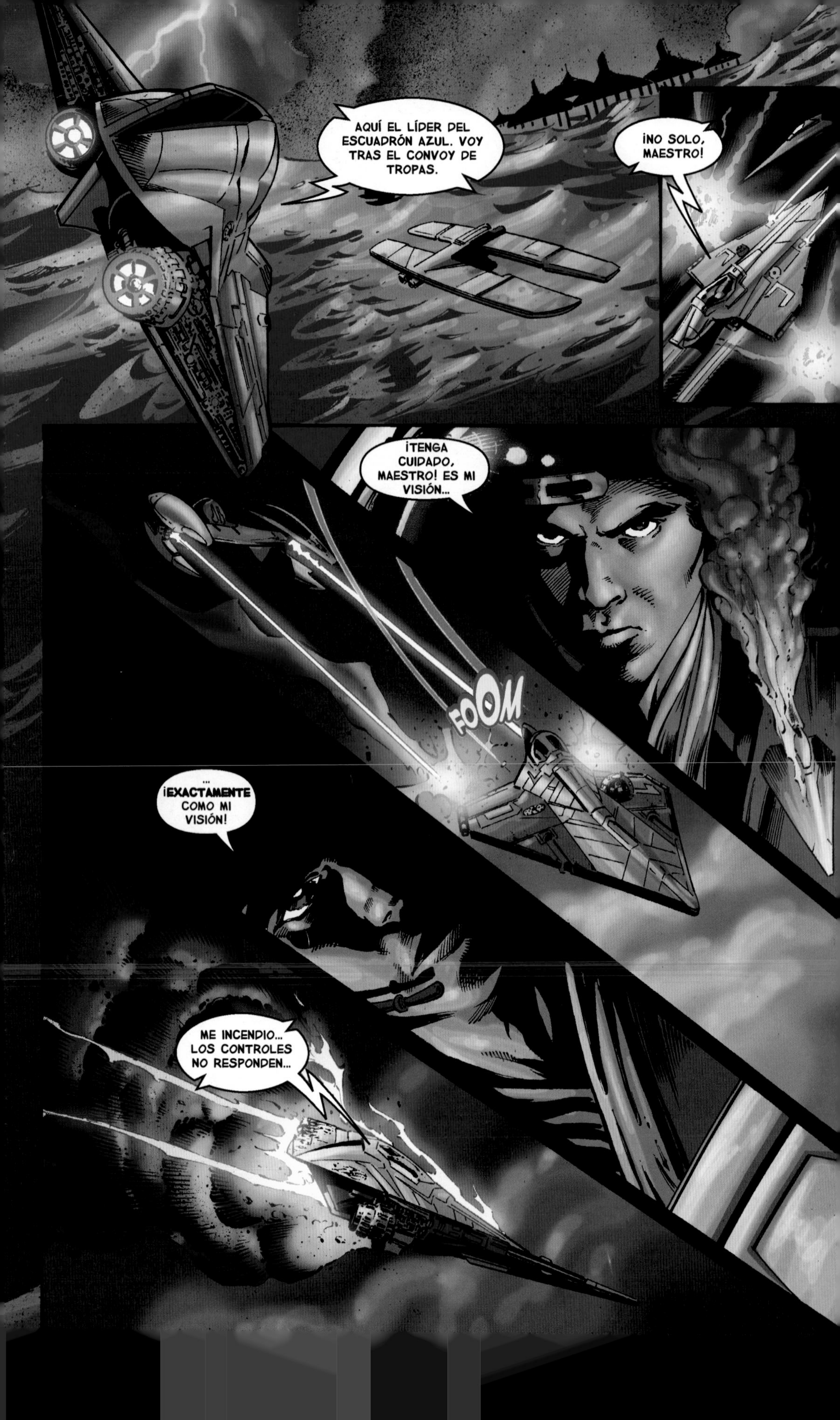
AQUÍ EL LÍDER DEL ESCUADRÓN AZUL. VOY TRAS EL CONVOY DE TROPAS.
¡NO SOLO, MAESTRO!
¡TENGA CUIDADO, MAESTRO! ES MI VISIÓN...
FOOM
... ¡EXACTAMENTE COMO MI VISIÓN!
ME INCENDIO... LOS CONTROLES NO RESPONDEN...

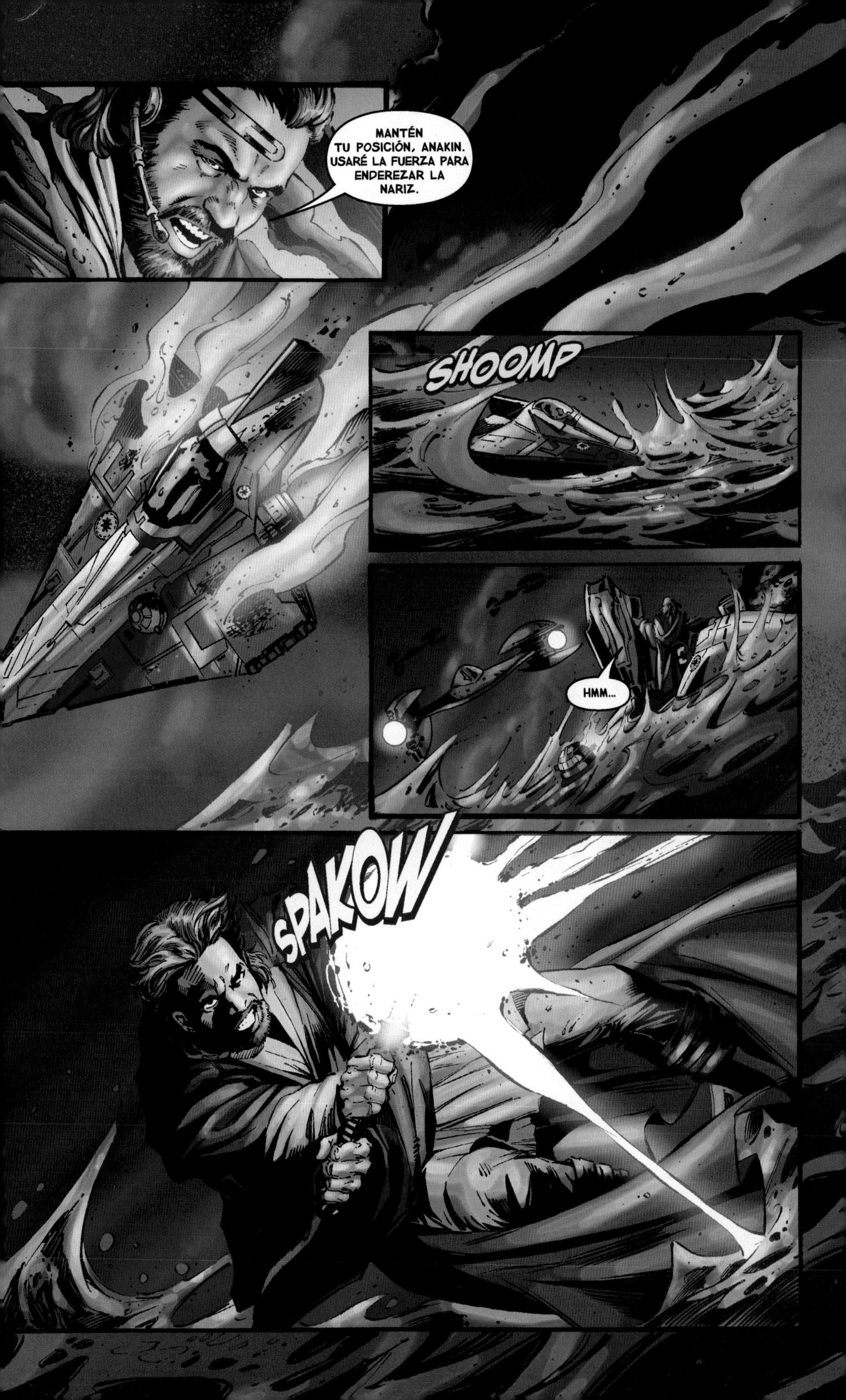
MANTÉN TU POSICIÓN, ANAKIN. USARÉ LA FUERZA PARA ENDEREZAR LA NARIZ.
SHOOMP
HMM...
SPAKOW

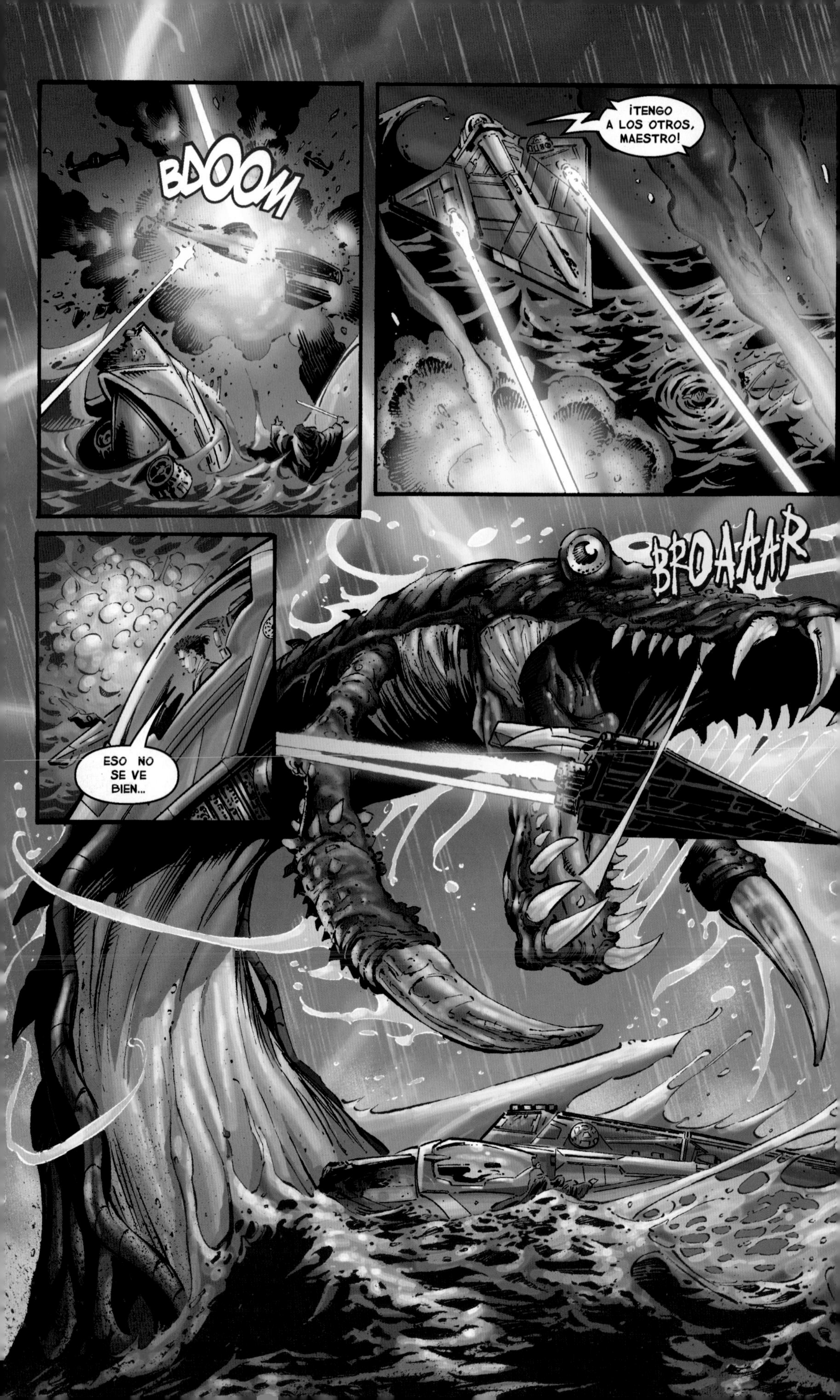
BDOOM
¡TENGO A LOS OTROS, MAESTRO!
ESO NO SE VE BIEN...
BROAAAR

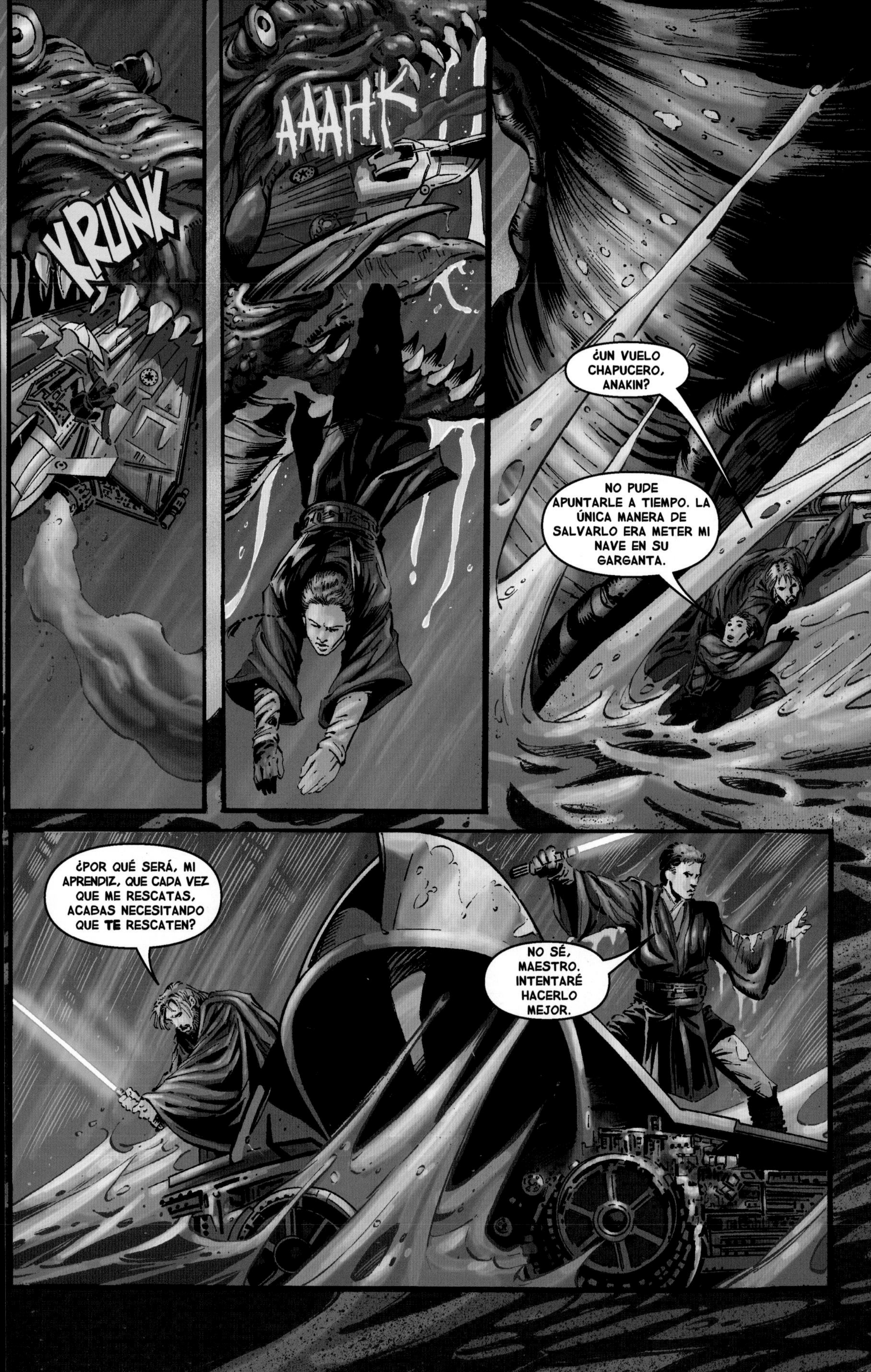
KRUNK
AAAHK
¿UN VUELO CHAPUCERO, ANAKIN?
NO PUDE APUNTARLE A TIEMPO. LA ÚNICA MANERA DE SALVARLO ERA METER MI NAVE EN SU GARGANTA.
¿POR QUÉ SERÁ, MI APRENDIZ, QUE CADA VEZ QUE ME RESCATAS, ACABAS NECESITANDO QUE **TE** RESCATEN?
NO SÉ, MAESTRO. INTENTARÉ HACERLO MEJOR.

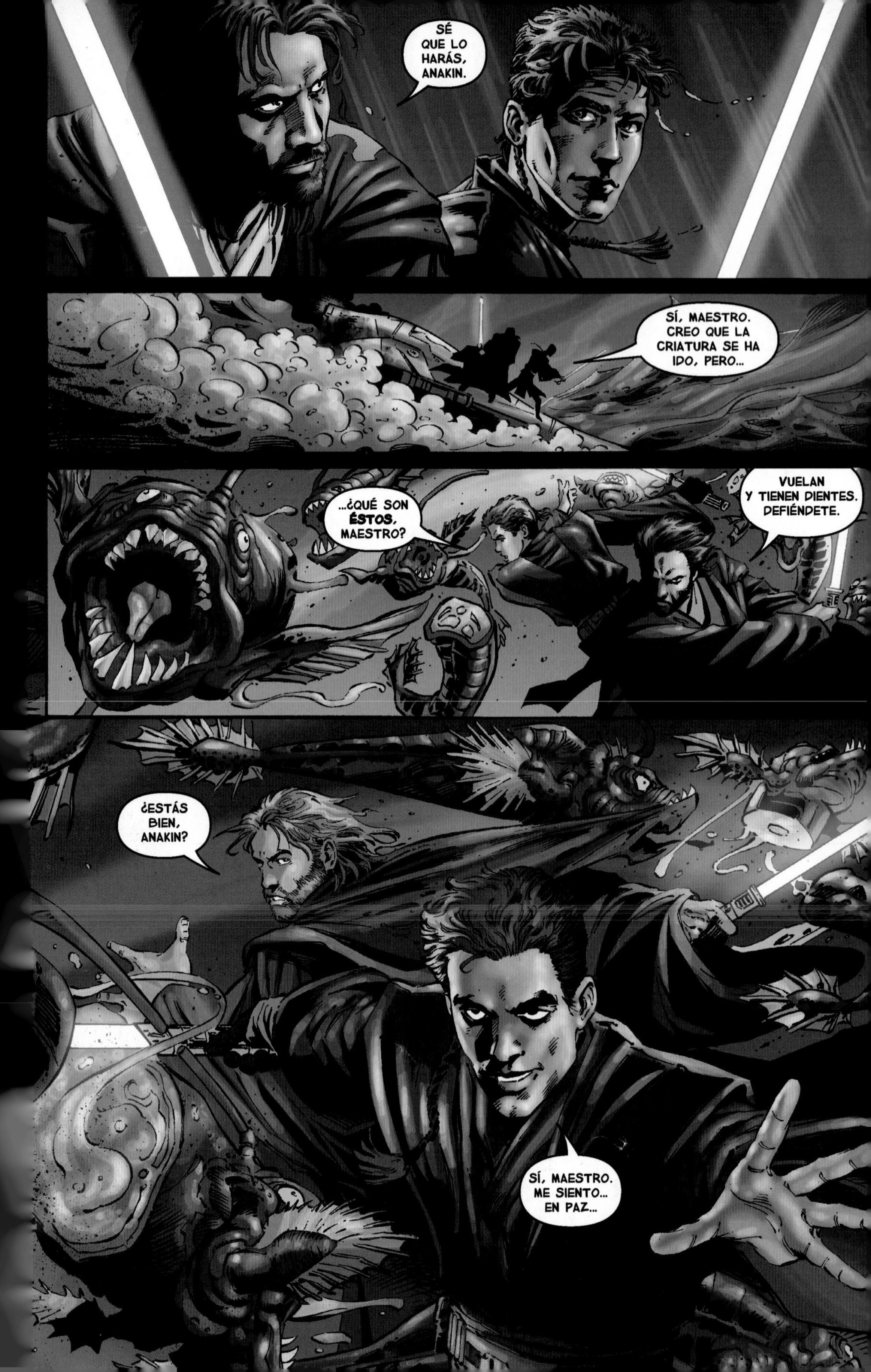
SÉ QUE LO HARÁS, ANAKIN.
SÍ, MAESTRO. CREO QUE LA CRIATURA SE HA IDO, PERO...
...¿QUÉ SON ÉSTOS, MAESTRO?
VUELAN Y TIENEN DIENTES. DEFIÉNDETE.
¿ESTÁS BIEN, ANAKIN?
SÍ, MAESTRO. ME SIENTO... EN PAZ...

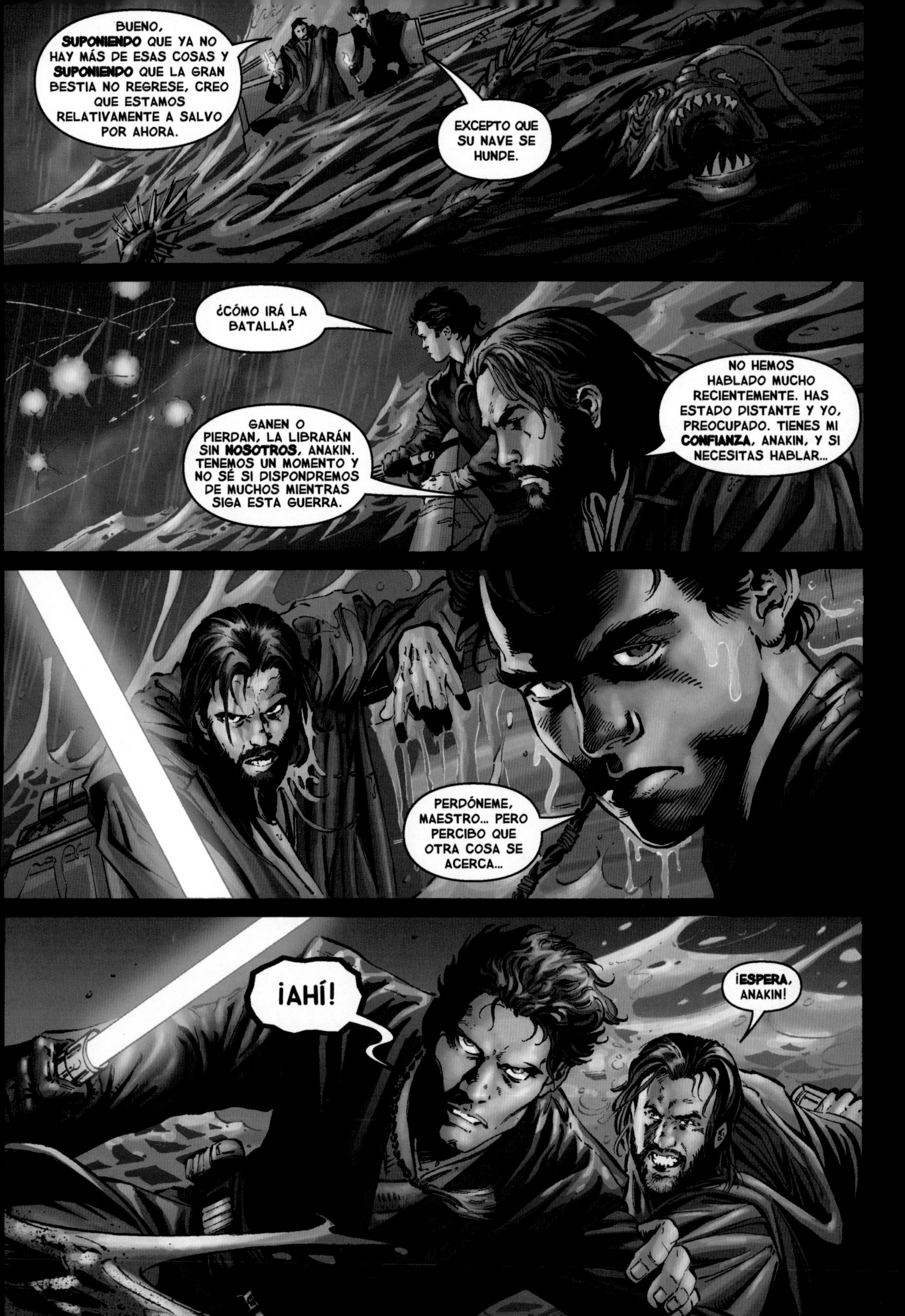

BUENO, SUPONIENDO QUE YA NO HAY MÁS DE ESAS COSAS Y SUPONIENDO QUE LA GRAN BESTIA NO REGRESE, CREO QUE ESTAMOS RELATIVAMENTE A SALVO POR AHORA.
EXCEPTO QUE SU NAVE SE HUNDE.
¿CÓMO IRÁ LA BATALLA?
GANEN O PIERDAN, LA LIBRARÁN SIN NOSOTROS, ANAKIN. TENEMOS UN MOMENTO Y NO SÉ SI DISPONDREMOS DE MUCHOS MIENTRAS SIGA ESTA GUERRA.
NO HEMOS HABLADO MUCHO RECIENTEMENTE. HAS ESTADO DISTANTE Y YO, PREOCUPADO. TIENES MI CONFIANZA, ANAKIN, Y SI NECESITAS HABLAR...
PERDÓNEME, MAESTRO... PERO PERCIBO QUE OTRA COSA SE ACERCA...
¡AHÍ!
¡ESPERA, ANAKIN!

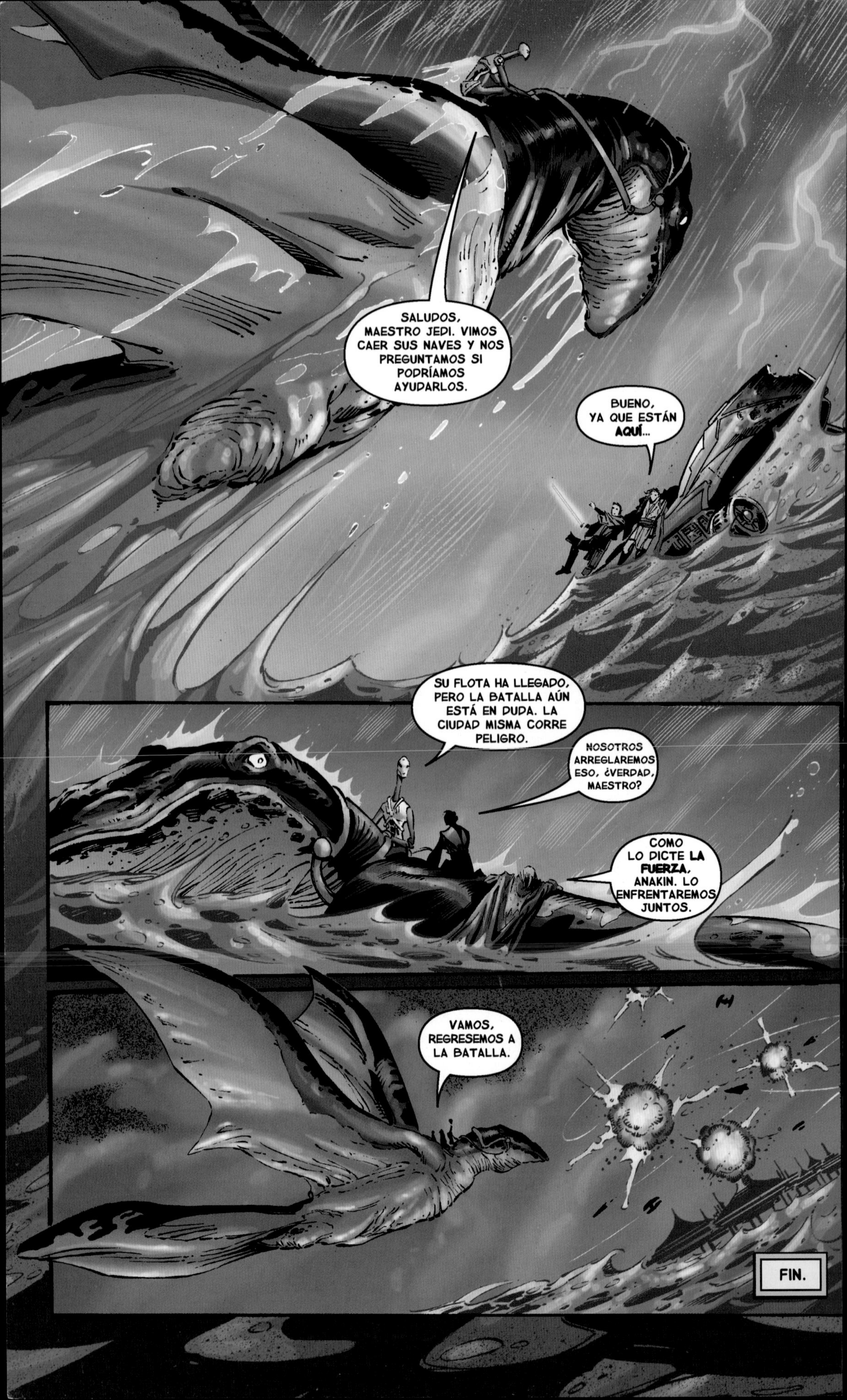
SALUDOS, MAESTRO JEDI. VIMOS CAER SUS NAVES Y NOS PREGUNTAMOS SI PODRÍAMOS AYUDARLOS.
BUENO, YA QUE ESTÁN **AQUÍ**...
SU FLOTA HA LLEGADO, PERO LA BATALLA AÚN ESTÁ EN DUDA. LA CIUDAD MISMA CORRE PELIGRO.
NOSOTROS ARREGLAREMOS ESO, ¿VERDAD, MAESTRO?
COMO LO DICTE **LA FUERZA**, ANAKIN. LO ENFRENTAREMOS JUNTOS.
VAMOS, REGRESEMOS A LA BATALLA.
FIN.

"EL LEGADO DE JANGO"

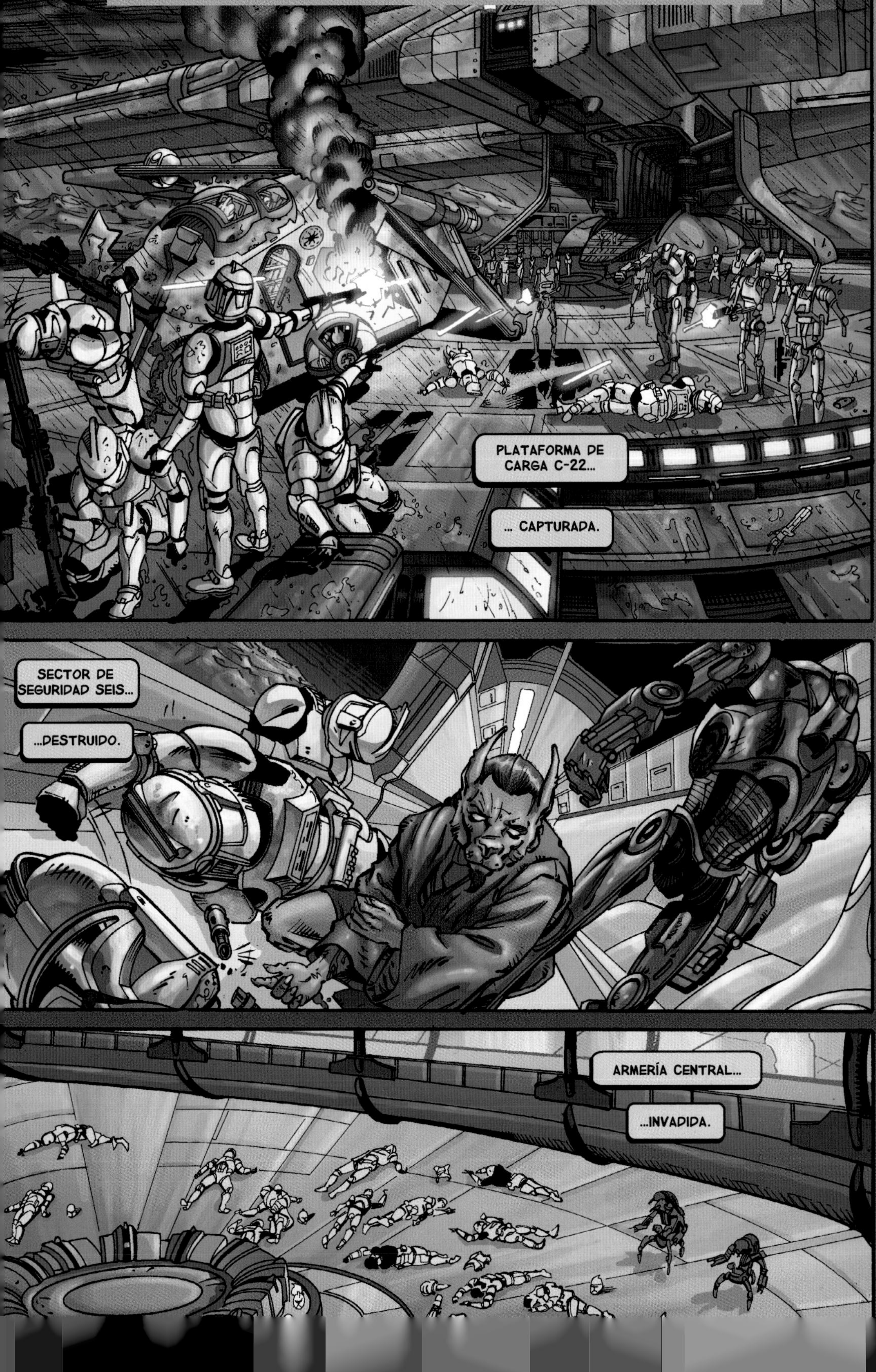
PLATAFORMA DE CARGA C-22...
... CAPTURADA.
SECTOR DE SEGURIDAD SEIS...
...DESTRUIDO.
ARMERÍA CENTRAL...
...INVADIDA.

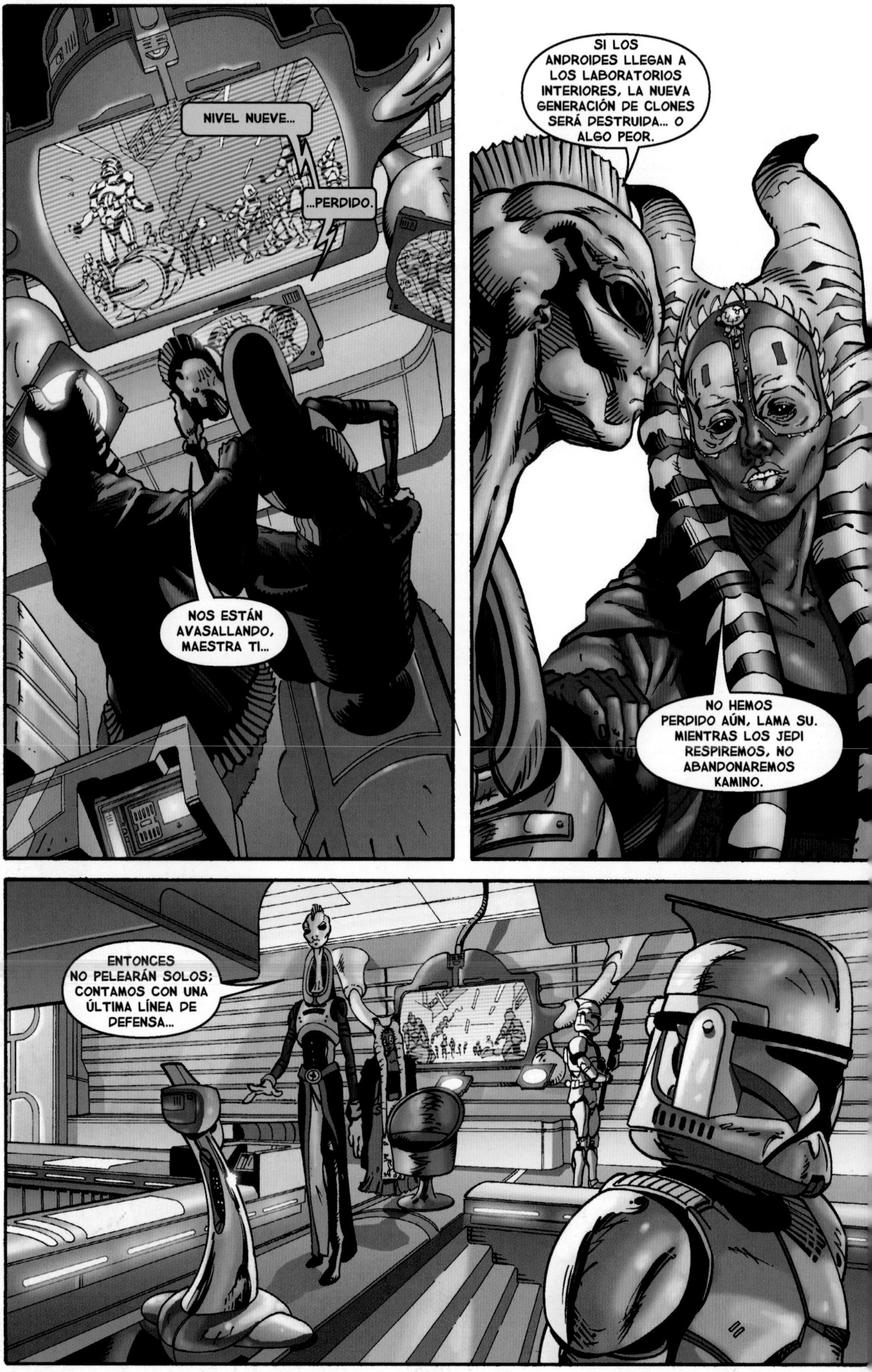
NIVEL NUEVE...
...PERDIDO.
NOS ESTÁN AVASALLANDO, MAESTRA TI...
SI LOS ANDROIDES LLEGAN A LOS LABORATORIOS INTERIORES, LA NUEVA GENERACIÓN DE CLONES SERÁ DESTRUIDA... O ALGO PEOR.
NO HEMOS PERDIDO AÚN, LAMA SU. MIENTRAS LOS JEDI RESPIREMOS, NO ABANDONAREMOS KAMINO.
ENTONCES NO PELEARÁN SOLOS; CONTAMOS CON UNA ÚLTIMA LÍNEA DE DEFENSA...

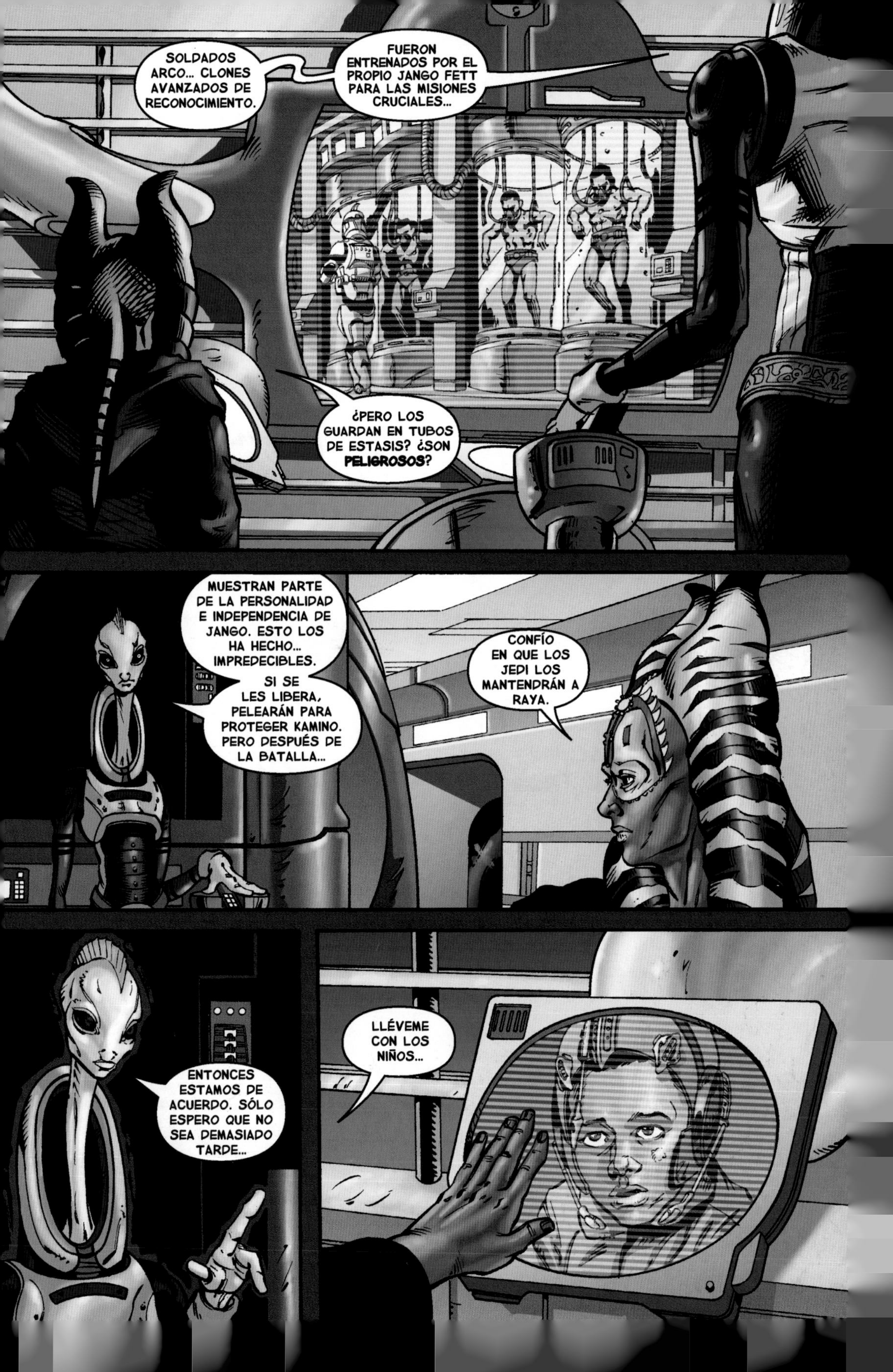

SOLDADOS ARCO... CLONES AVANZADOS DE RECONOCIMIENTO.
FUERON ENTRENADOS POR EL PROPIO JANGO FETT PARA LAS MISIONES CRUCIALES...
¿PERO LOS GUARDAN EN TUBOS DE ESTASIS? ¿SON PELIGROSOS?
MUESTRAN PARTE DE LA PERSONALIDAD E INDEPENDENCIA DE JANGO. ESTO LOS HA HECHO... IMPREDECIBLES.
SI SE LES LIBERA, PELEARÁN PARA PROTEGER KAMINO. PERO DESPUÉS DE LA BATALLA...
CONFÍO EN QUE LOS JEDI LOS MANTENDRÁN A RAYA.
ENTONCES ESTAMOS DE ACUERDO. SÓLO ESPERO QUE NO SEA DEMASIADO TARDE...
LLÉVEME CON LOS NIÑOS...

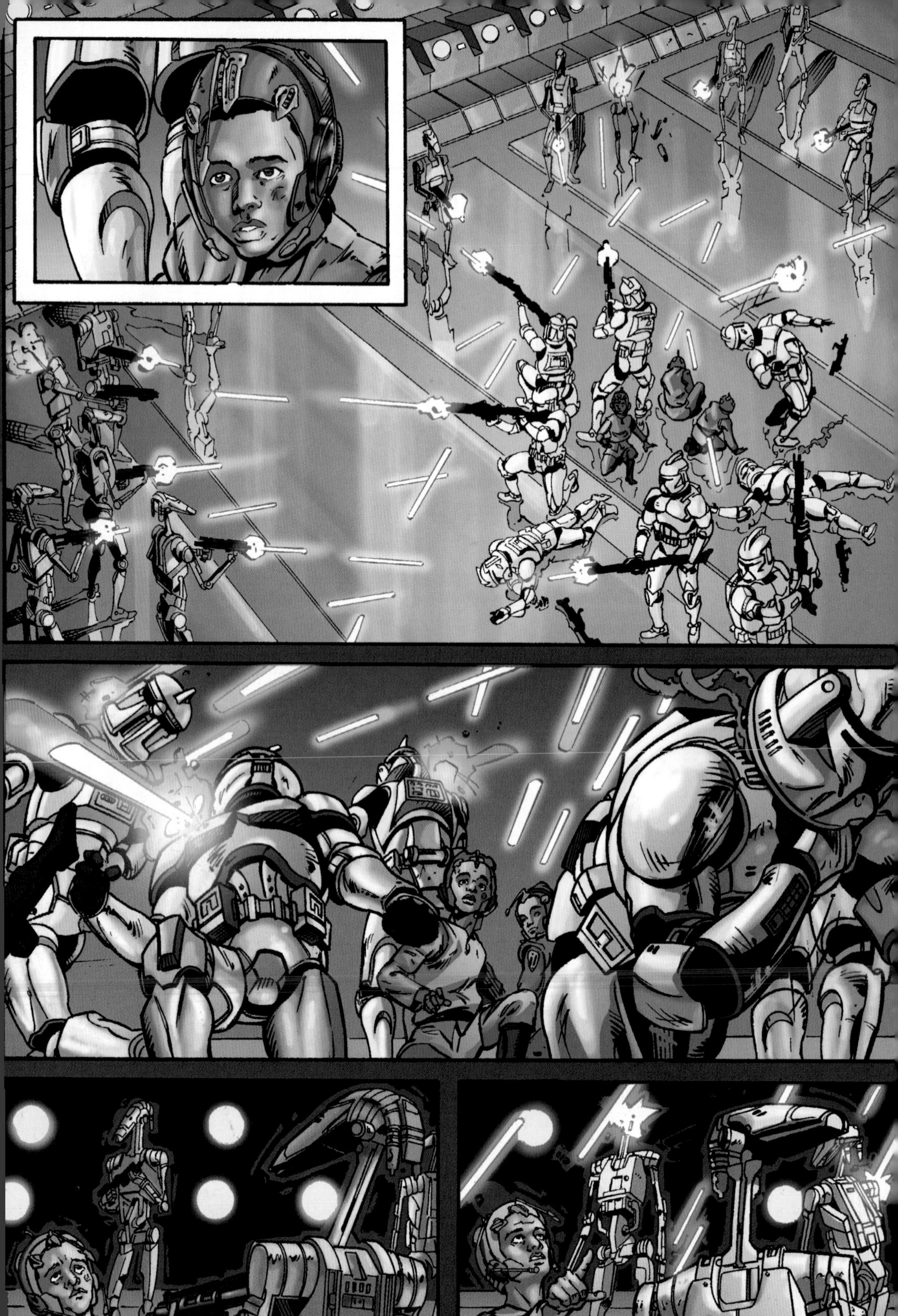

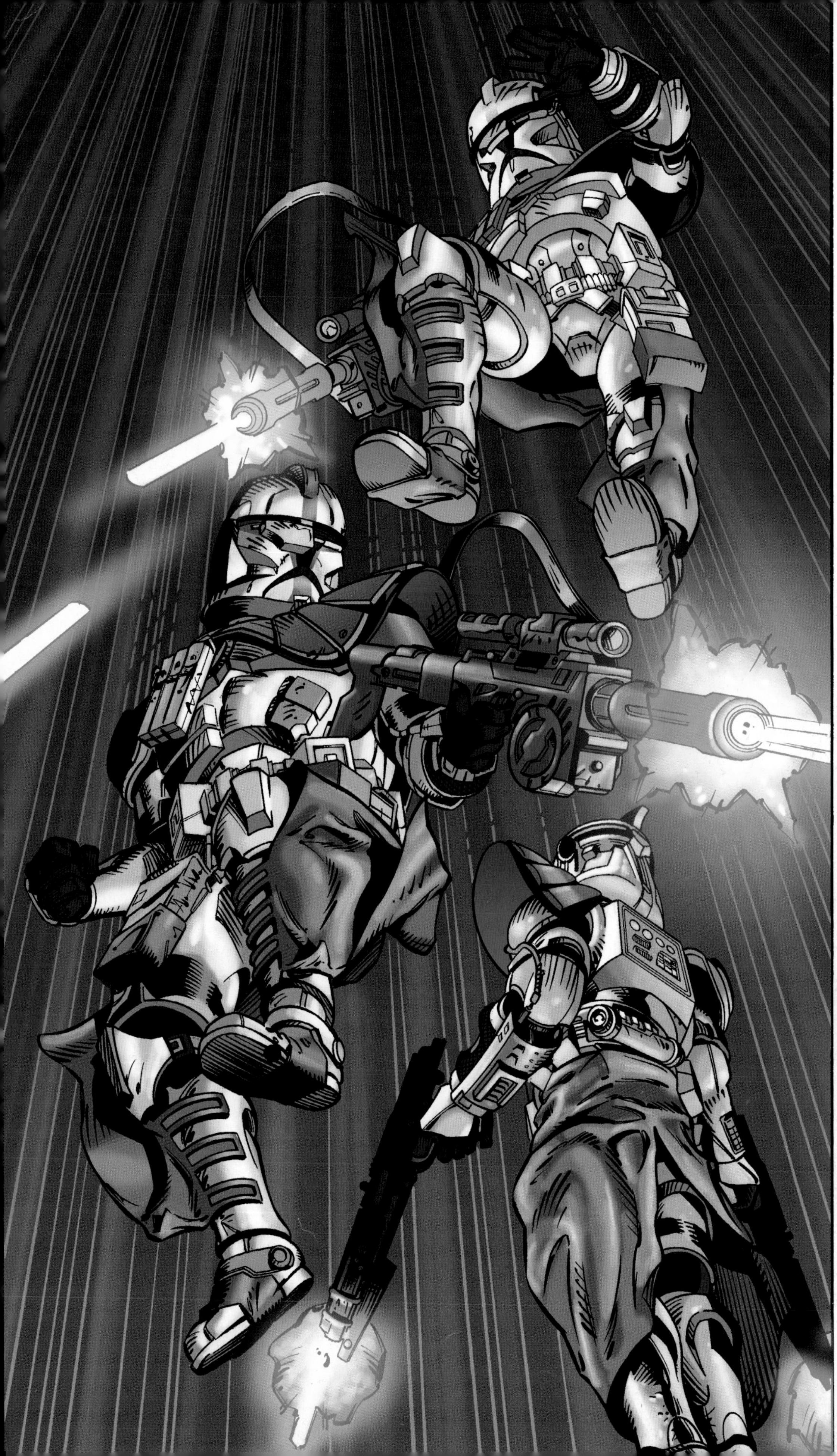

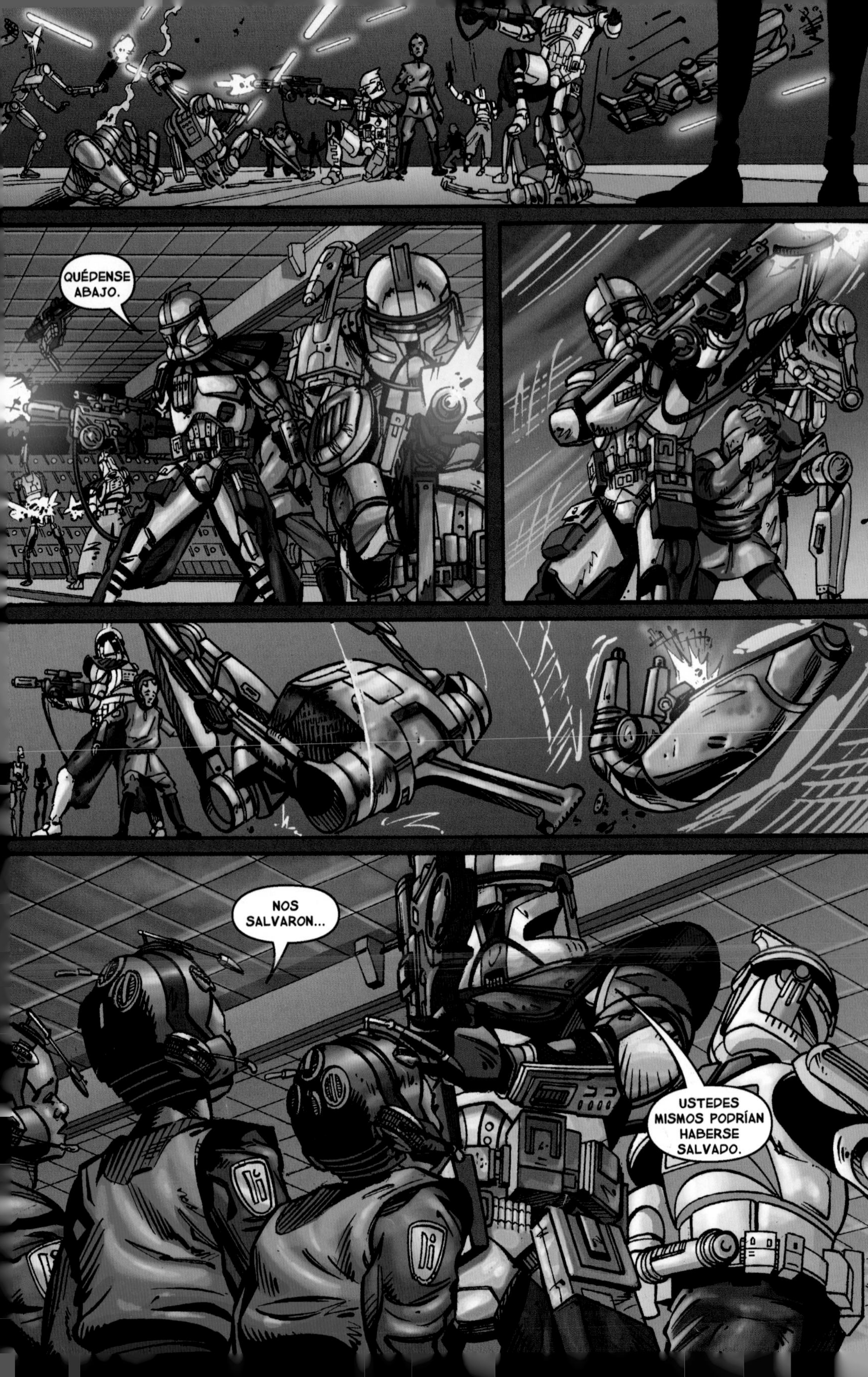
QUÉDENSE ABAJO.
NOS SALVARON...
USTEDES MISMOS PODRÍAN HABERSE SALVADO.

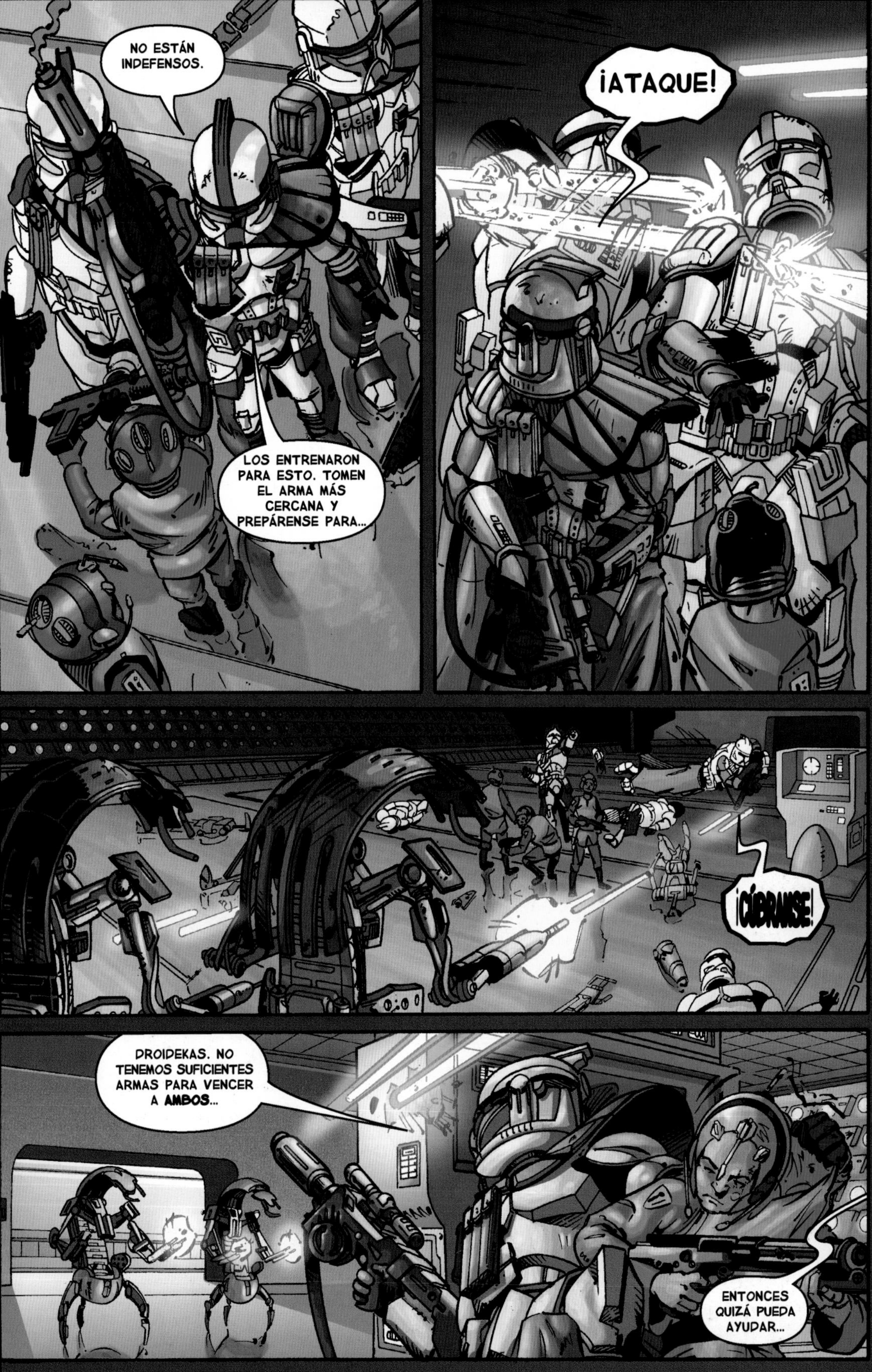
NO ESTÁN INDEFENSOS.
LOS ENTRENARON PARA ESTO. TOMEN EL ARMA MÁS CERCANA Y PREPÁRENSE PARA...
¡ATAQUE!
¡CÚBRANSE!
DROIDEKAS. NO TENEMOS SUFICIENTES ARMAS PARA VENCER A **AMBOS**...
ENTONCES QUIZÁ PUEDA AYUDAR...

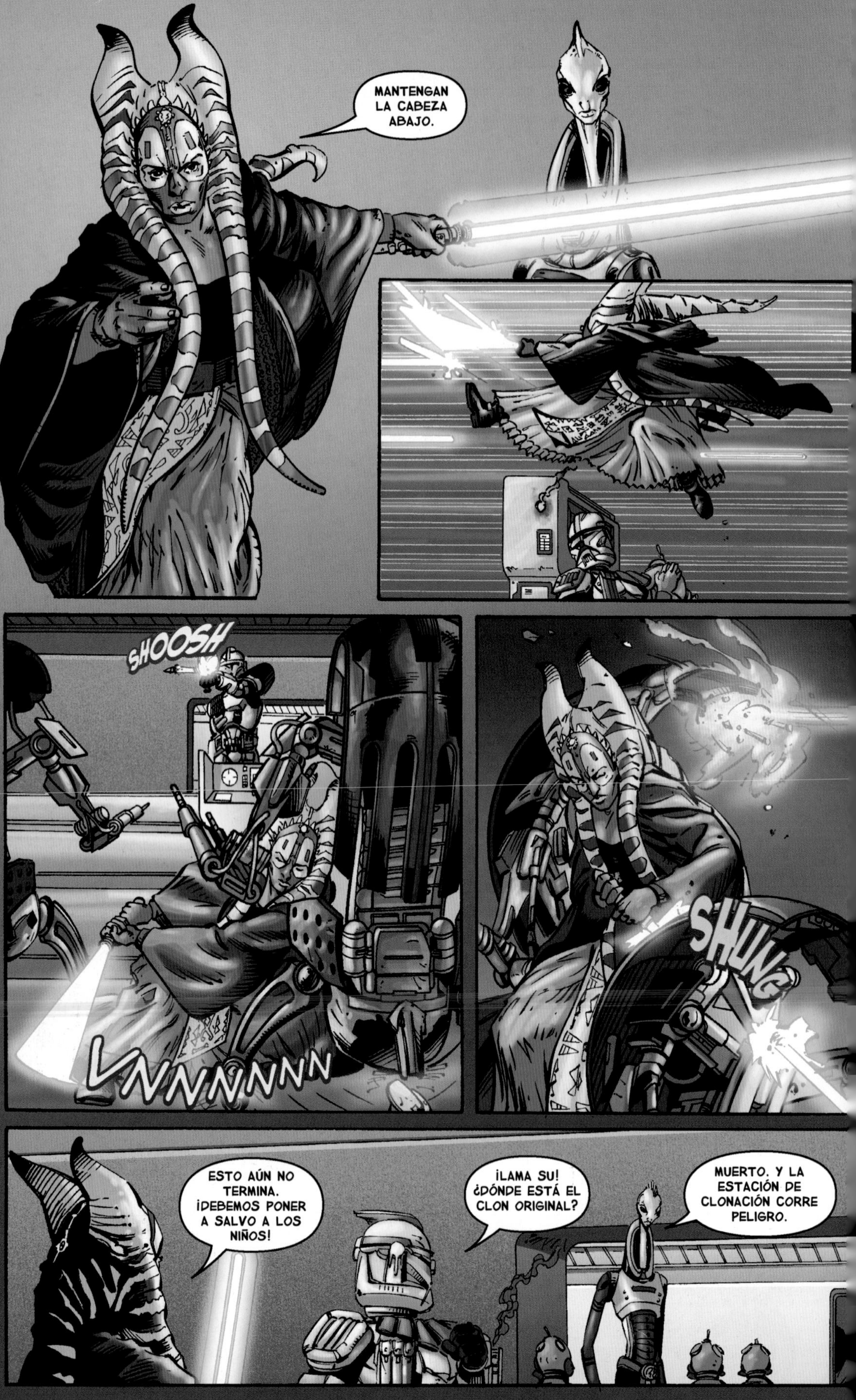
MANTENGAN LA CABEZA ABAJO.
SHOOSH
VNNNNNNN
SHUNG
ESTO AÚN NO TERMINA. ¡DEBEMOS PONER A SALVO A LOS NIÑOS!
¡LAMA SU! ¿DÓNDE ESTÁ EL CLON ORIGINAL?
MUERTO. Y LA ESTACIÓN DE CLONACIÓN CORRE PELIGRO.

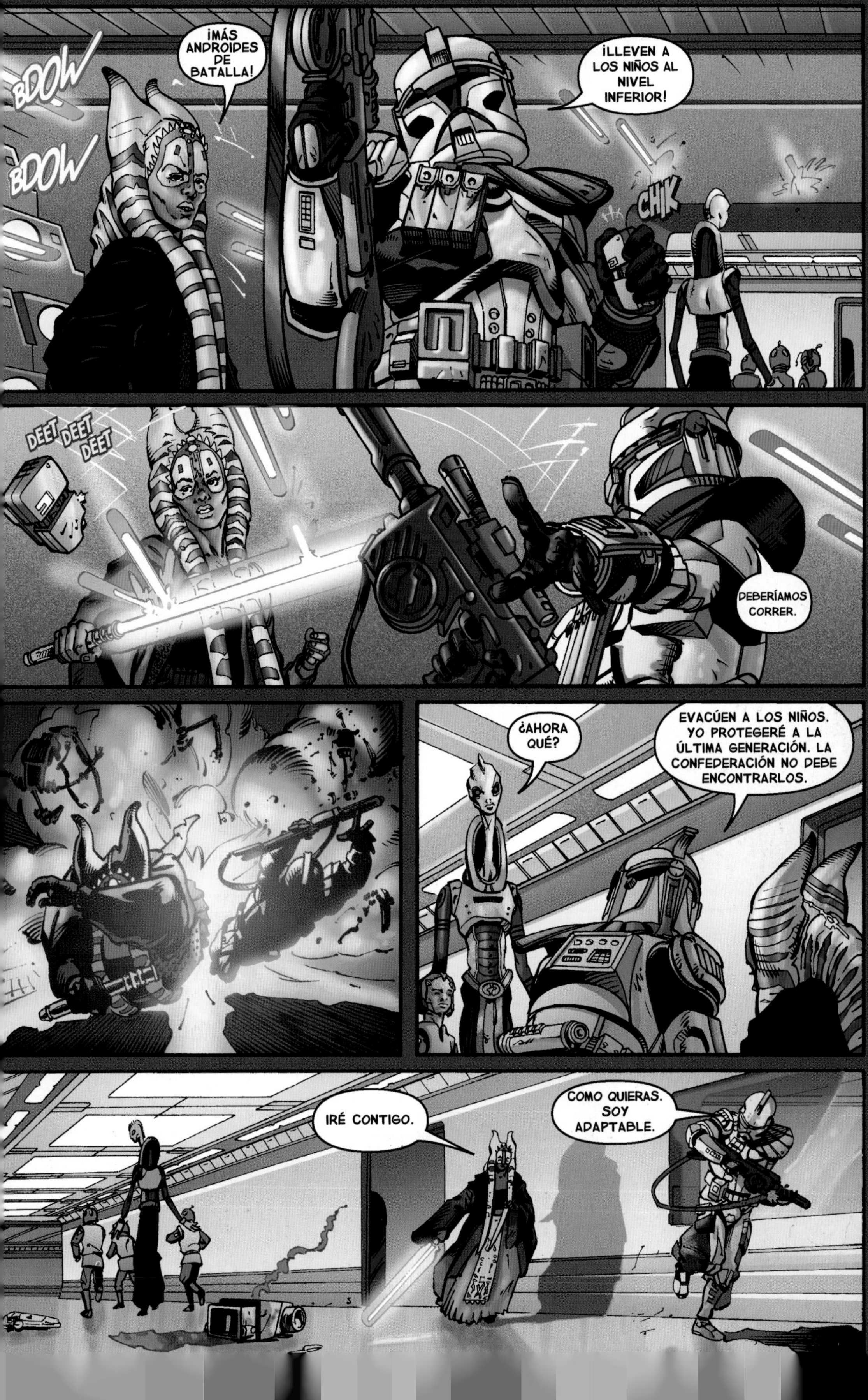
BDOW
BDOW
¡MÁS ANDROIDES DE BATALLA!
¡LLEVEN A LOS NIÑOS AL NIVEL INFERIOR!
CHIK
DEET DEET DEET
DEBERÍAMOS CORRER.
¿AHORA QUÉ?
EVACÚEN A LOS NIÑOS. YO PROTEGERÉ A LA ÚLTIMA GENERACIÓN. LA CONFEDERACIÓN NO DEBE ENCONTRARLOS.
IRÉ CONTIGO.
COMO QUIERAS. SOY ADAPTABLE.

¿A DÓNDE VAMOS?

A LOS LABORATORIOS DE CLONACIÓN. QUÉDATE CERCA.

YO RESOLVERÉ ESTO.

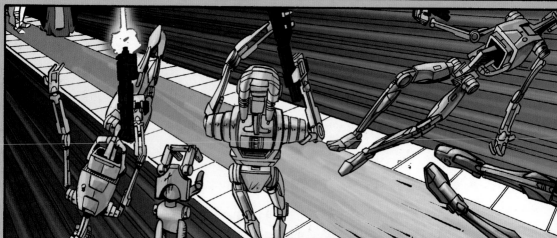

BUEN TRABAJO.

ESTO ACABARÁ CON ELLOS.

THMMMB

¿QUÉ FUE ESO?

GRANADA DE PULSO DE POLARIDAD INVERSA. SOBRECARGA TODOS SUS SISTEMAS...

...PERO TAMBIÉN DAÑA LOS SENSORES DE MI ARMADURA.

NECESITARÉ UN MOMENTO PARA RECALIBRAR.

NO LO TENEMOS.

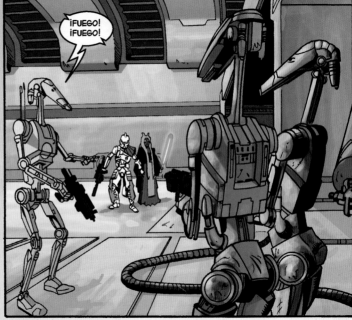

¡FUEGO! ¡FUEGO!

¡¿QUÉ?!

SWIP
SWIP
SWIP
SWIP

"SÓLO UNOS AMIGOS..."

THAK

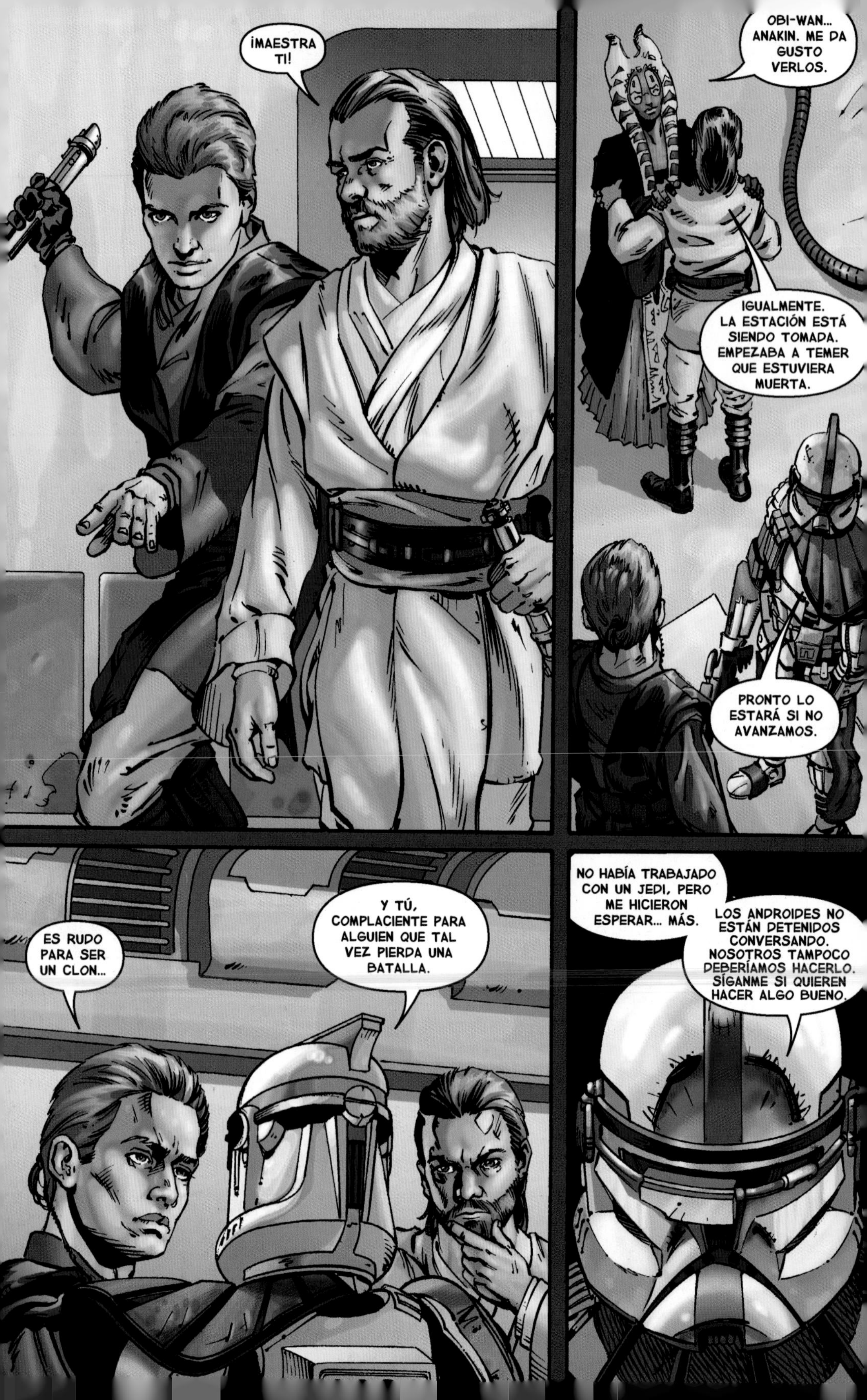
¡MAESTRA TI!
OBI-WAN... ANAKIN. ME DA GUSTO VERLOS.
IGUALMENTE. LA ESTACIÓN ESTÁ SIENDO TOMADA. EMPEZABA A TEMER QUE ESTUVIERA MUERTA.
PRONTO LO ESTARÁ SI NO AVANZAMOS.
ES RUDO PARA SER UN CLON...
Y TÚ, COMPLACIENTE PARA ALGUIEN QUE TAL VEZ PIERDA UNA BATALLA.
NO HABÍA TRABAJADO CON UN JEDI, PERO ME HICIERON ESPERAR... MÁS.
LOS ANDROIDES NO ESTÁN DETENIDOS CONVERSANDO. NOSOTROS TAMPOCO DEBERÍAMOS HACERLO. SÍGANME SI QUIEREN HACER ALGO BUENO.

ÉSTE ES EL ÚNICO CAMINO HACIA LOS LABORATORIOS DE LA ÚLTIMA GENERACIÓN... AÚN ESTÁN A SALVO.

NO POR MUCHO.

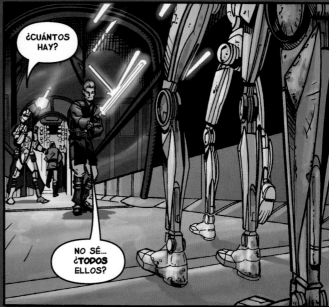

¿CUÁNTOS HAY?

NO SÉ... ¿TODOS ELLOS?

SORPRENDENTE... ¿ÉSTA ES UNA SOLA GENERACIÓN?

SÍ. AHORA, CIERRA LA BOCA, JEDI, Y CÚBREME.

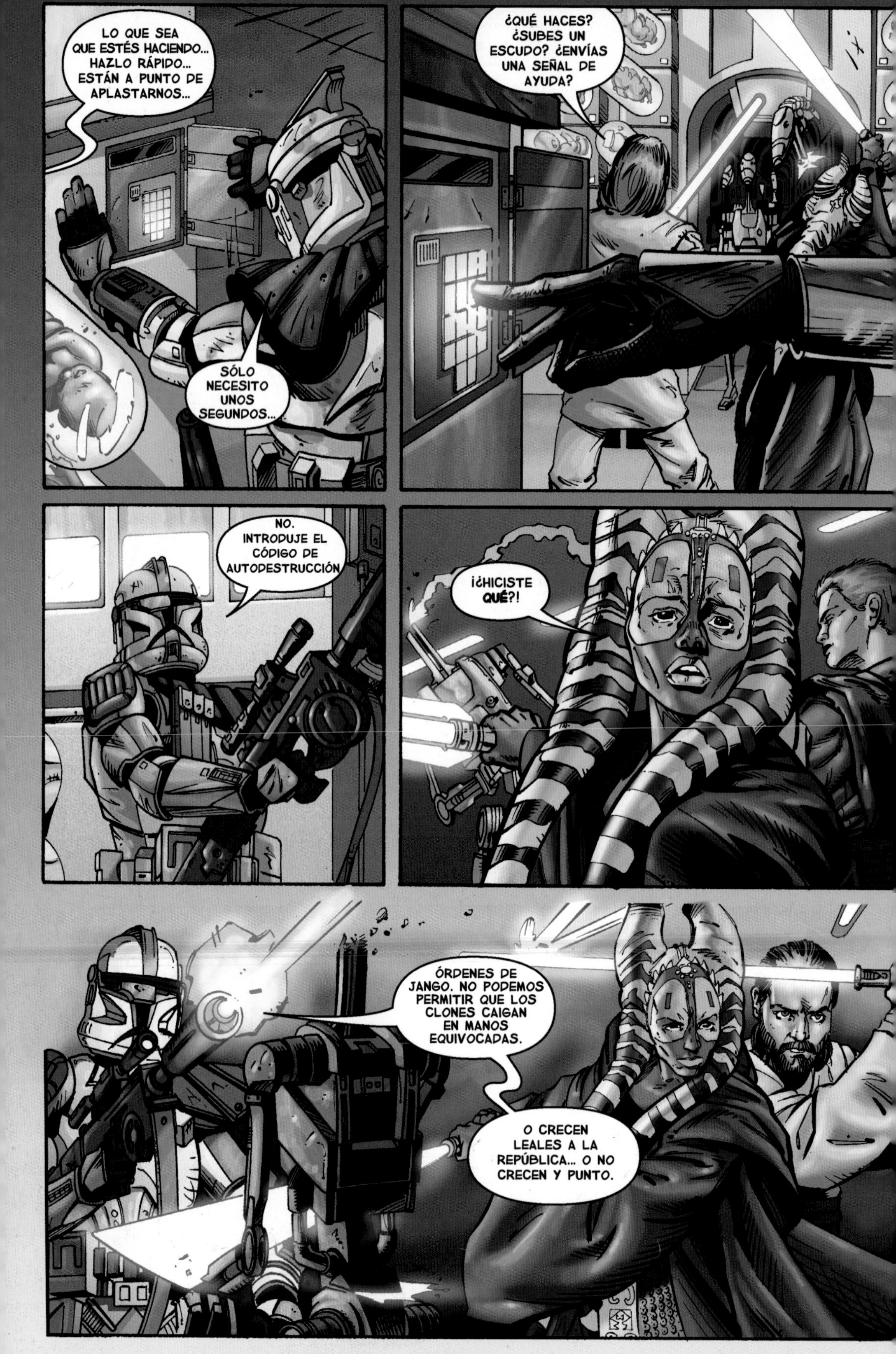
LO QUE SEA QUE ESTÉS HACIENDO... HAZLO RÁPIDO... ESTÁN A PUNTO DE APLASTARNOS...
SÓLO NECESITO UNOS SEGUNDOS...
¿QUÉ HACES? ¿SUBES UN ESCUDO? ¿ENVÍAS UNA SEÑAL DE AYUDA?
NO. INTRODUJE EL CÓDIGO DE AUTODESTRUCCIÓN
¡¿HICISTE QUÉ?!
ÓRDENES DE JANGO. NO PODEMOS PERMITIR QUE LOS CLONES CAIGAN EN MANOS EQUIVOCADAS.
O CRECEN LEALES A LA REPÚBLICA... O NO CRECEN Y PUNTO.

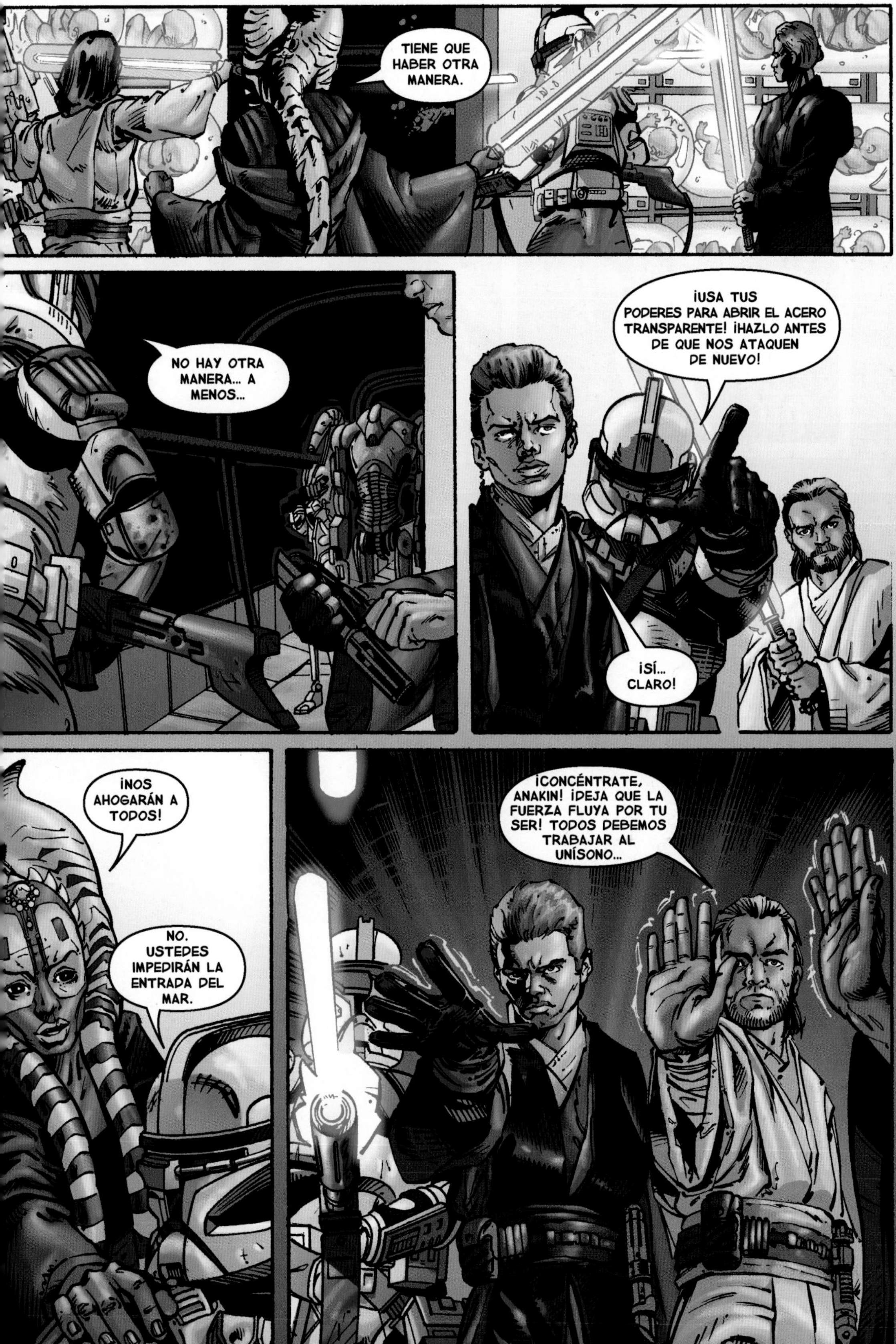
TIENE QUE HABER OTRA MANERA.
NO HAY OTRA MANERA... A MENOS...
¡USA TUS PODERES PARA ABRIR EL ACERO TRANSPARENTE! ¡HAZLO ANTES DE QUE NOS ATAQUEN DE NUEVO!
¡SÍ... CLARO!
¡NOS AHOGARÁN A TODOS!
NO. USTEDES IMPEDIRÁN LA ENTRADA DEL MAR.
¡CONCÉNTRATE, ANAKIN! ¡DEJA QUE LA FUERZA FLUYA POR TU SER! TODOS DEBEMOS TRABAJAR AL UNÍSONO...

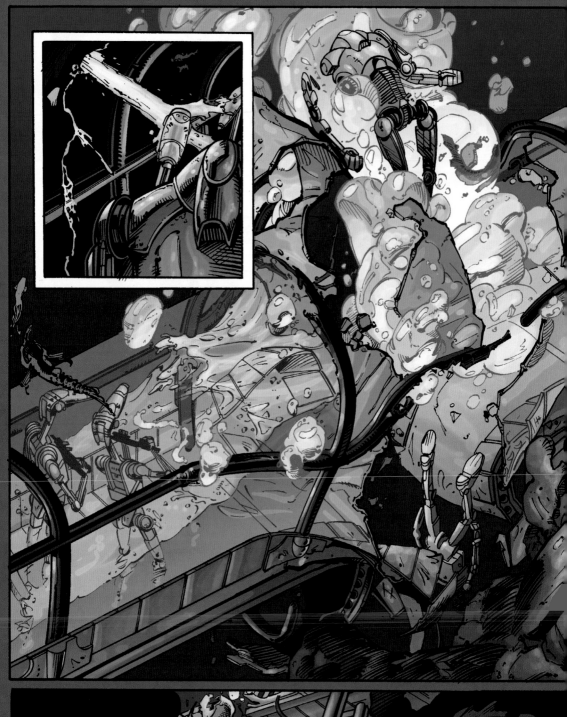

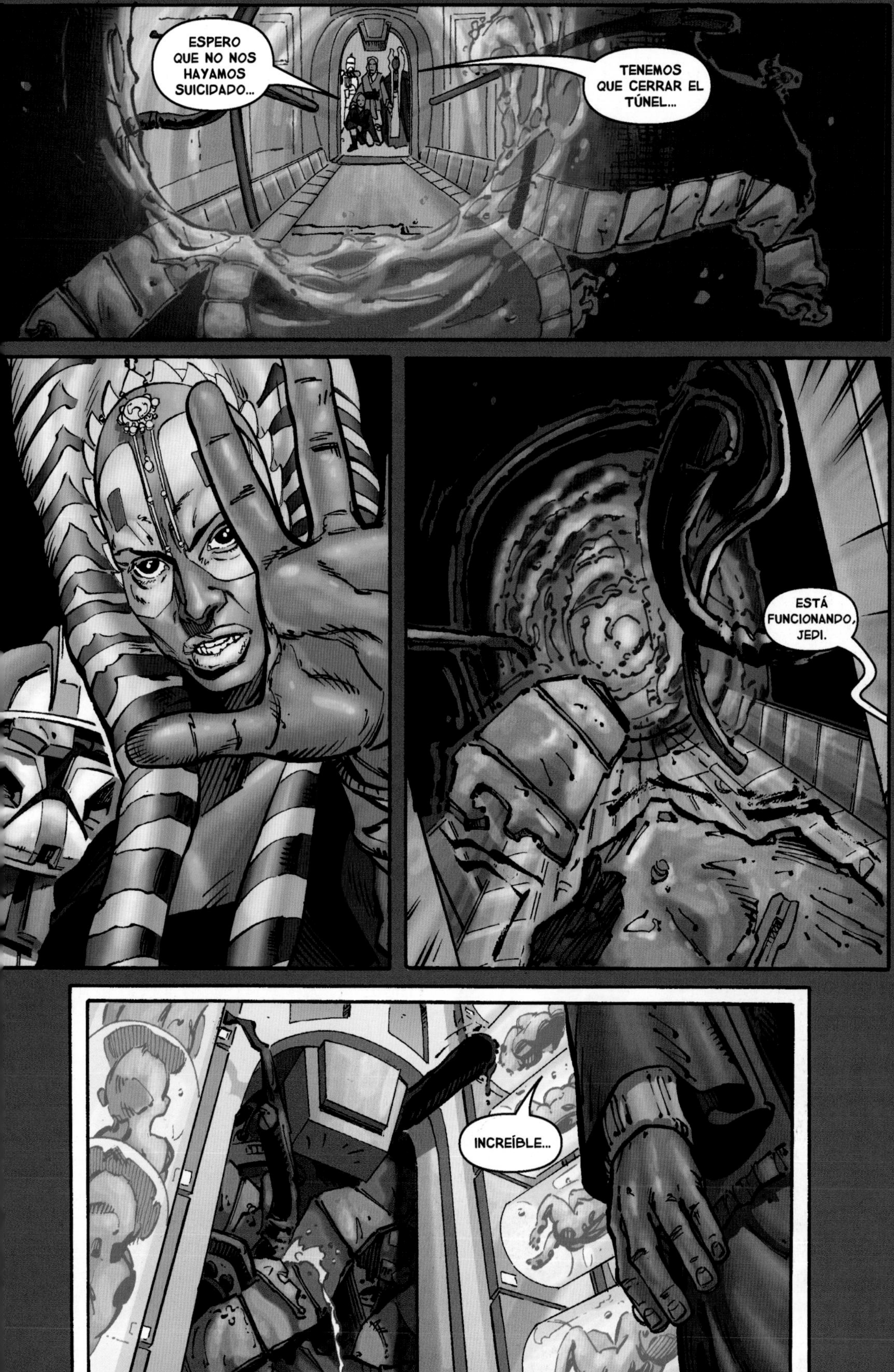
ESPERO QUE NO NOS HAYAMOS SUICIDADO...
TENEMOS QUE CERRAR EL TÚNEL...
ESTÁ FUNCIONANDO, JEDI.
INCREÍBLE...

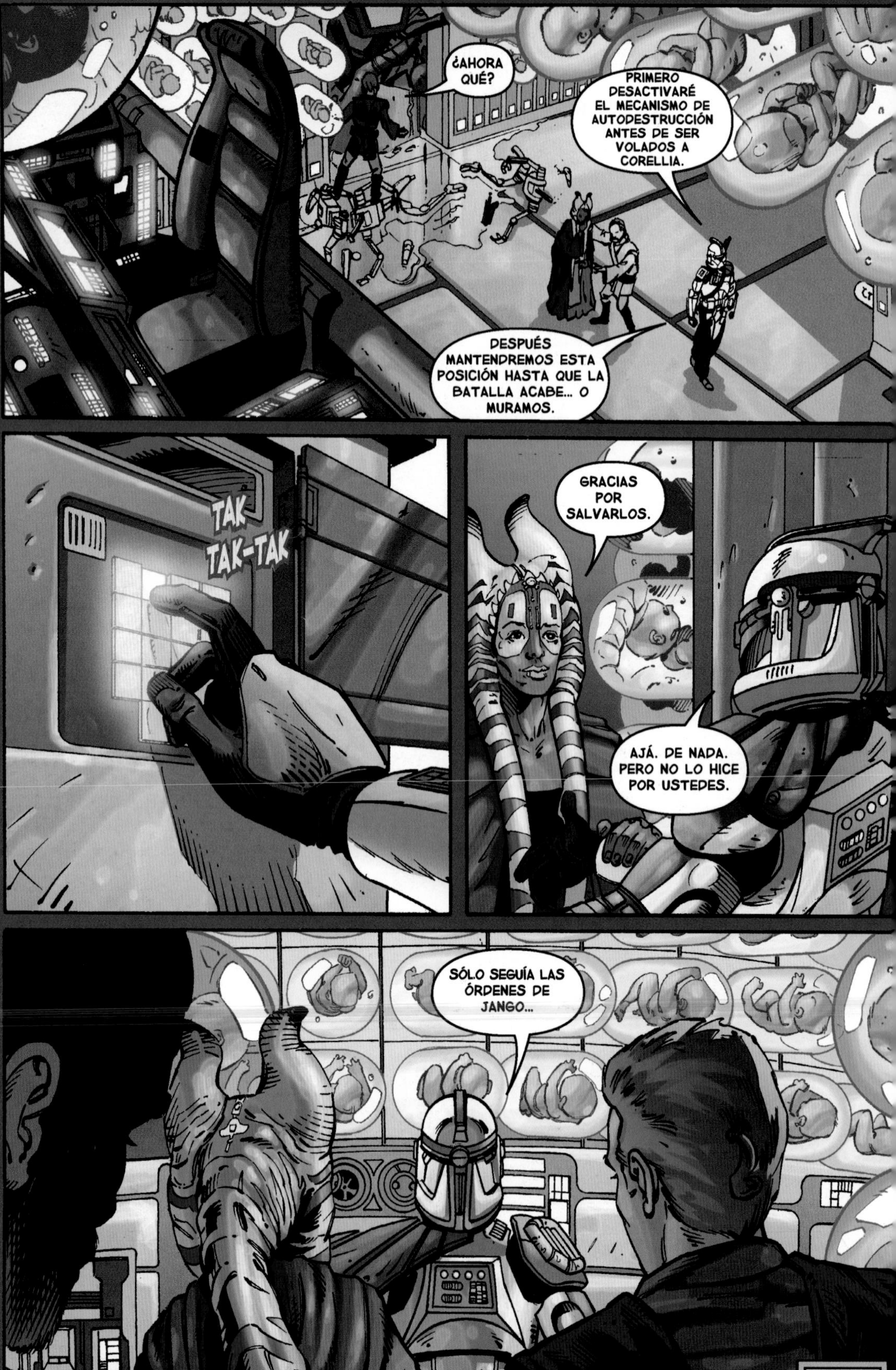
¿AHORA QUÉ?
PRIMERO DESACTIVARÉ EL MECANISMO DE AUTODESTRUCCIÓN ANTES DE SER VOLADOS A CORELLIA.
DESPUÉS MANTENDREMOS ESTA POSICIÓN HASTA QUE LA BATALLA ACABE... O MURAMOS.
TAK TAK-TAK
GRACIAS POR SALVARLOS.
AJÁ. DE NADA. PERO NO LO HICE POR USTEDES.
SÓLO SEGUÍA LAS ÓRDENES DE JANGO...
FIN.

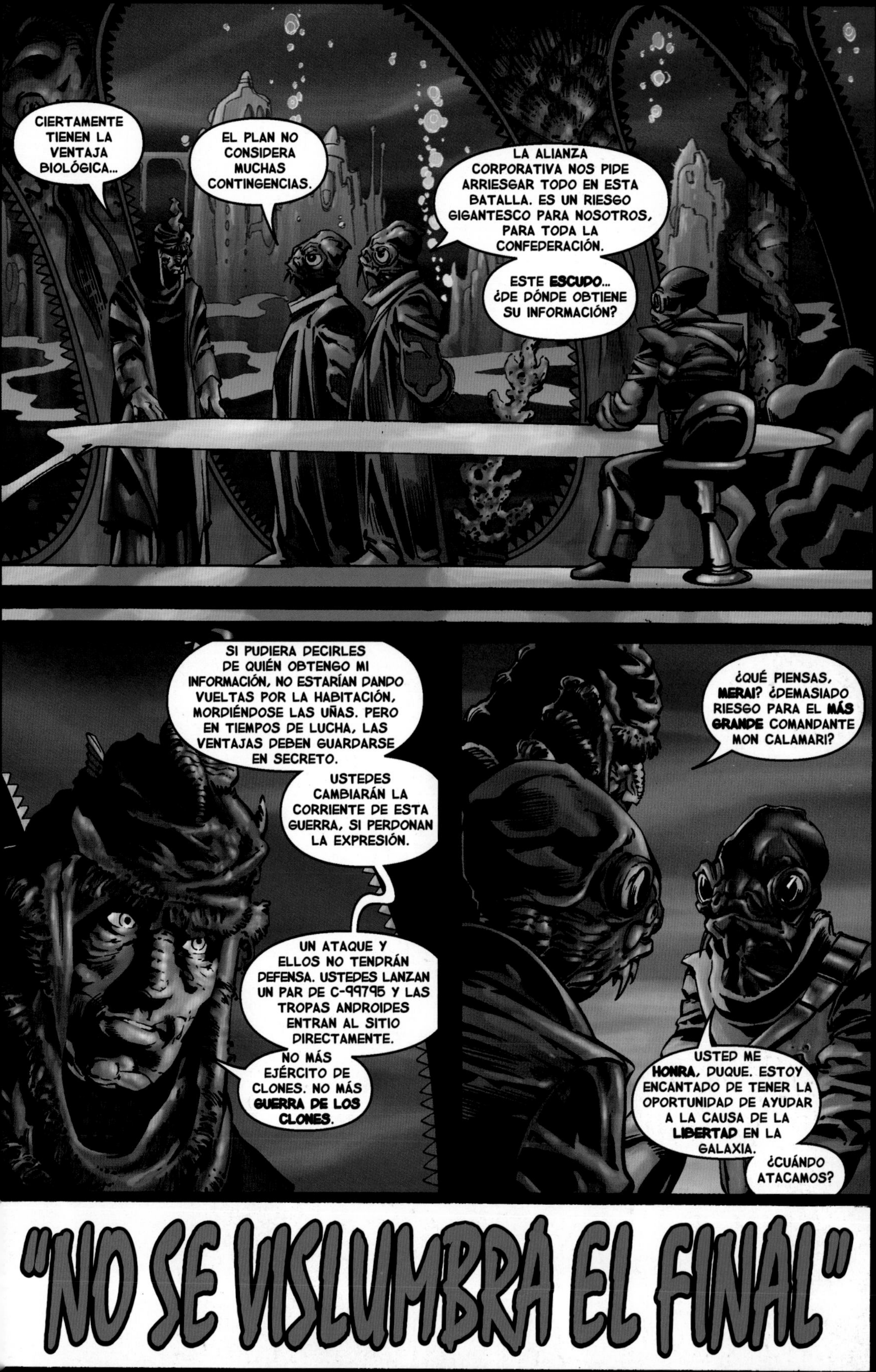
CIERTAMENTE TIENEN LA VENTAJA BIOLÓGICA...
EL PLAN NO CONSIDERA MUCHAS CONTINGENCIAS.
LA ALIANZA CORPORATIVA NOS PIDE ARRIESGAR TODO EN ESTA BATALLA. ES UN RIESGO GIGANTESCO PARA NOSOTROS, PARA TODA LA CONFEDERACIÓN.
ESTE ESCUDO... ¿DE DÓNDE OBTIENE SU INFORMACIÓN?
SI PUDIERA DECIRLES DE QUIÉN OBTENGO MI INFORMACIÓN, NO ESTARÍAN DANDO VUELTAS POR LA HABITACIÓN, MORDIÉNDOSE LAS UÑAS. PERO EN TIEMPOS DE LUCHA, LAS VENTAJAS DEBEN GUARDARSE EN SECRETO.
USTEDES CAMBIARÁN LA CORRIENTE DE ESTA GUERRA, SI PERDONAN LA EXPRESIÓN.
UN ATAQUE Y ELLOS NO TENDRÁN DEFENSA. USTEDES LANZAN UN PAR DE C-99795 Y LAS TROPAS ANDROIDES ENTRAN AL SITIO DIRECTAMENTE.
NO MÁS EJÉRCITO DE CLONES. NO MÁS GUERRA DE LOS CLONES.
¿QUÉ PIENSAS, MERAI? ¿DEMASIADO RIESGO PARA EL MÁS GRANDE COMANDANTE MON CALAMARI?
USTED ME HONRA, DUQUE. ESTOY ENCANTADO DE TENER LA OPORTUNIDAD DE AYUDAR A LA CAUSA DE LA LIBERTAD EN LA GALAXIA.
¿CUÁNDO ATACAMOS?
"NO SE VISLUMBRA EL FINAL"

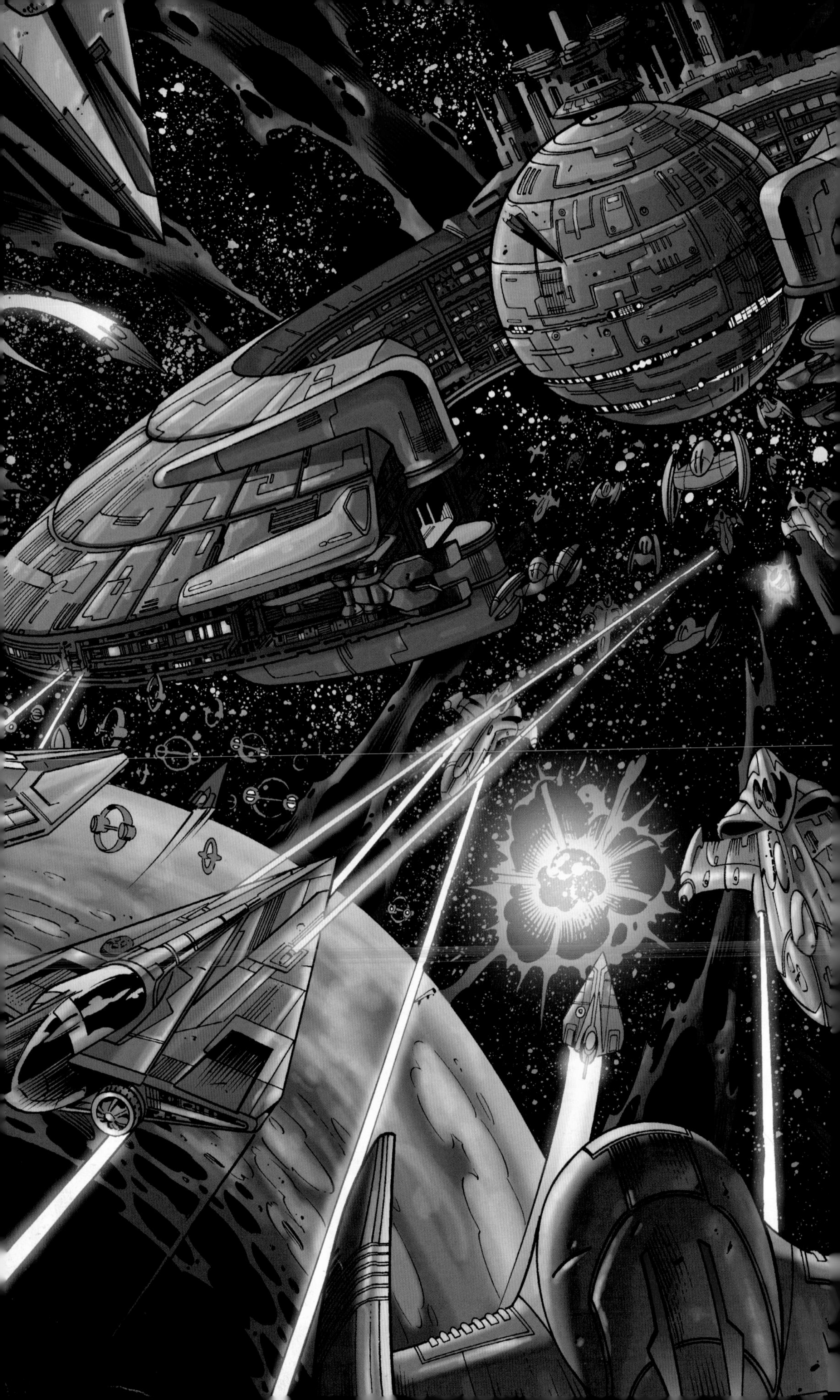

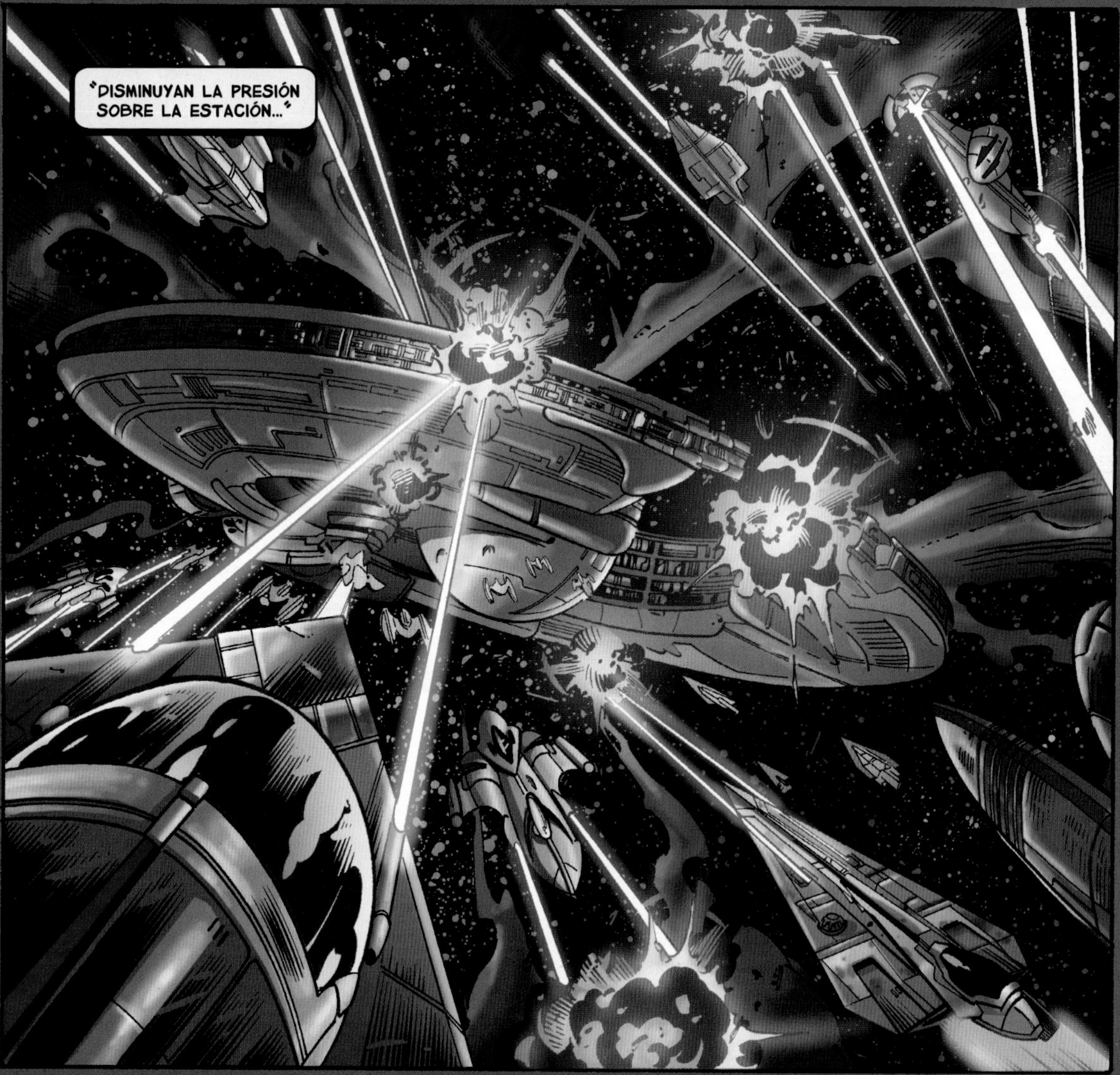
"DISMINUYAN LA PRESIÓN SOBRE LA ESTACIÓN..."

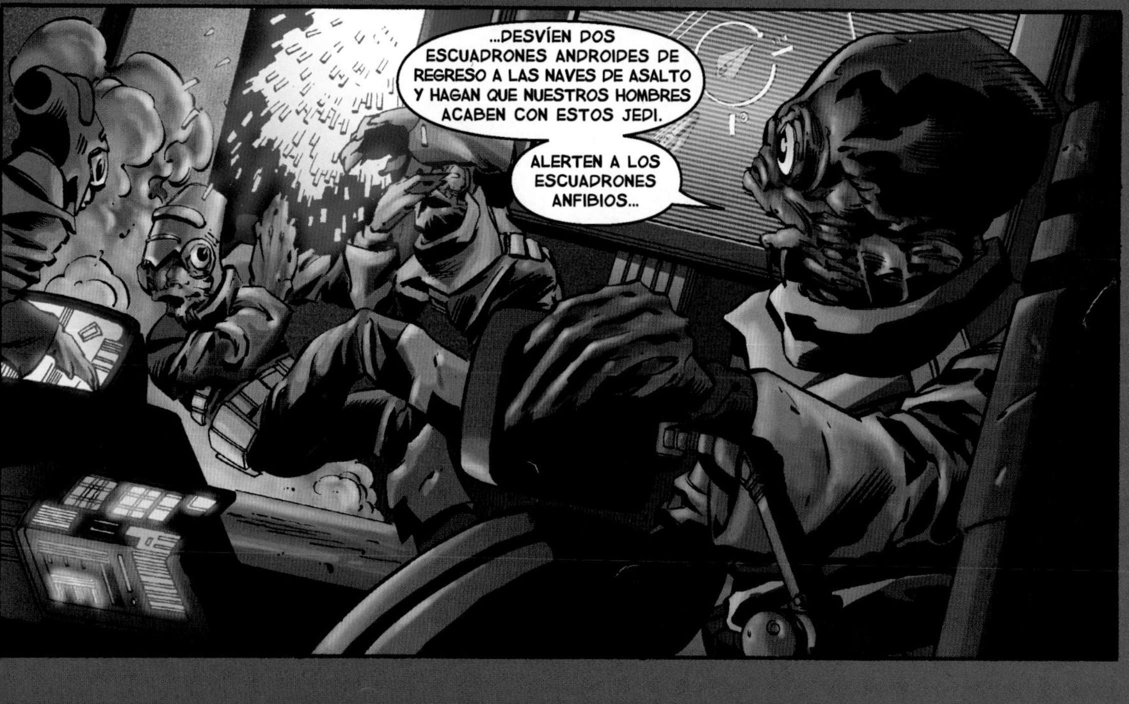
...DESVÍEN DOS ESCUADRONES ANDROIDES DE REGRESO A LAS NAVES DE ASALTO Y HAGAN QUE NUESTROS HOMBRES ACABEN CON ESTOS JEDI.
ALERTEN A LOS ESCUADRONES ANFIBIOS...

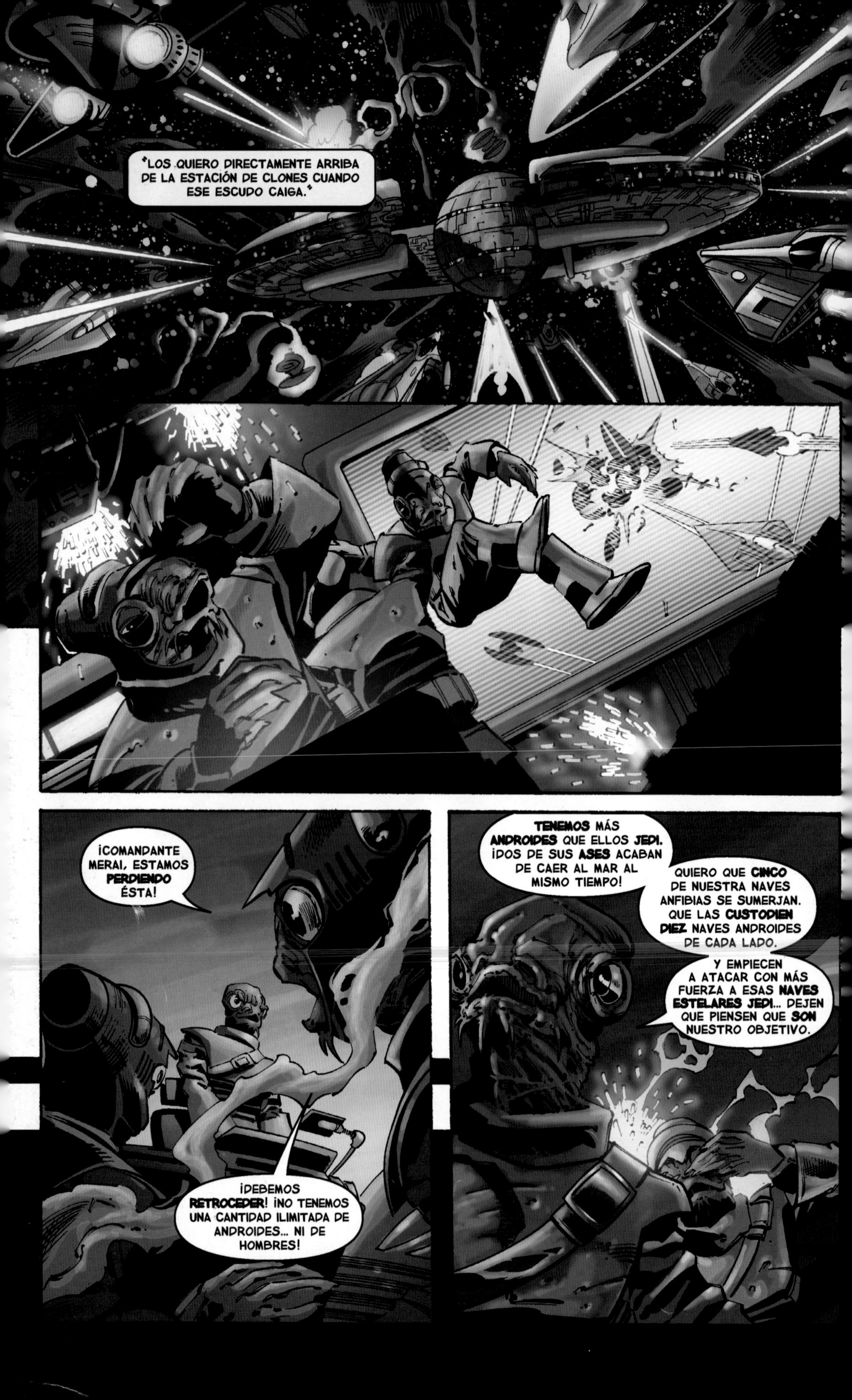
"LOS QUIERO DIRECTAMENTE ARRIBA DE LA ESTACIÓN DE CLONES CUANDO ESE ESCUDO CAIGA."
¡COMANDANTE MERAI, ESTAMOS **PERDIENDO** ÉSTA!
¡DEBEMOS **RETROCEDER**! ¡NO TENEMOS UNA CANTIDAD ILIMITADA DE ANDROIDES... NI DE HOMBRES!
TENEMOS MÁS **ANDROIDES** QUE ELLOS **JEDI**. ¡DOS DE SUS **ASES** ACABAN DE CAER AL MAR AL MISMO TIEMPO!
QUIERO QUE **CINCO** DE NUESTRA NAVES ANFIBIAS SE SUMERJAN. QUE LAS **CUSTODIEN DIEZ** NAVES ANDROIDES DE CADA LADO.
Y EMPIECEN A ATACAR CON MÁS FUERZA A ESAS **NAVES ESTELARES JEDI**... DEJEN QUE PIENSEN QUE **SON** NUESTRO OBJETIVO.

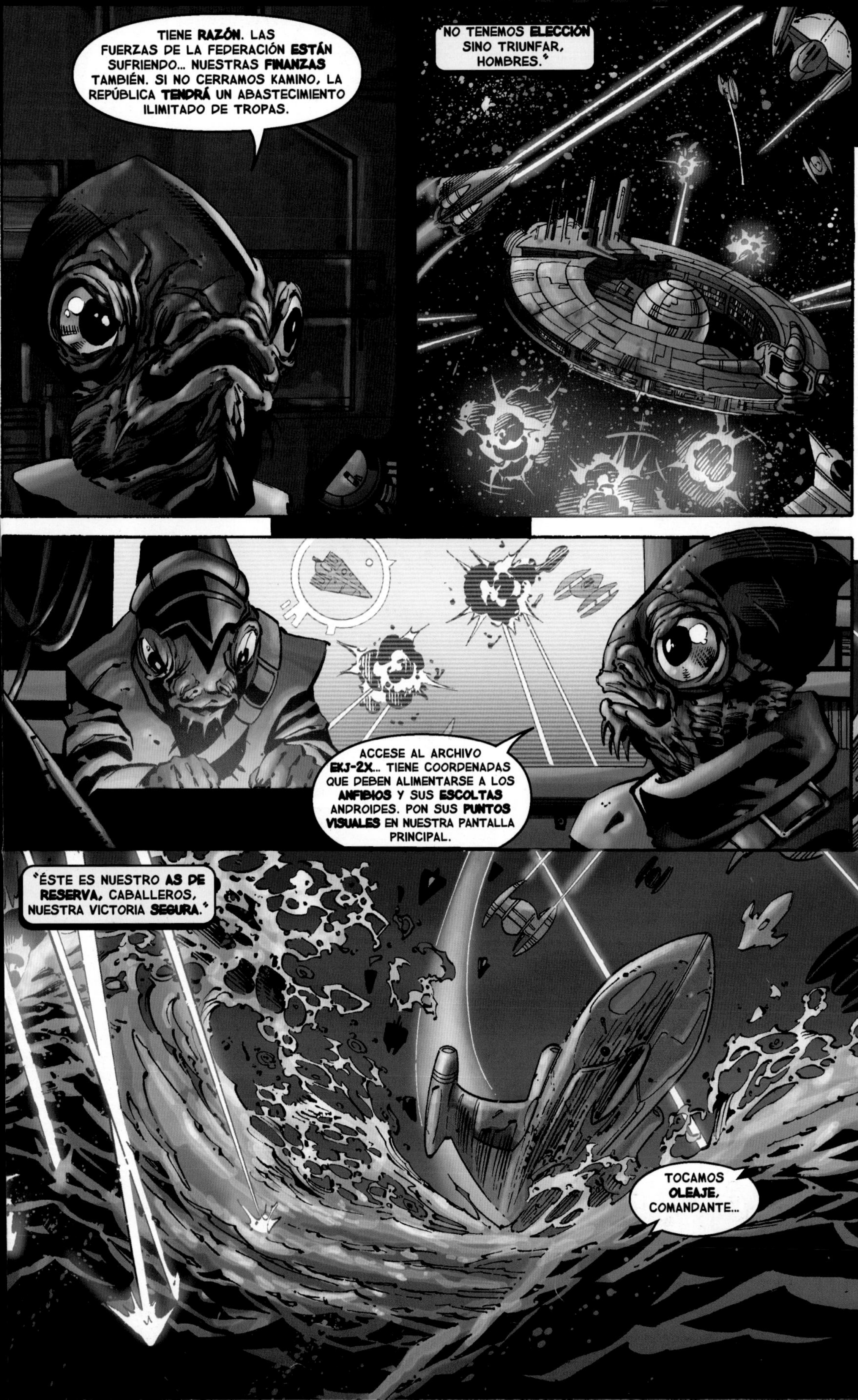
TIENE RAZÓN. LAS FUERZAS DE LA FEDERACIÓN ESTÁN SUFRIENDO... NUESTRAS FINANZAS TAMBIÉN. SI NO CERRAMOS KAMINO, LA REPÚBLICA TENDRÁ UN ABASTECIMIENTO ILIMITADO DE TROPAS.
"NO TENEMOS ELECCIÓN SINO TRIUNFAR, HOMBRES."
ACCESE AL ARCHIVO EKJ-2X... TIENE COORDENADAS QUE DEBEN ALIMENTARSE A LOS ANFIBIOS Y SUS ESCOLTAS ANDROIDES. PON SUS PUNTOS VISUALES EN NUESTRA PANTALLA PRINCIPAL.
"ÉSTE ES NUESTRO AS DE RESERVA, CABALLEROS, NUESTRA VICTORIA SEGURA."
TOCAMOS OLEAJE, COMANDANTE...

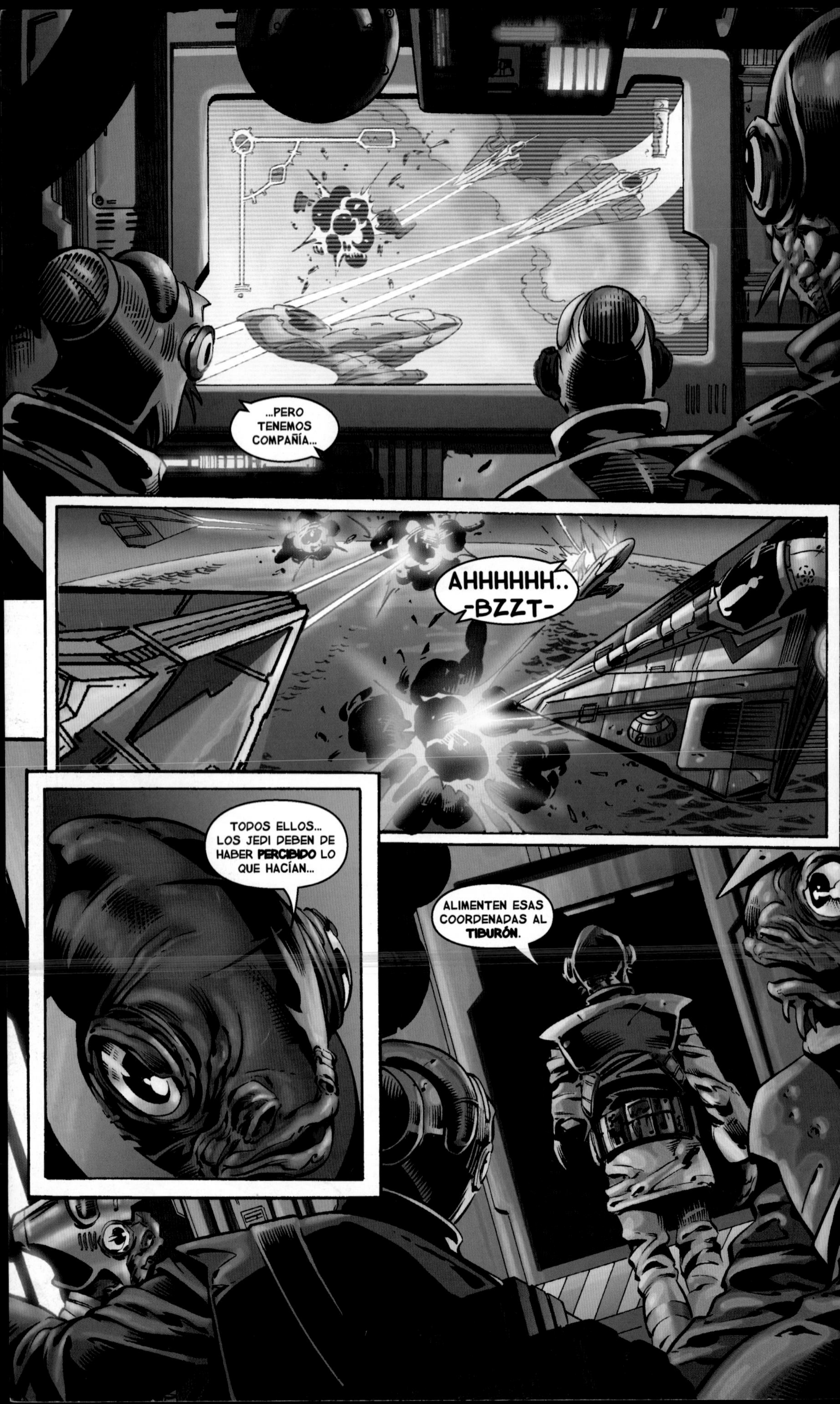

...PERO TENEMOS COMPAÑÍA...
AHHHHHH.. -BZZT-
TODOS ELLOS... LOS JEDI DEBEN DE HABER **PERCIBIDO** LO QUE HACÍAN...
ALIMENTEN ESAS COORDENADAS AL **TIBURÓN**.

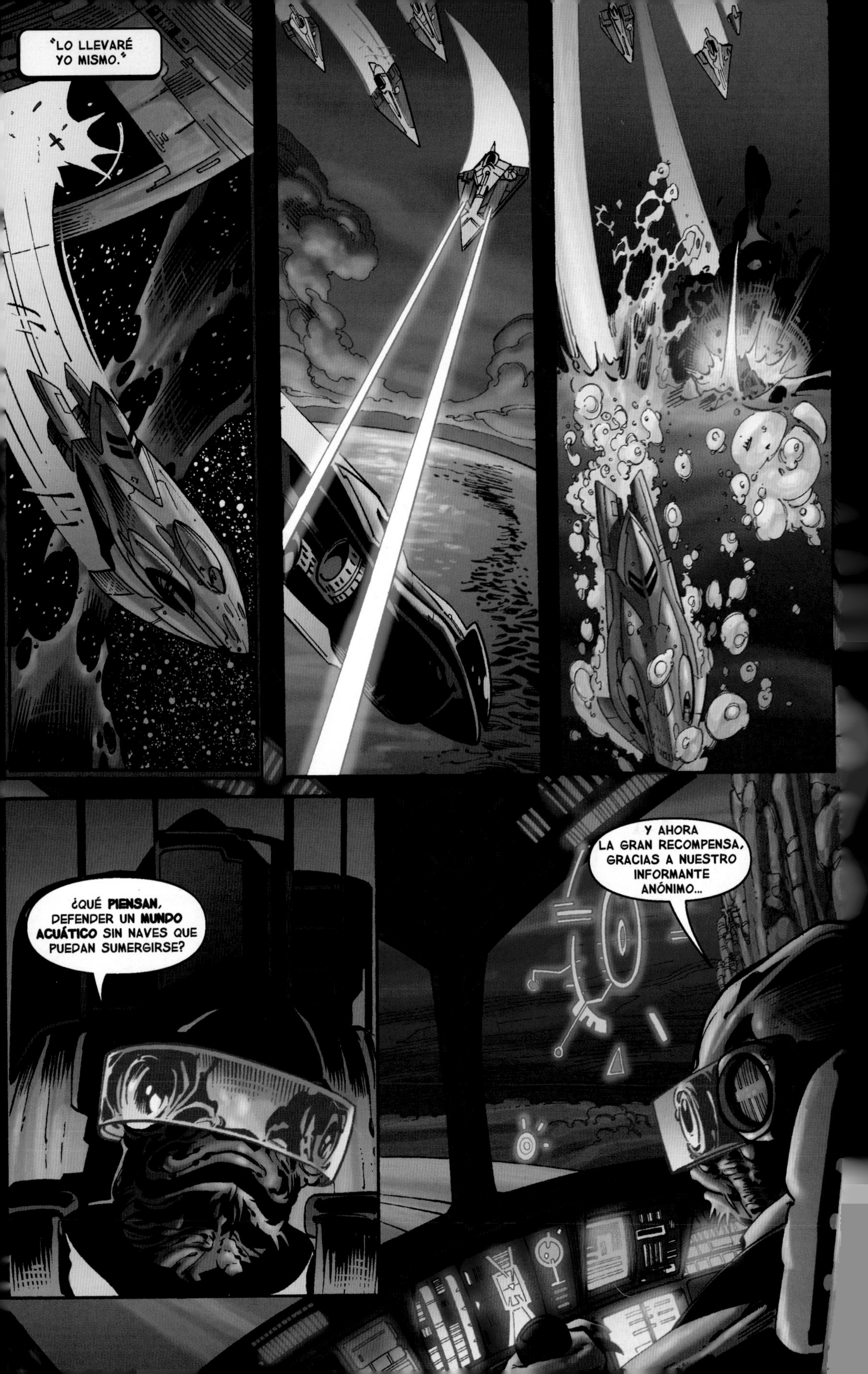
"LO LLEVARÉ YO MISMO."
¿QUÉ PIENSAN, DEFENDER UN MUNDO ACUÁTICO SIN NAVES QUE PUEDAN SUMERGIRSE?
Y AHORA LA GRAN RECOMPENSA, GRACIAS A NUESTRO INFORMANTE ANÓNIMO...

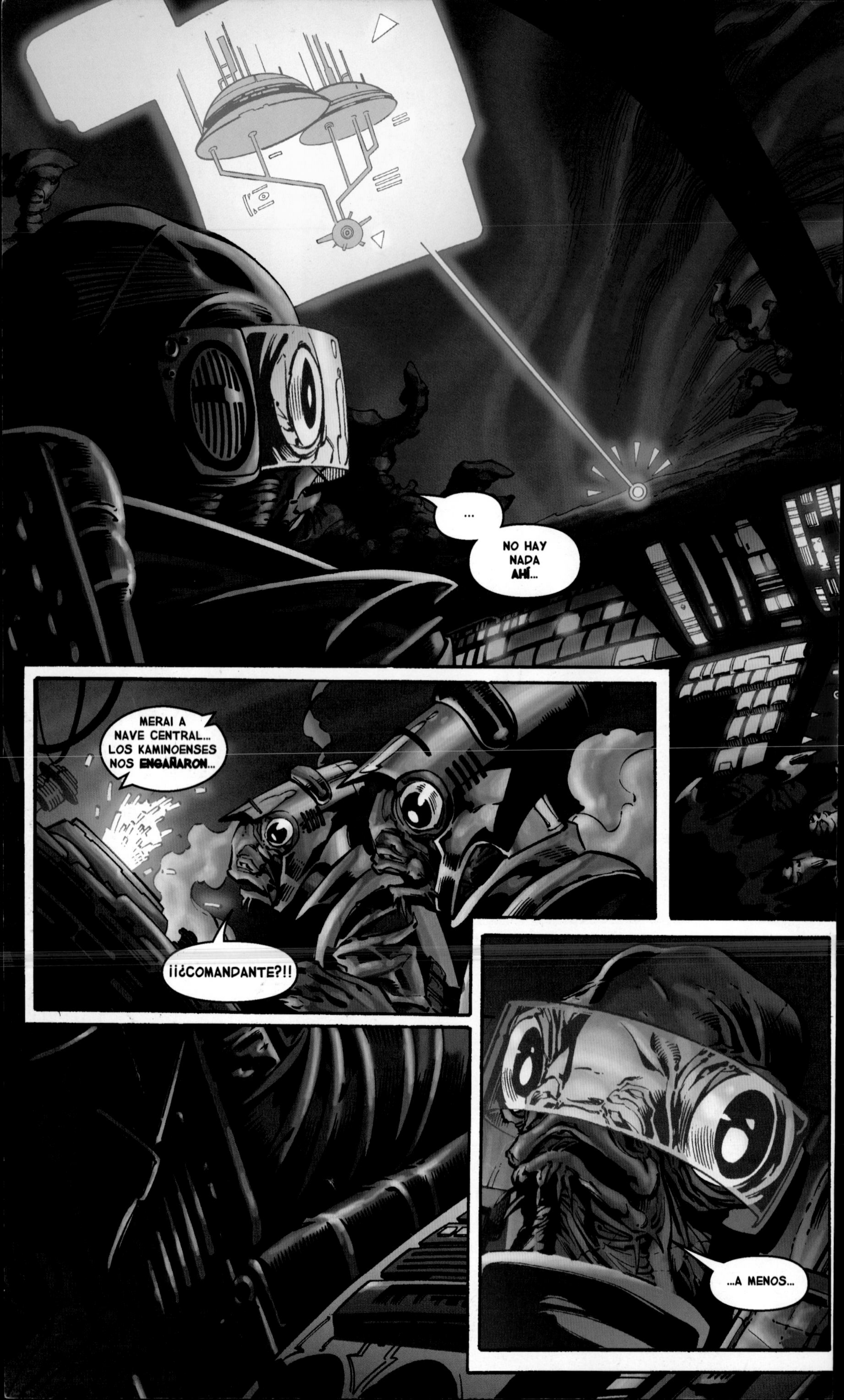
...
NO HAY NADA AHÍ...
MERAI A NAVE CENTRAL... LOS KAMINOENSES NOS ENGAÑARON...
¡¡¿COMANDANTE?!!
...A MENOS...

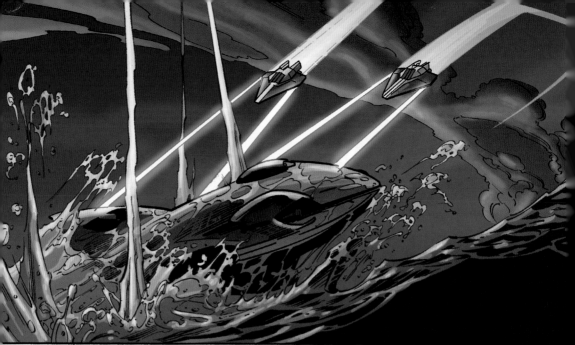

...QUE **NO** HAYA FUENTE DE ENERGÍA AHÍ ABAJO.

INTENTARÉ PENETRAR EL ESCUDO YO MISMO.

¡COMANDANTE! ¡SU **ENERGÍA** CORRE PELIGRO! EL TIBURÓN NO PUEDE **CAMBIAR DE AMBIENTE** TAN RÁPIDO...

*¡DÉJENOS SUBIRLO DE NUEVO A LA **NAVE CENTRAL** CON NUESTRO RAYO TRACTOR!*

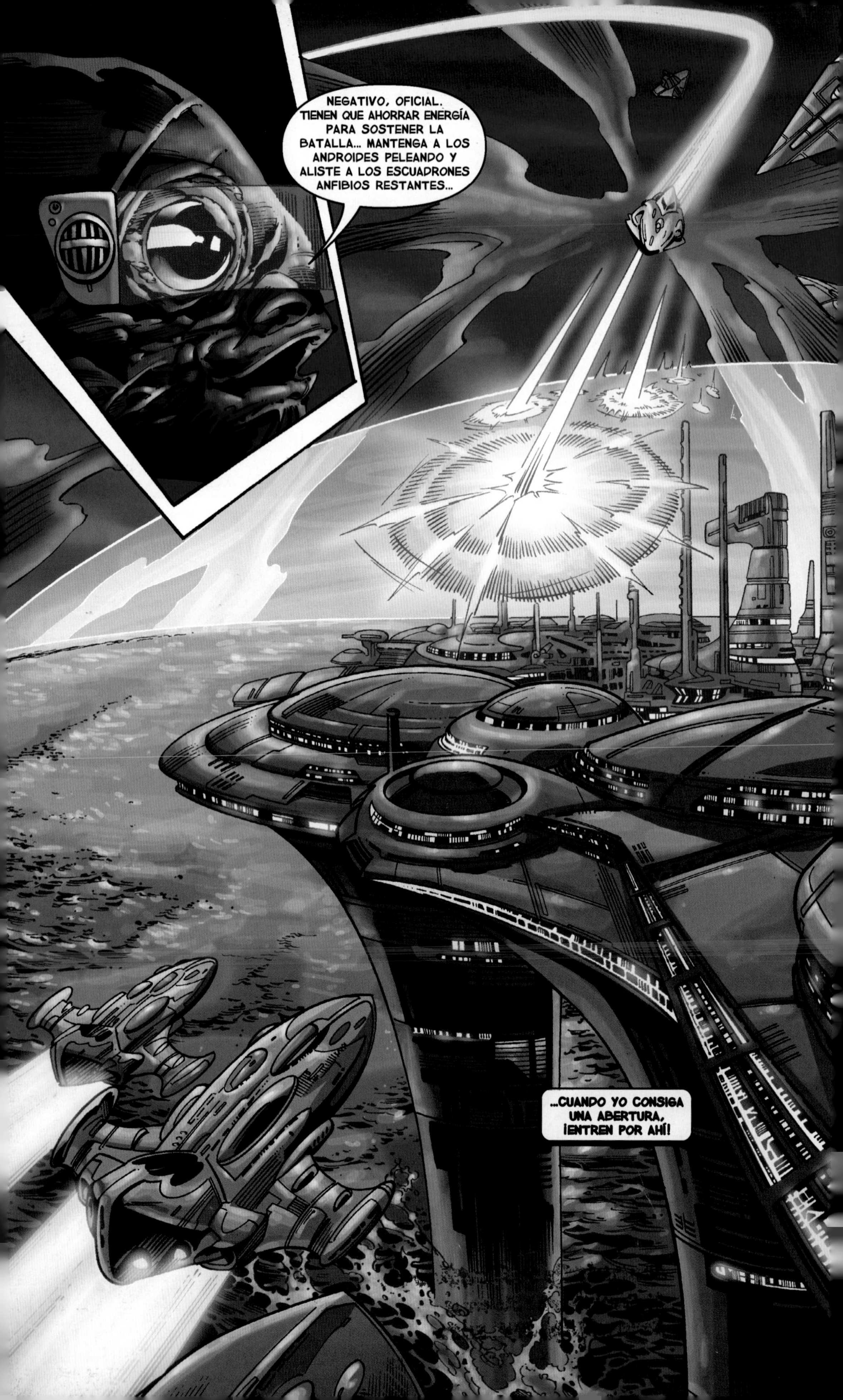
NEGATIVO, OFICIAL. TIENEN QUE AHORRAR ENERGÍA PARA SOSTENER LA BATALLA... MANTENGA A LOS ANDROIDES PELEANDO Y ALISTE A LOS ESCUADRONES ANFIBIOS RESTANTES...
...CUANDO YO CONSIGA UNA ABERTURA, ¡ENTREN POR AHÍ!

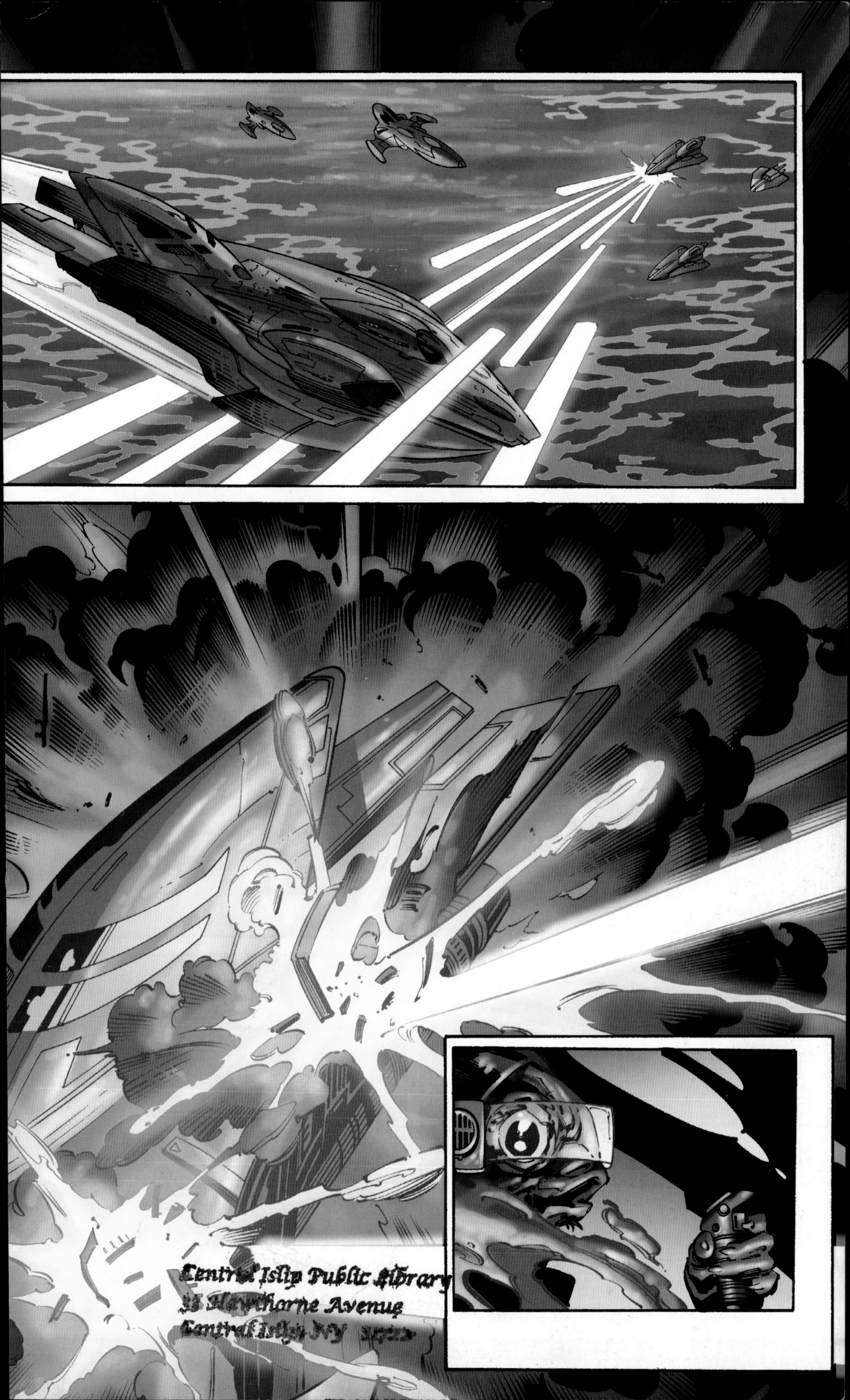

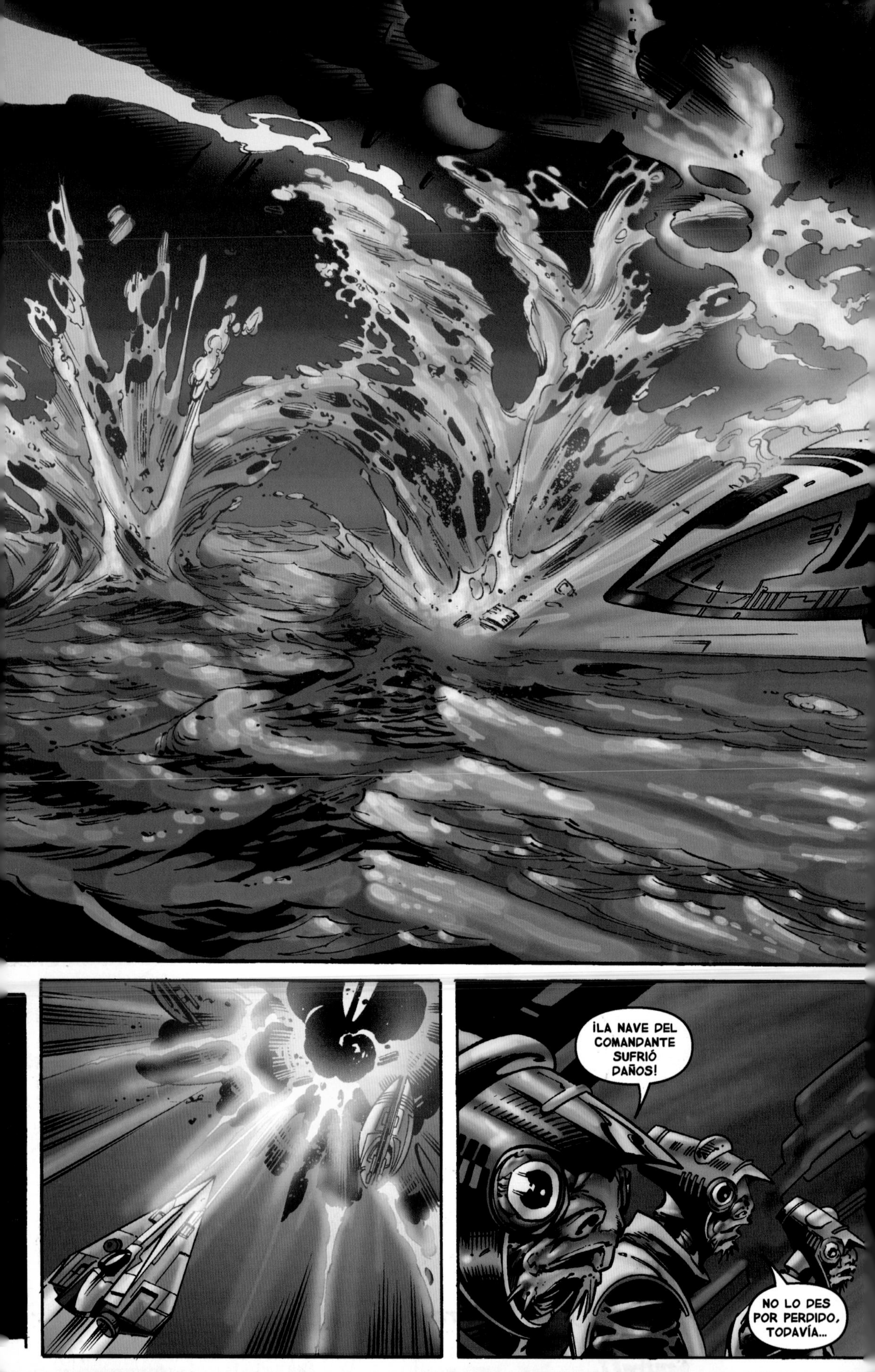
¡LA NAVE DEL COMANDANTE SUFRIÓ DAÑOS!
NO LO DES POR PERDIDO, TODAVÍA...

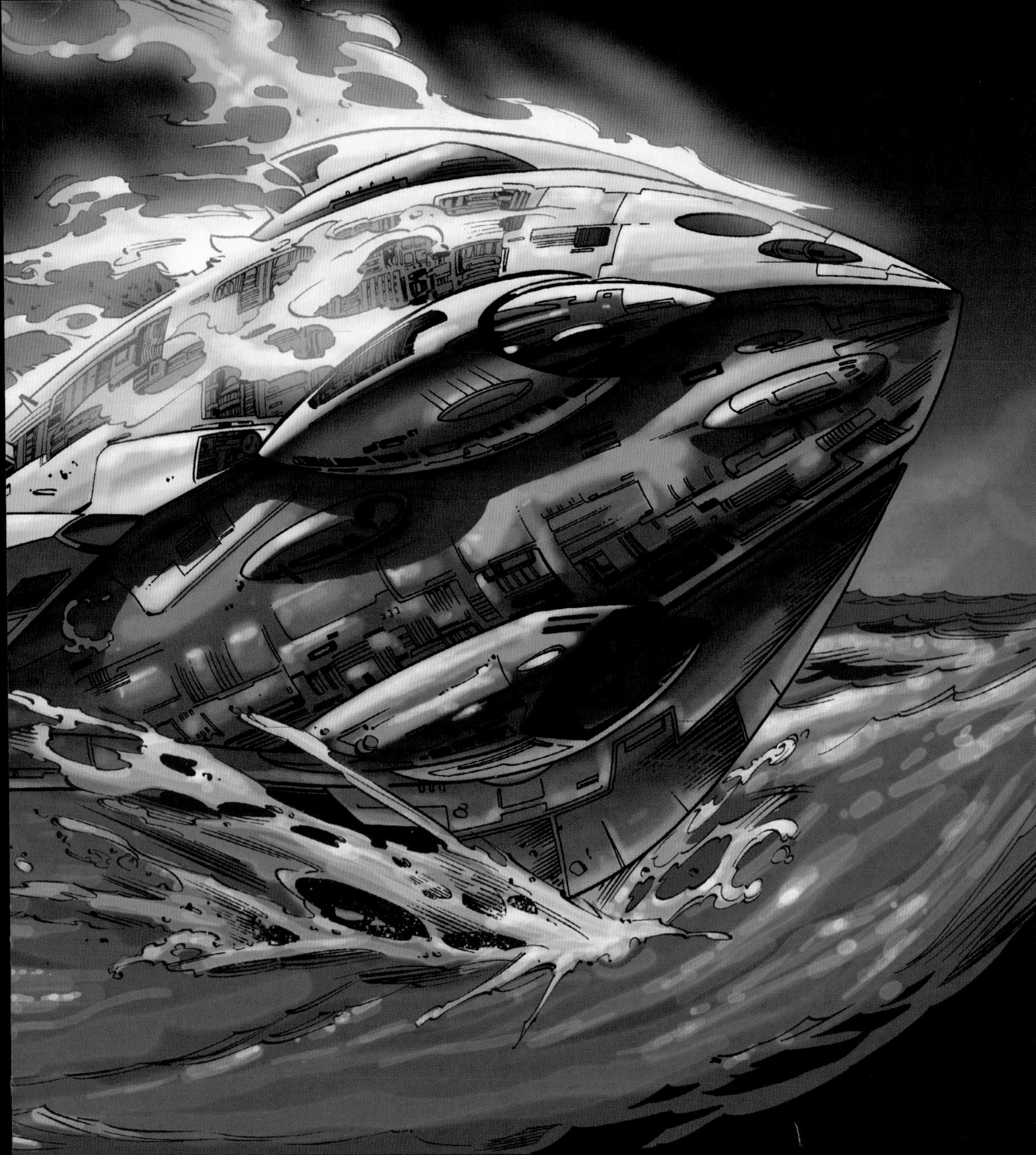

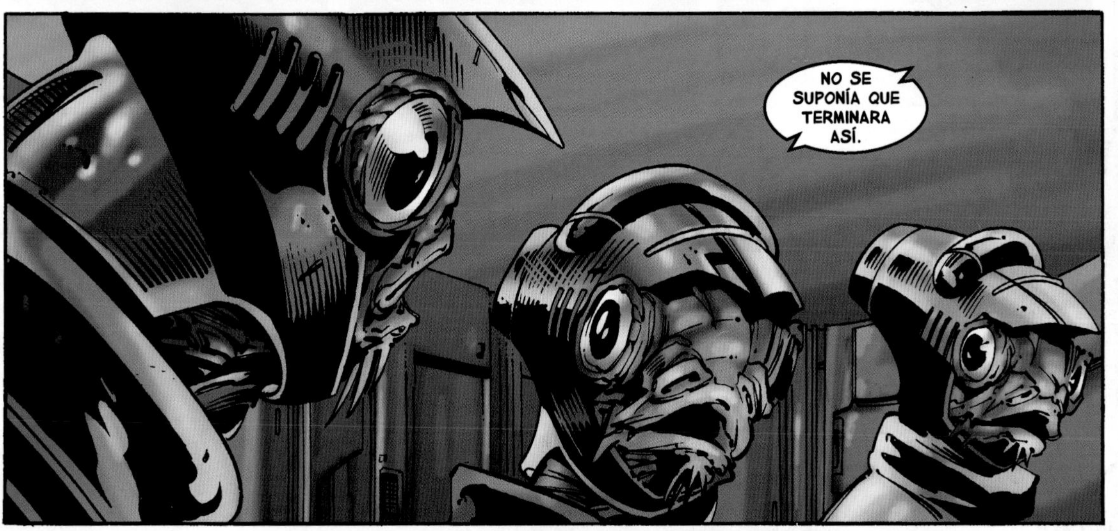
NO SE SUPONÍA QUE TERMINARA ASÍ.

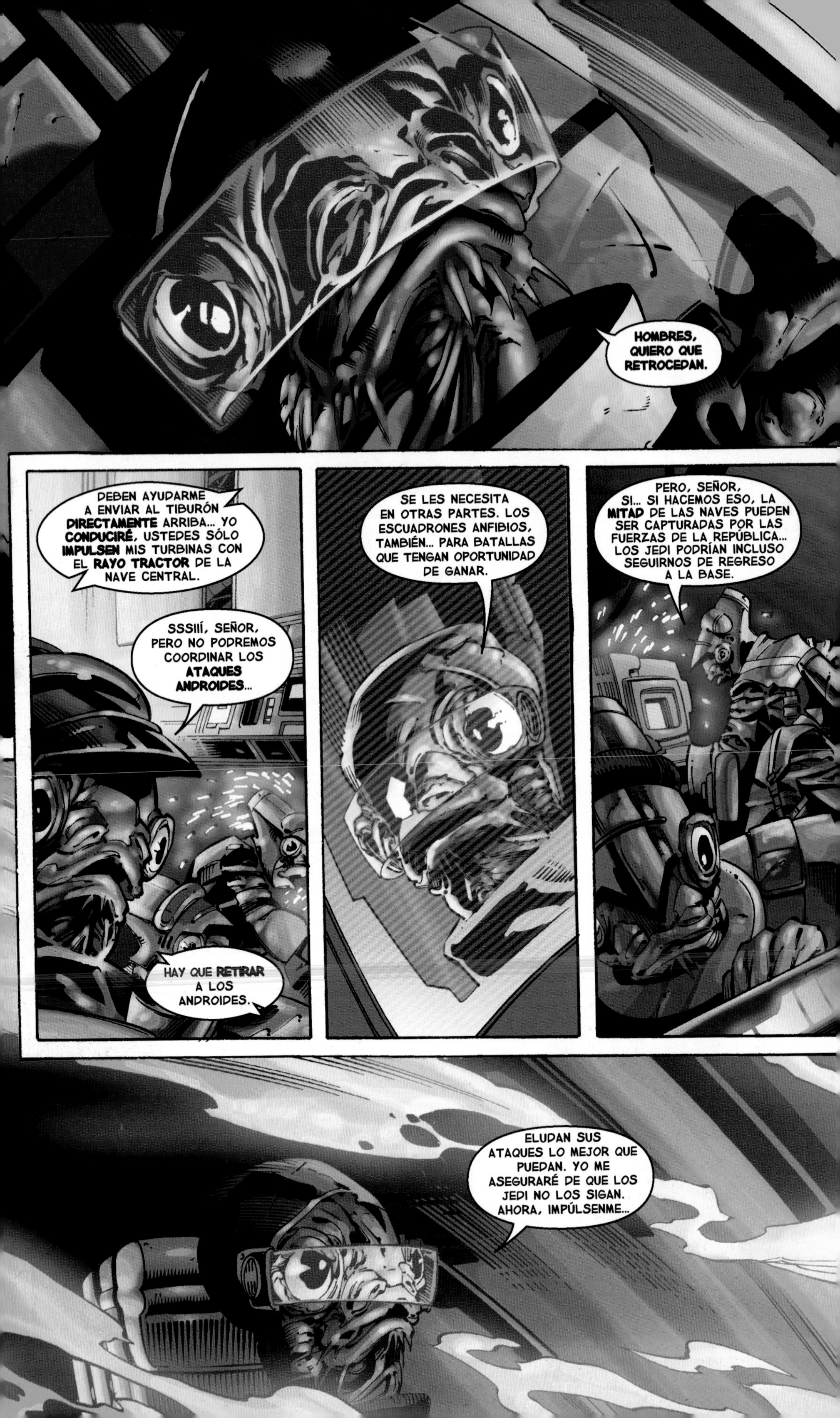
HOMBRES, QUIERO QUE RETROCEDAN.
DEBEN AYUDARME A ENVIAR AL TIBURÓN DIRECTAMENTE ARRIBA... YO CONDUCIRÉ, USTEDES SÓLO IMPULSEN MIS TURBINAS CON EL RAYO TRACTOR DE LA NAVE CENTRAL.
SSSIIÍ, SEÑOR, PERO NO PODREMOS COORDINAR LOS ATAQUES ANDROIDES...
HAY QUE RETIRAR A LOS ANDROIDES.
SE LES NECESITA EN OTRAS PARTES. LOS ESCUADRONES ANFIBIOS, TAMBIÉN... PARA BATALLAS QUE TENGAN OPORTUNIDAD DE GANAR.
PERO, SEÑOR, SI... SI HACEMOS ESO, LA MITAD DE LAS NAVES PUEDEN SER CAPTURADAS POR LAS FUERZAS DE LA REPÚBLICA... LOS JEDI PODRÍAN INCLUSO SEGUIRNOS DE REGRESO A LA BASE.
ELUDAN SUS ATAQUES LO MEJOR QUE PUEDAN. YO ME ASEGURARÉ DE QUE LOS JEDI NO LOS SIGAN. AHORA, IMPÚLSENME...

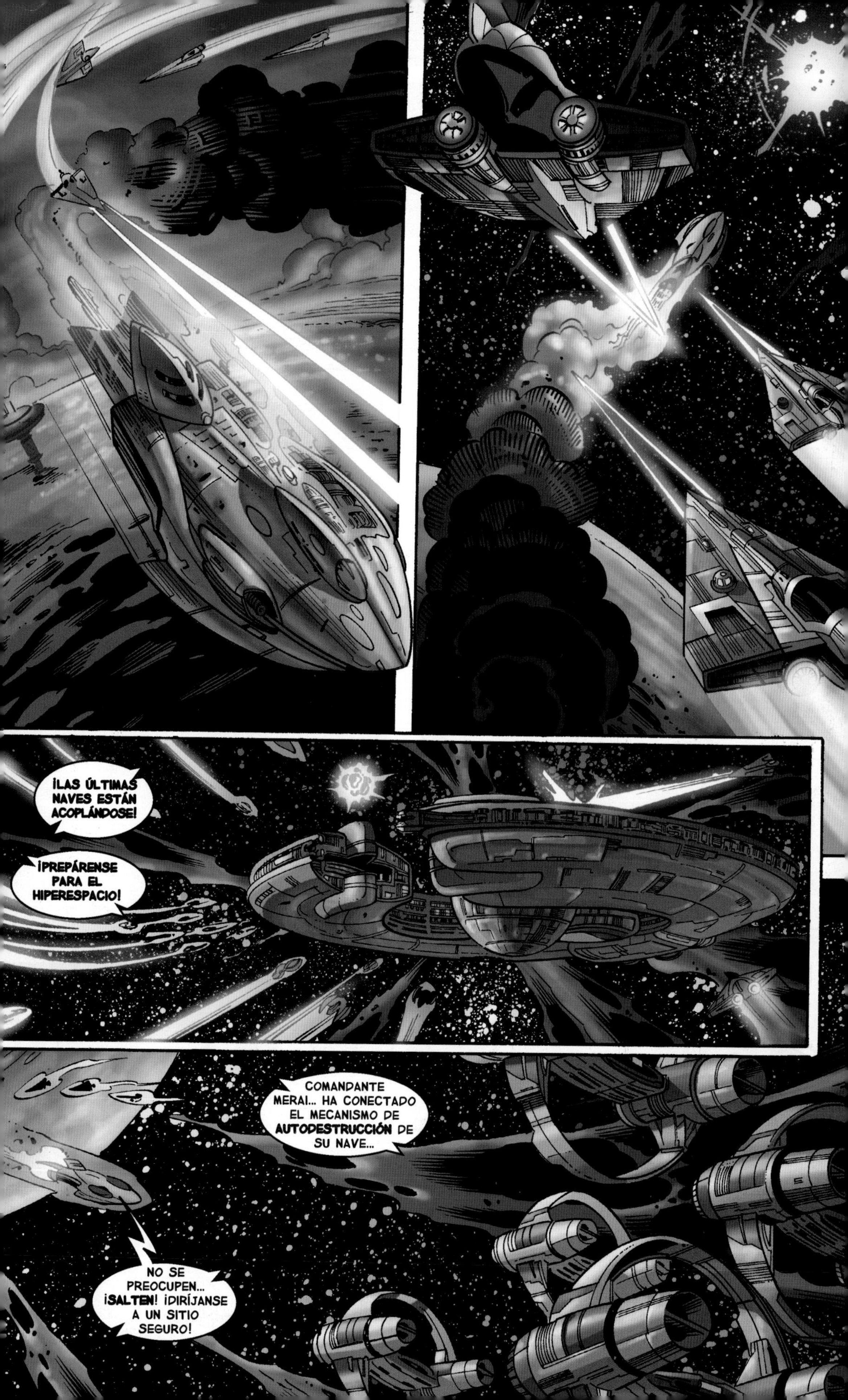
¡LAS ÚLTIMAS NAVES ESTÁN ACOPLÁNDOSE!
¡PREPÁRENSE PARA EL HIPERESPACIO!
COMANDANTE MERAI... HA CONECTADO EL MECANISMO DE AUTODESTRUCCIÓN DE SU NAVE...
NO SE PREOCUPEN... ¡SALTEN! ¡DIRÍJANSE A UN SITIO SEGURO!

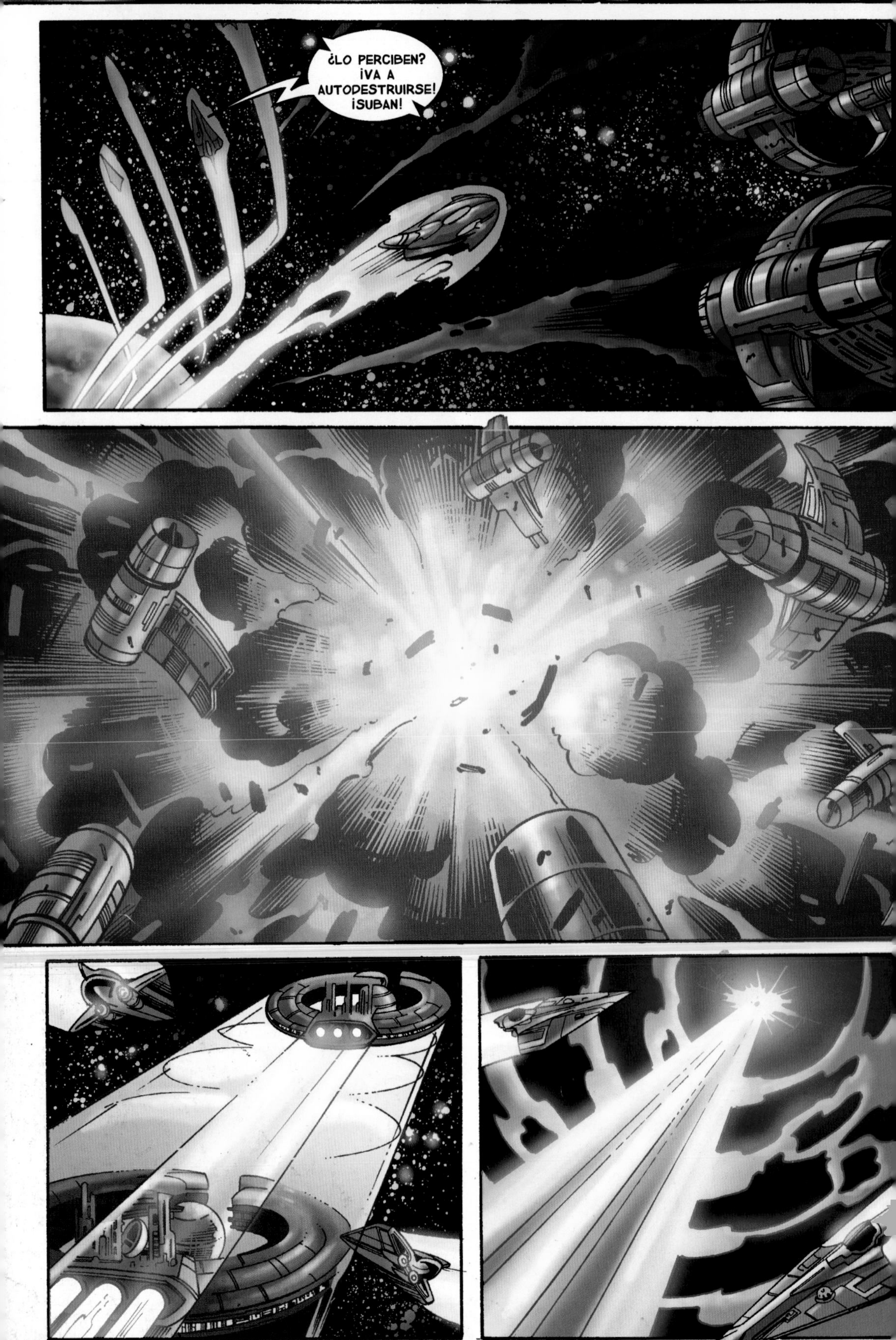
¿LO PERCIBEN? ¡VA A AUTODESTRUIRSE! ¡SUBAN!

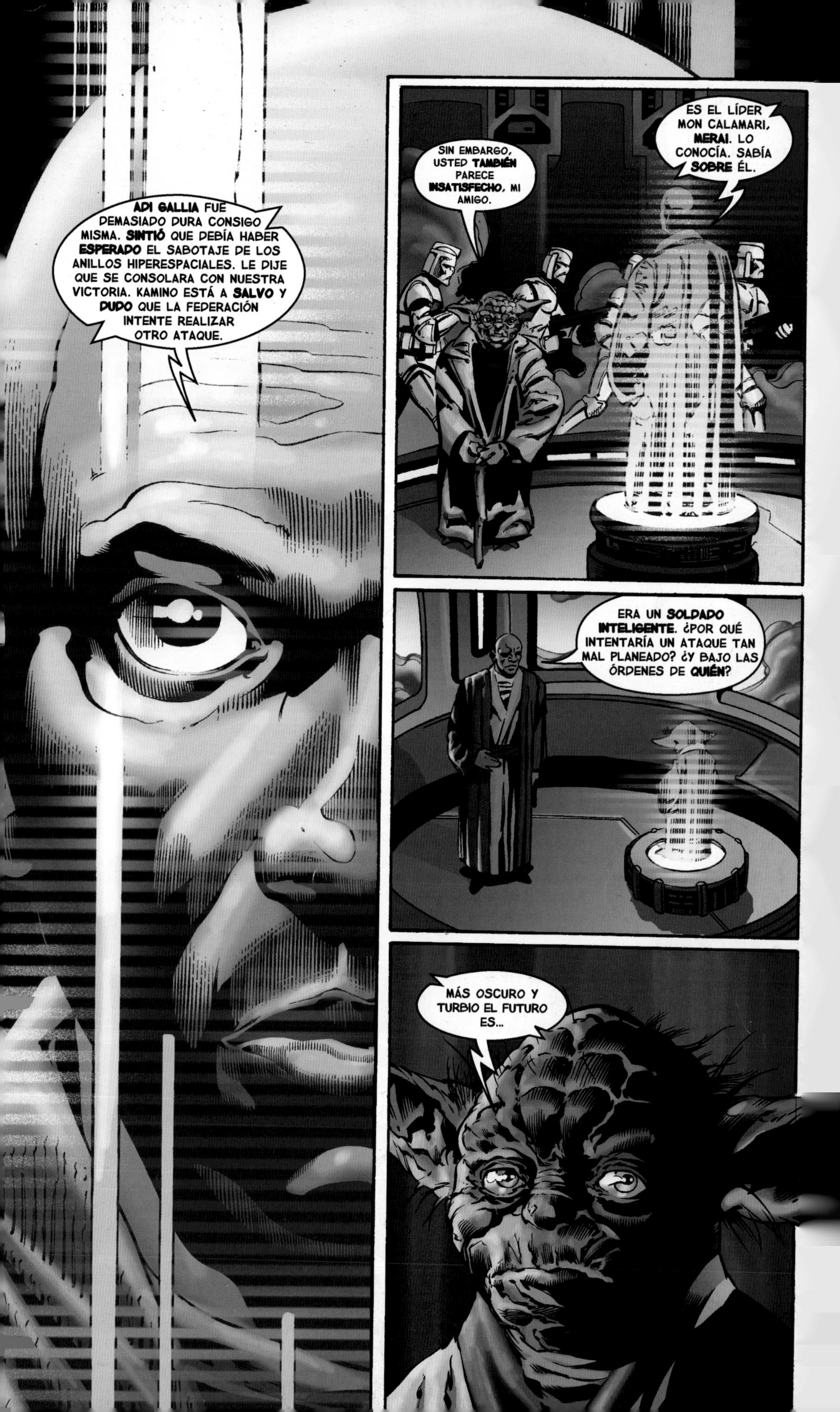
ADI GALLIA FUE DEMASIADO DURA CONSIGO MISMA. SINTIÓ QUE DEBÍA HABER ESPERADO EL SABOTAJE DE LOS ANILLOS HIPERESPACIALES. LE DIJE QUE SE CONSOLARA CON NUESTRA VICTORIA. KAMINO ESTÁ A SALVO Y DUDO QUE LA FEDERACIÓN INTENTE REALIZAR OTRO ATAQUE.
SIN EMBARGO, USTED TAMBIÉN PARECE INSATISFECHO, MI AMIGO.
ES EL LÍDER MON CALAMARI, MERAI. LO CONOCÍA. SABÍA SOBRE ÉL.
ERA UN SOLDADO INTELIGENTE. ¿POR QUÉ INTENTARÍA UN ATAQUE TAN MAL PLANEADO? ¿Y BAJO LAS ÓRDENES DE QUIÉN?
MÁS OSCURO Y TURBIO EL FUTURO ES...

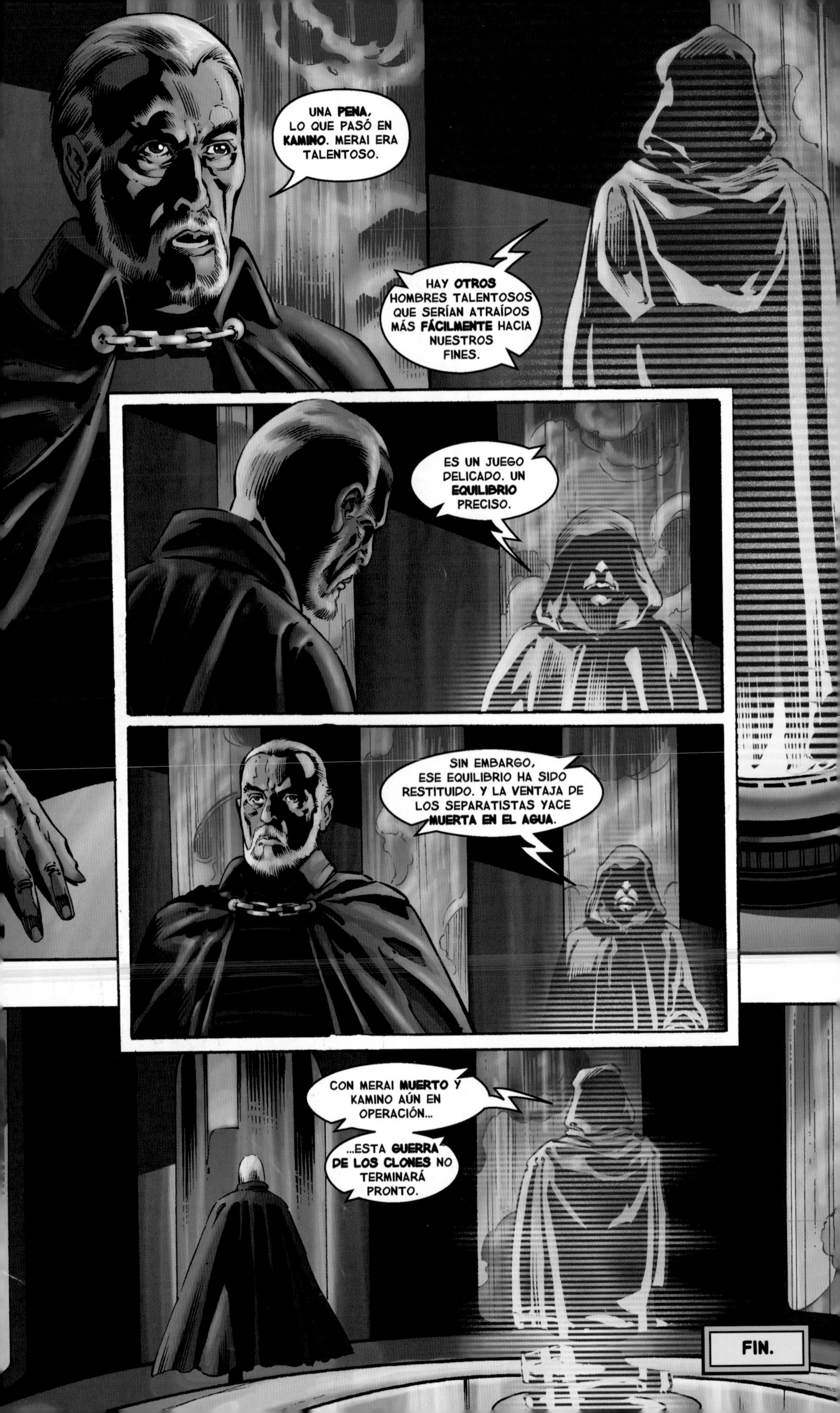
UNA PENA, LO QUE PASÓ EN KAMINO. MERAI ERA TALENTOSO.
HAY OTROS HOMBRES TALENTOSOS QUE SERÍAN ATRAÍDOS MÁS FÁCILMENTE HACIA NUESTROS FINES.
ES UN JUEGO DELICADO. UN EQUILIBRIO PRECISO.
SIN EMBARGO, ESE EQUILIBRIO HA SIDO RESTITUIDO. Y LA VENTAJA DE LOS SEPARATISTAS YACE MUERTA EN EL AGUA.
CON MERAI MUERTO Y KAMINO AÚN EN OPERACIÓN...
...ESTA GUERRA DE LOS CLONES NO TERMINARÁ PRONTO.
FIN.

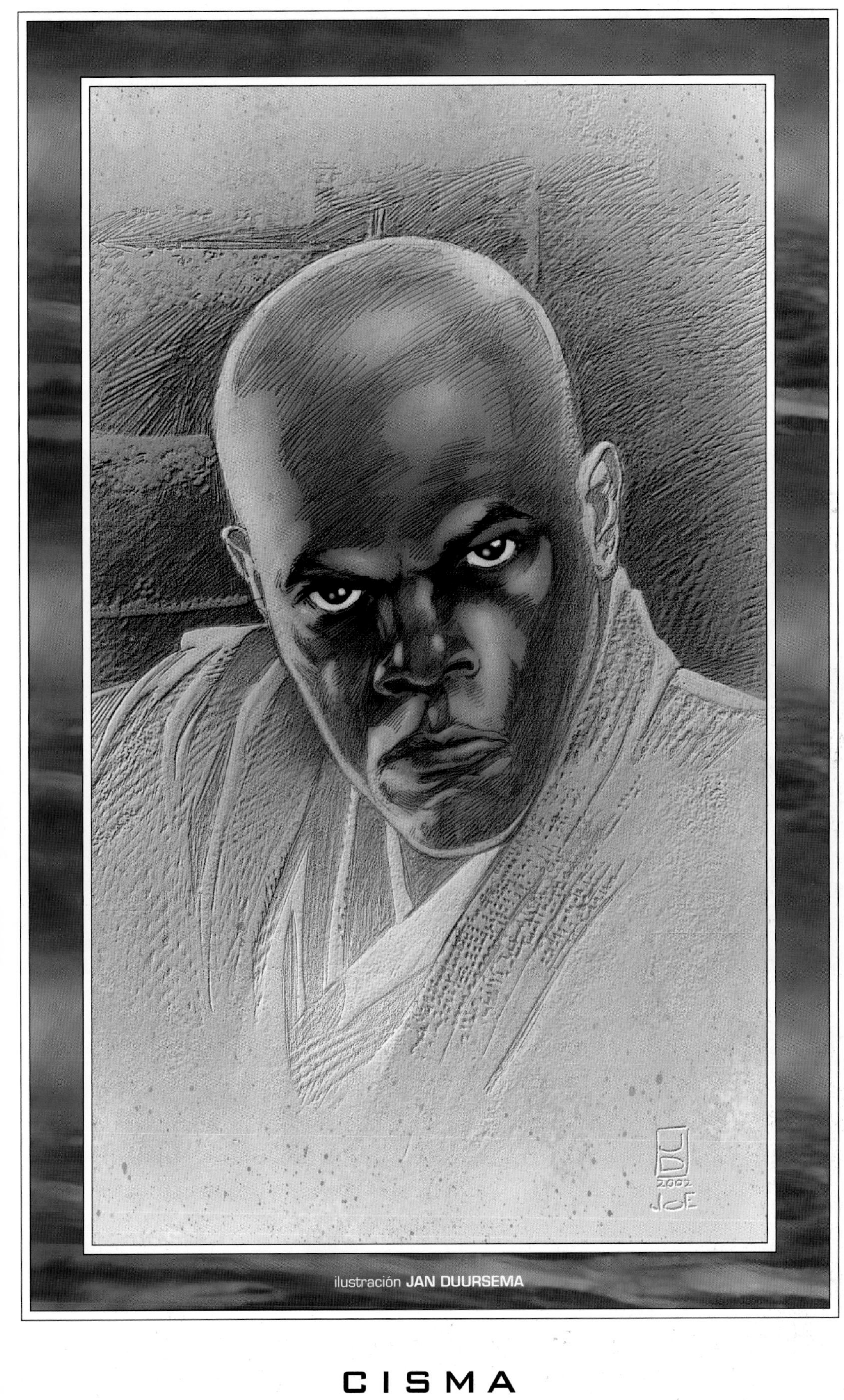

ilustración **JAN DUURSEMA**

C I S M A

"Cisma"
autor **John Ostrander**
arte **Jan Duursema**
color **Dan Parsons**

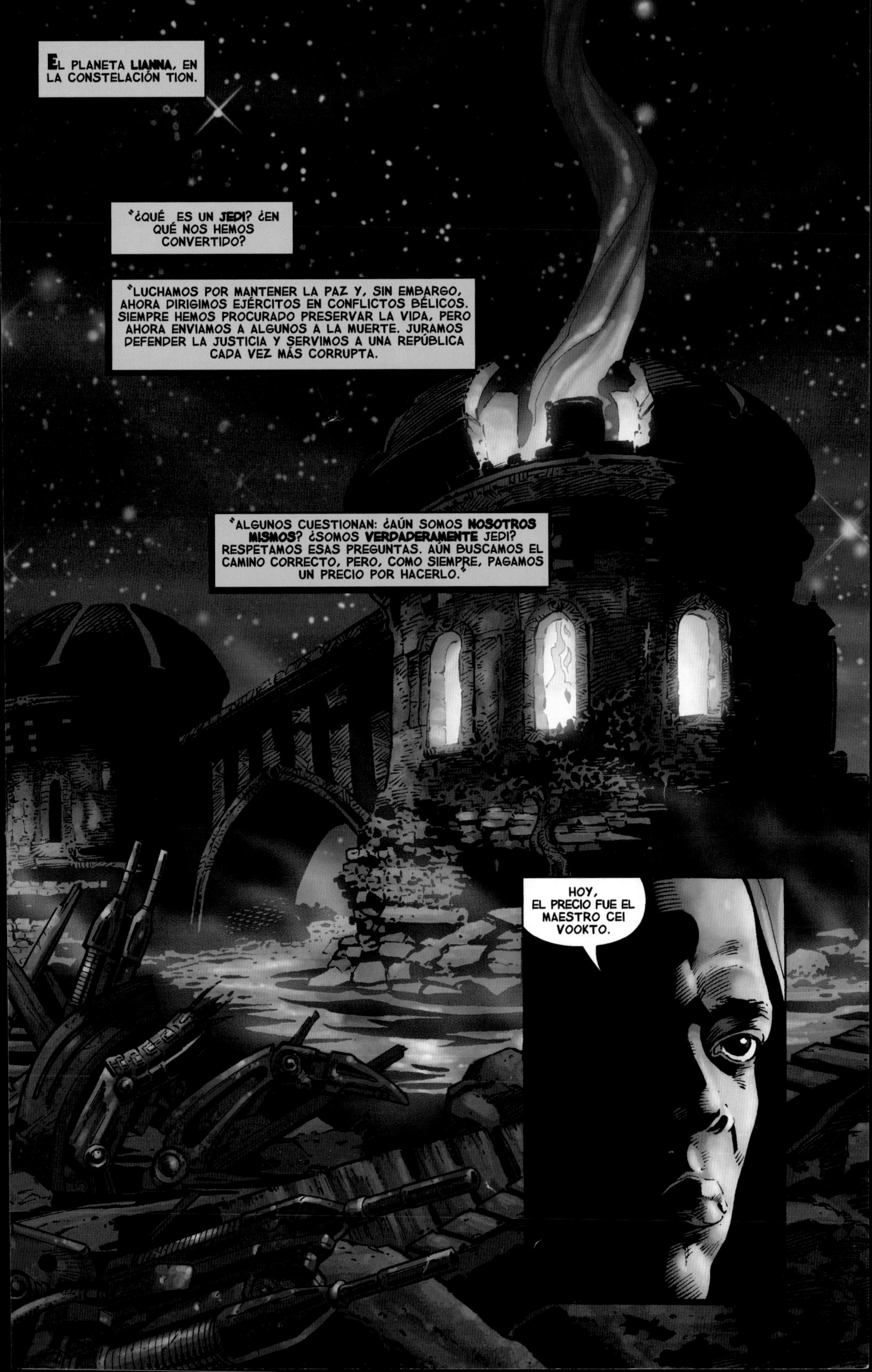
EL PLANETA LIANNA, EN LA CONSTELACIÓN TION.
"¿QUÉ ES UN JEDI? ¿EN QUÉ NOS HEMOS CONVERTIDO?
"LUCHAMOS POR MANTENER LA PAZ Y, SIN EMBARGO, AHORA DIRIGIMOS EJÉRCITOS EN CONFLICTOS BÉLICOS. SIEMPRE HEMOS PROCURADO PRESERVAR LA VIDA, PERO AHORA ENVIAMOS A ALGUNOS A LA MUERTE. JURAMOS DEFENDER LA JUSTICIA Y SERVIMOS A UNA REPÚBLICA CADA VEZ MÁS CORRUPTA.
"ALGUNOS CUESTIONAN: ¿AÚN SOMOS NOSOTROS MISMOS? ¿SOMOS VERDADERAMENTE JEDI? RESPETAMOS ESAS PREGUNTAS. AÚN BUSCAMOS EL CAMINO CORRECTO, PERO, COMO SIEMPRE, PAGAMOS UN PRECIO POR HACERLO."
HOY, EL PRECIO FUE EL MAESTRO CEI VOOKTO.

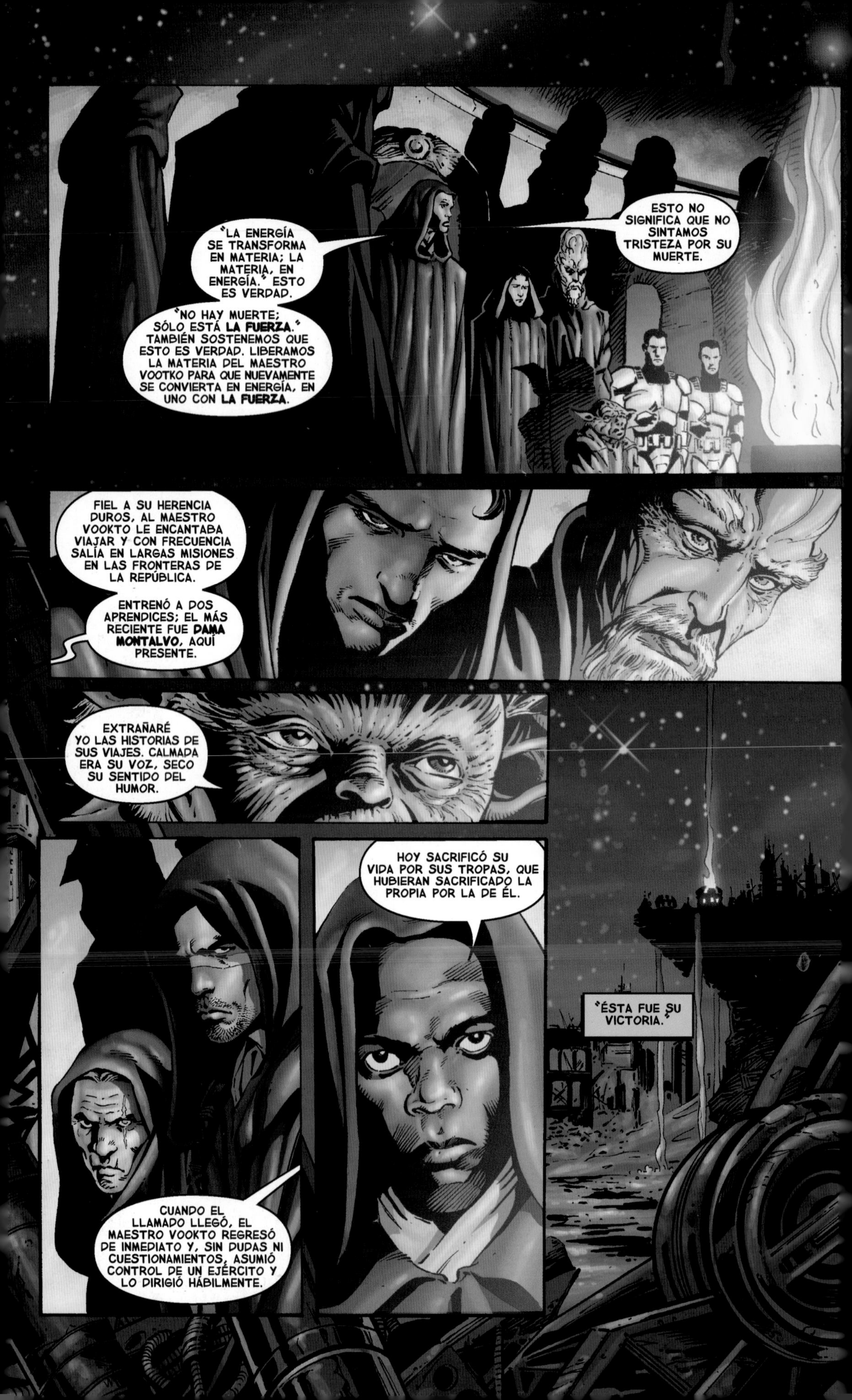
"LA ENERGÍA SE TRANSFORMA EN MATERIA; LA MATERIA, EN ENERGÍA." ESTO ES VERDAD.
"NO HAY MUERTE; SÓLO ESTÁ LA FUERZA." TAMBIÉN SOSTENEMOS QUE ESTO ES VERDAD. LIBERAMOS LA MATERIA DEL MAESTRO VOOTKO PARA QUE NUEVAMENTE SE CONVIERTA EN ENERGÍA, EN UNO CON LA FUERZA.
ESTO NO SIGNIFICA QUE NO SINTAMOS TRISTEZA POR SU MUERTE.
FIEL A SU HERENCIA DUROS, AL MAESTRO VOOKTO LE ENCANTABA VIAJAR Y CON FRECUENCIA SALÍA EN LARGAS MISIONES EN LAS FRONTERAS DE LA REPÚBLICA.
ENTRENÓ A DOS APRENDICES; EL MÁS RECIENTE FUE DAMA MONTALVO, AQUÍ PRESENTE.
EXTRAÑARÉ YO LAS HISTORIAS DE SUS VIAJES. CALMADA ERA SU VOZ, SECO SU SENTIDO DEL HUMOR.
CUANDO EL LLAMADO LLEGÓ, EL MAESTRO VOOKTO REGRESÓ DE INMEDIATO Y, SIN DUDAS NI CUESTIONAMIENTOS, ASUMIÓ CONTROL DE UN EJÉRCITO Y LO DIRIGIÓ HÁBILMENTE.
HOY SACRIFICÓ SU VIDA POR SUS TROPAS, QUE HUBIERAN SACRIFICADO LA PROPIA POR LA DE ÉL.
"ÉSTA FUE SU VICTORIA."

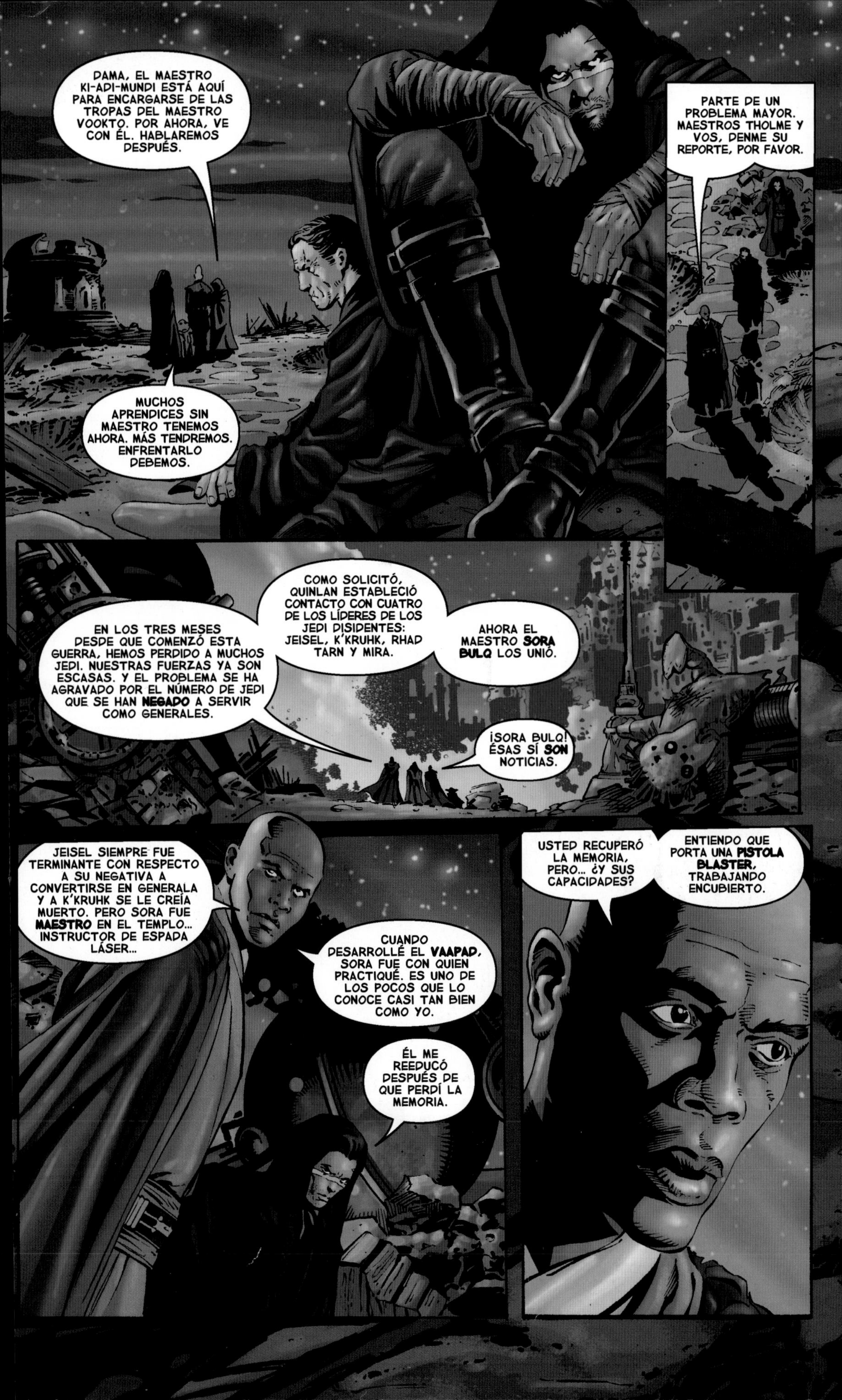
DAMA, EL MAESTRO KI-ADI-MUNDI ESTÁ AQUÍ PARA ENCARGARSE DE LAS TROPAS DEL MAESTRO VOOKTO. POR AHORA, VE CON ÉL. HABLAREMOS DESPUÉS.
MUCHOS APRENDICES SIN MAESTRO TENEMOS AHORA. MÁS TENDREMOS. ENFRENTARLO DEBEMOS.
PARTE DE UN PROBLEMA MAYOR. MAESTROS THOLME Y VOS, DENME SU REPORTE, POR FAVOR.
EN LOS TRES MESES DESDE QUE COMENZÓ ESTA GUERRA, HEMOS PERDIDO A MUCHOS JEDI. NUESTRAS FUERZAS YA SON ESCASAS. Y EL PROBLEMA SE HA AGRAVADO POR EL NÚMERO DE JEDI QUE SE HAN NEGADO A SERVIR COMO GENERALES.
COMO SOLICITÓ, QUINLAN ESTABLECIÓ CONTACTO CON CUATRO DE LOS LÍDERES DE LOS JEDI DISIDENTES: JEISEL, K'KRUHK, RHAD TARN Y MIRA.
AHORA EL MAESTRO SORA BULQ LOS UNIÓ.
¡SORA BULQ! ÉSAS SÍ SON NOTICIAS.
JEISEL SIEMPRE FUE TERMINANTE CON RESPECTO A SU NEGATIVA A CONVERTIRSE EN GENERALA Y A K'KRUHK SE LE CREÍA MUERTO. PERO SORA FUE MAESTRO EN EL TEMPLO... INSTRUCTOR DE ESPADA LÁSER...
CUANDO DESARROLLÉ EL VAAPAD, SORA FUE CON QUIEN PRACTIQUÉ. ES UNO DE LOS POCOS QUE LO CONOCE CASI TAN BIEN COMO YO.
ÉL ME REEDUCÓ DESPUÉS DE QUE PERDÍ LA MEMORIA.
USTED RECUPERÓ LA MEMORIA, PERO... ¿Y SUS CAPACIDADES?
ENTIENDO QUE PORTA UNA PISTOLA BLASTER, TRABAJANDO ENCUBIERTO.

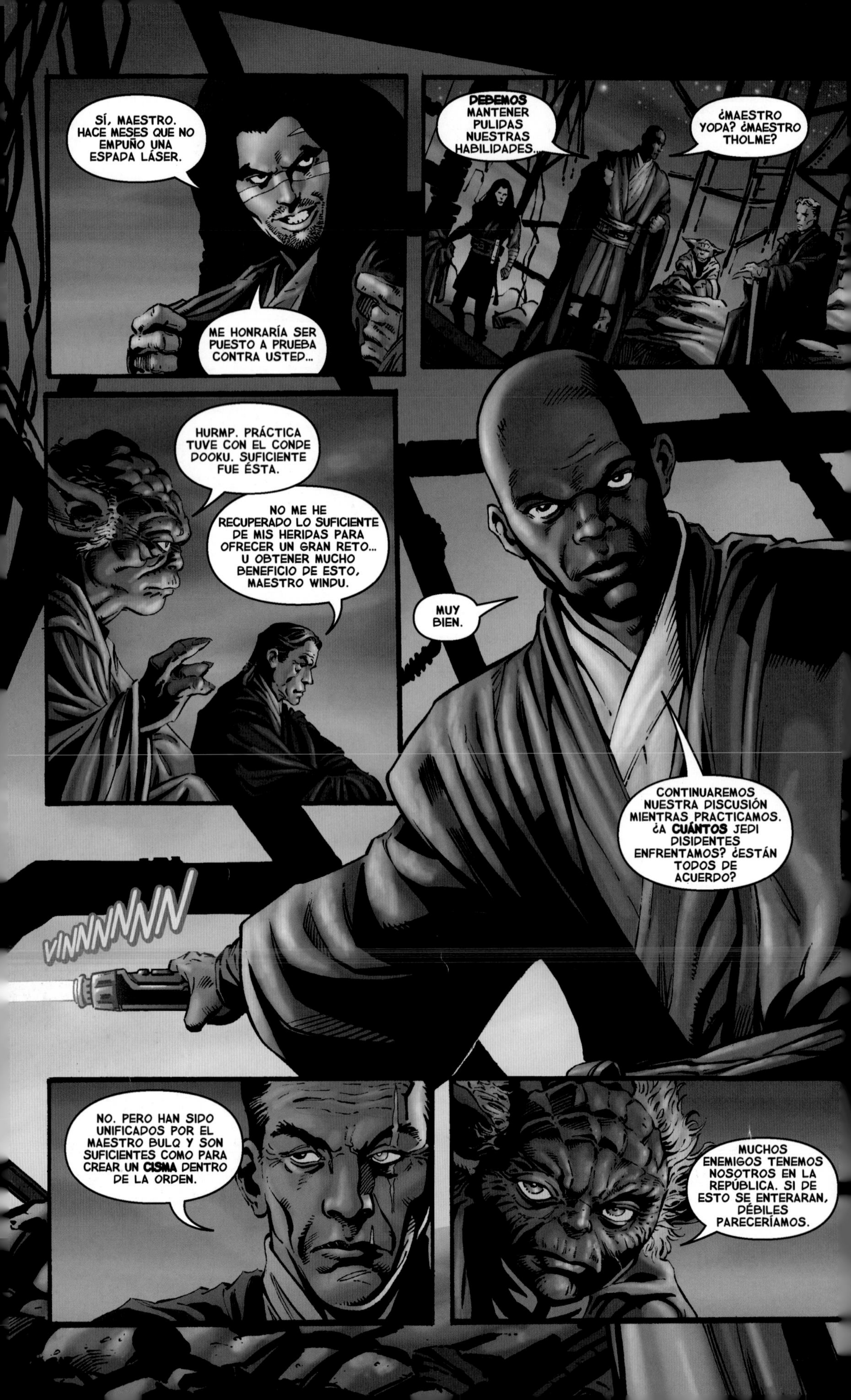
SÍ, MAESTRO. HACE MESES QUE NO EMPUÑO UNA ESPADA LÁSER.
ME HONRARÍA SER PUESTO A PRUEBA CONTRA USTED...
DEBEMOS MANTENER PULIDAS NUESTRAS HABILIDADES...
¿MAESTRO YODA? ¿MAESTRO THOLME?
HURMP. PRÁCTICA TUVE CON EL CONDE DOOKU. SUFICIENTE FUE ÉSTA.
NO ME HE RECUPERADO LO SUFICIENTE DE MIS HERIDAS PARA OFRECER UN GRAN RETO... U OBTENER MUCHO BENEFICIO DE ESTO, MAESTRO WINDU.
MUY BIEN.
CONTINUAREMOS NUESTRA DISCUSIÓN MIENTRAS PRACTICAMOS. ¿A CUÁNTOS JEDI DISIDENTES ENFRENTAMOS? ¿ESTÁN TODOS DE ACUERDO?
VINNNNNN
NO. PERO HAN SIDO UNIFICADOS POR EL MAESTRO BULQ Y SON SUFICIENTES COMO PARA CREAR UN CISMA DENTRO DE LA ORDEN.
MUCHOS ENEMIGOS TENEMOS NOSOTROS EN LA REPÚBLICA. SI DE ESTO SE ENTERARAN, DÉBILES PARECERÍAMOS.

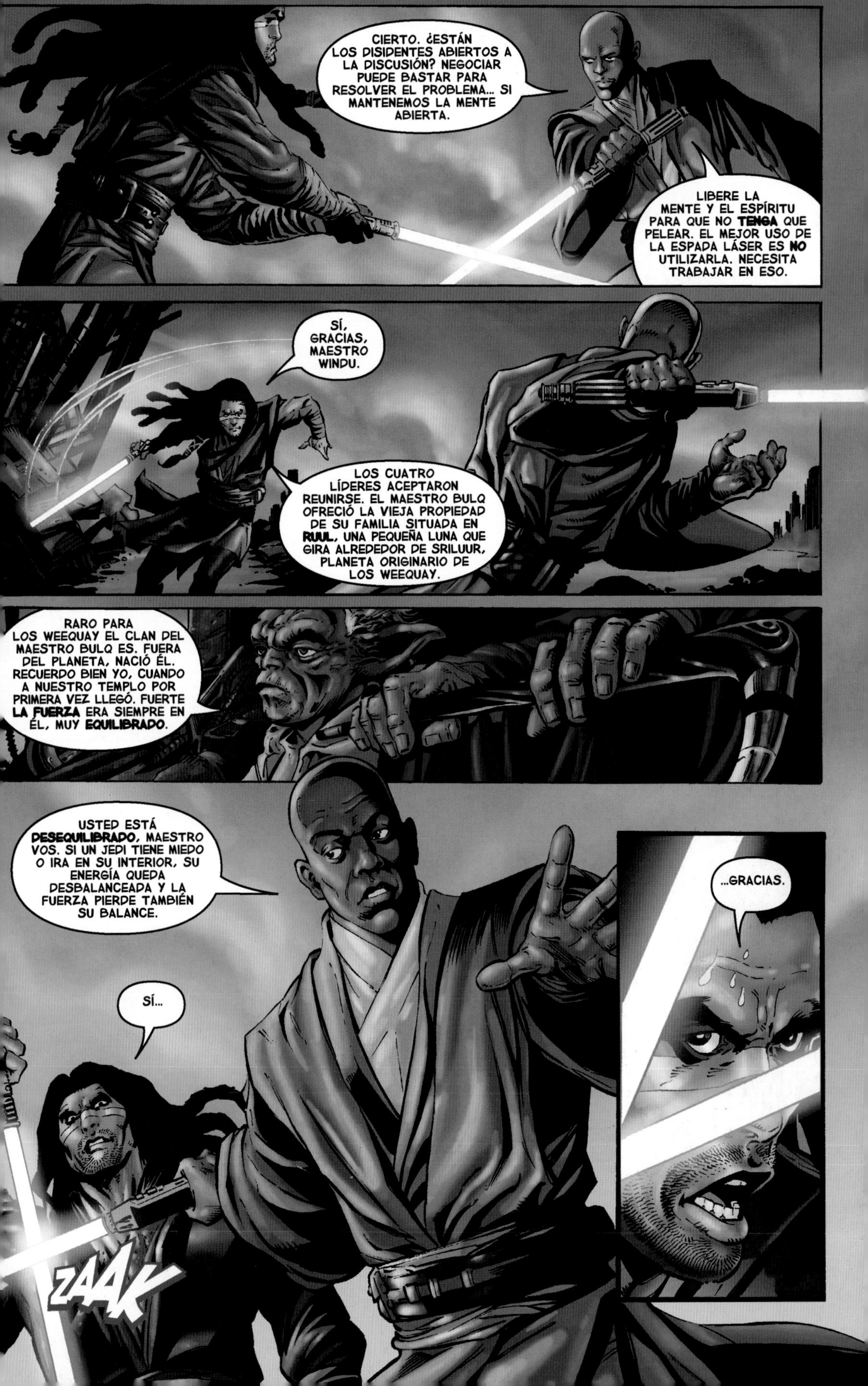
CIERTO. ¿ESTÁN LOS DISIDENTES ABIERTOS A LA DISCUSIÓN? NEGOCIAR PUEDE BASTAR PARA RESOLVER EL PROBLEMA... SI MANTENEMOS LA MENTE ABIERTA.
LIBERE LA MENTE Y EL ESPÍRITU PARA QUE NO TENGA QUE PELEAR. EL MEJOR USO DE LA ESPADA LÁSER ES NO UTILIZARLA. NECESITA TRABAJAR EN ESO.
SÍ, GRACIAS, MAESTRO WINDU.
LOS CUATRO LÍDERES ACEPTARON REUNIRSE. EL MAESTRO BULQ OFRECIÓ LA VIEJA PROPIEDAD DE SU FAMILIA SITUADA EN RUUL, UNA PEQUEÑA LUNA QUE GIRA ALREDEDOR DE SRILUUR, PLANETA ORIGINARIO DE LOS WEEQUAY.
RARO PARA LOS WEEQUAY EL CLAN DEL MAESTRO BULQ ES. FUERA DEL PLANETA, NACIÓ ÉL. RECUERDO BIEN YO, CUANDO A NUESTRO TEMPLO POR PRIMERA VEZ LLEGÓ. FUERTE LA FUERZA ERA SIEMPRE EN ÉL, MUY EQUILIBRADO.
USTED ESTÁ DESEQUILIBRADO, MAESTRO VOS. SI UN JEDI TIENE MIEDO O IRA EN SU INTERIOR, SU ENERGÍA QUEDA DESBALANCEADA Y LA FUERZA PIERDE TAMBIÉN SU BALANCE.
...GRACIAS.
SÍ...
ZAAK

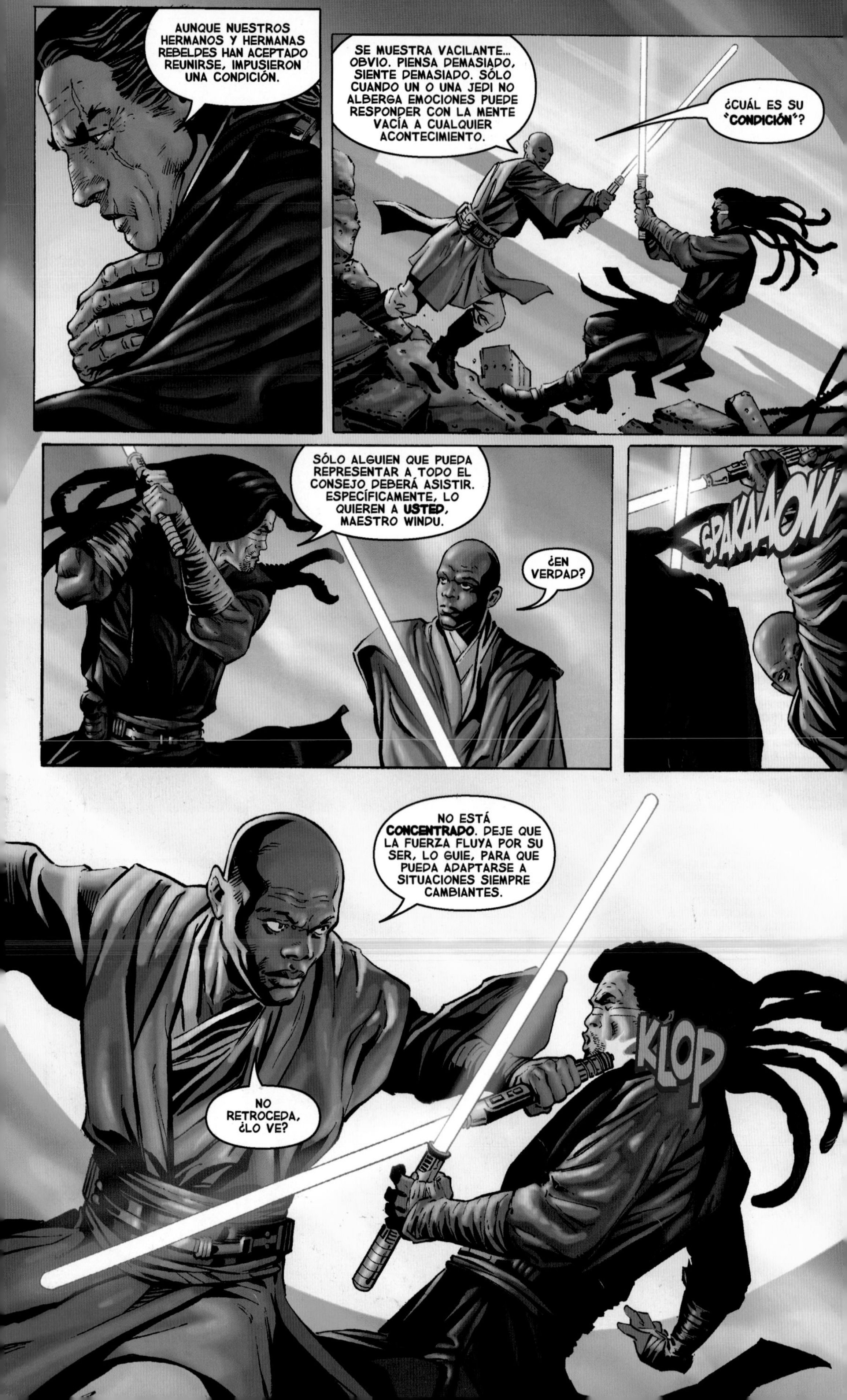
AUNQUE NUESTROS HERMANOS Y HERMANAS REBELDES HAN ACEPTADO REUNIRSE, IMPUSIERON UNA CONDICIÓN.
SE MUESTRA VACILANTE... OBVIO. PIENSA DEMASIADO, SIENTE DEMASIADO. SÓLO CUANDO UN O UNA JEDI NO ALBERGA EMOCIONES PUEDE RESPONDER CON LA MENTE VACÍA A CUALQUIER ACONTECIMIENTO.
¿CUÁL ES SU "CONDICIÓN"?
SÓLO ALGUIEN QUE PUEDA REPRESENTAR A TODO EL CONSEJO DEBERÁ ASISTIR. ESPECÍFICAMENTE, LO QUIEREN A USTED, MAESTRO WINDU.
¿EN VERDAD?
SPAKAAAOW
NO ESTÁ CONCENTRADO. DEJE QUE LA FUERZA FLUYA POR SU SER, LO GUIE, PARA QUE PUEDA ADAPTARSE A SITUACIONES SIEMPRE CAMBIANTES.
KLOP
NO RETROCEDA, ¿LO VE?

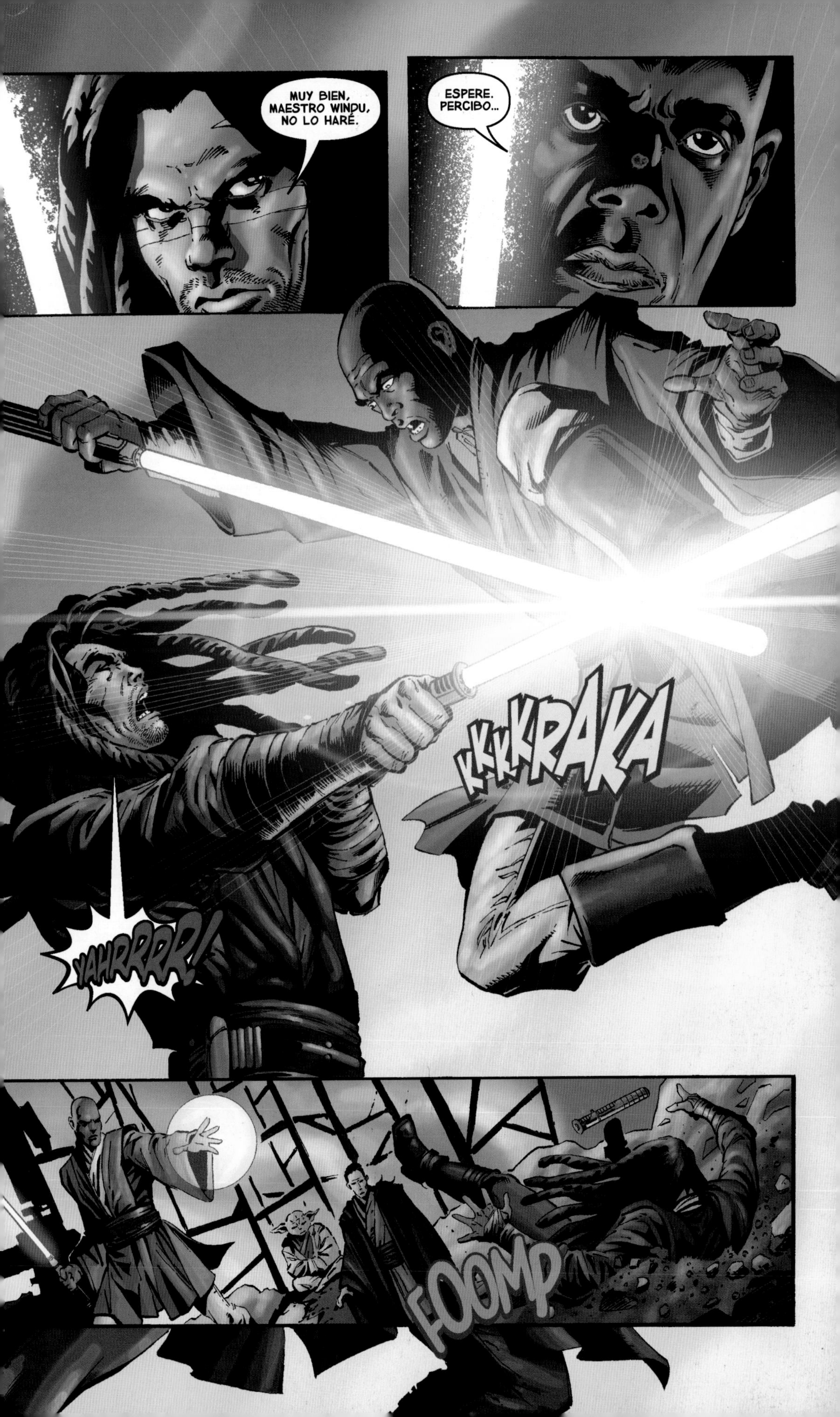
MUY BIEN, MAESTRO WINDU, NO LO HARÉ.
ESPERE. PERCIBO...
KKKKRAKA
YAHRRRR!
FOOMP

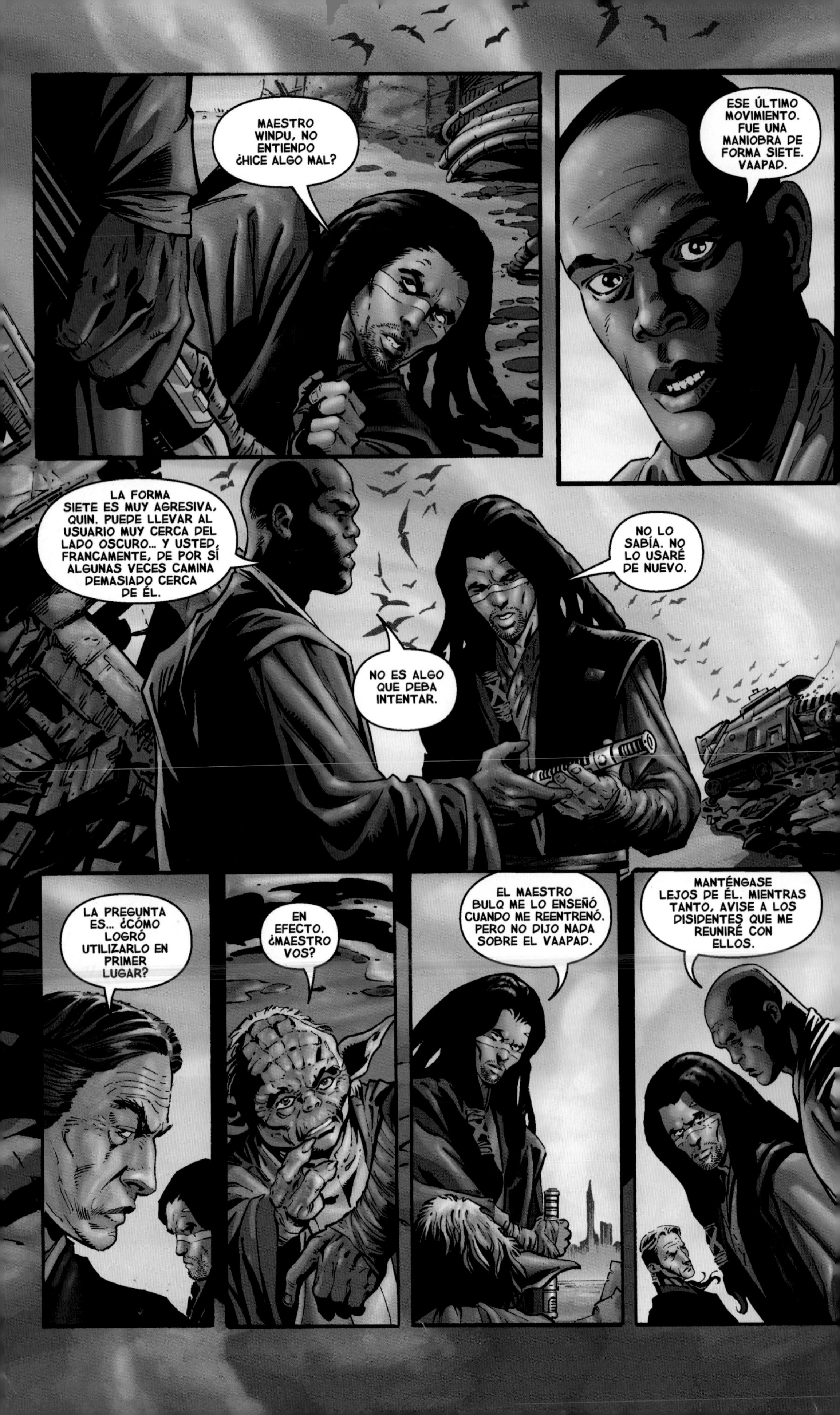
MAESTRO WINDU, NO ENTIENDO ¿HICE ALGO MAL?
ESE ÚLTIMO MOVIMIENTO. FUE UNA MANIOBRA DE FORMA SIETE. VAAPAD.
LA FORMA SIETE ES MUY AGRESIVA, QUIN. PUEDE LLEVAR AL USUARIO MUY CERCA DEL LADO OSCURO... Y USTED, FRANCAMENTE, DE POR SÍ ALGUNAS VECES CAMINA DEMASIADO CERCA DE ÉL.
NO ES ALGO QUE DEBA INTENTAR.
NO LO SABÍA. NO LO USARÉ DE NUEVO.
LA PREGUNTA ES... ¿CÓMO LOGRÓ UTILIZARLO EN PRIMER LUGAR?
EN EFECTO. ¿MAESTRO VOS?
EL MAESTRO BULQ ME LO ENSEÑÓ CUANDO ME REENTRENÓ. PERO NO DIJO NADA SOBRE EL VAAPAD.
MANTÉNGASE LEJOS DE ÉL. MIENTRAS TANTO, AVISE A LOS DISIDENTES QUE ME REUNIRÉ CON ELLOS.

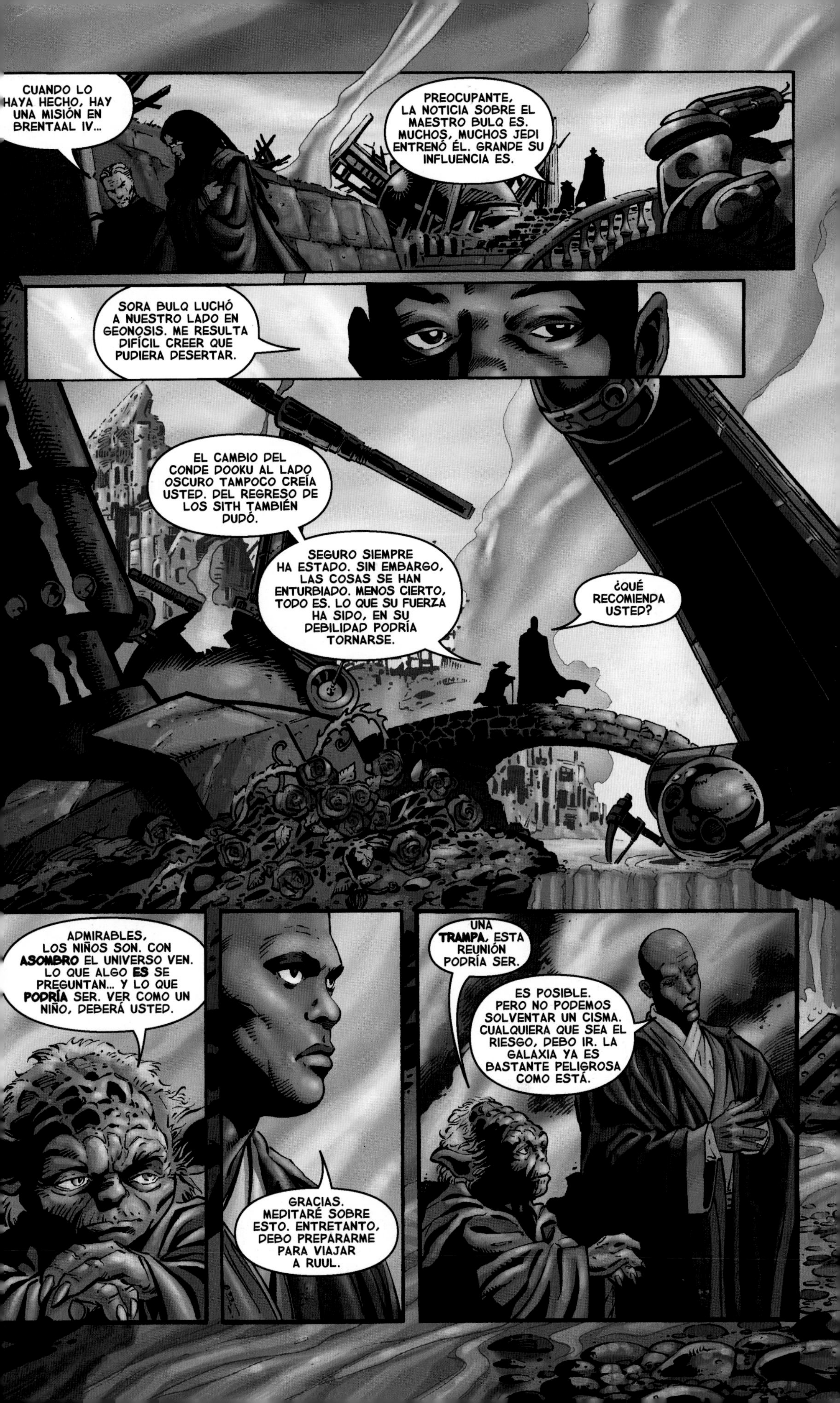
CUANDO LO HAYA HECHO, HAY UNA MISIÓN EN BRENTAAL IV...
PREOCUPANTE, LA NOTICIA SOBRE EL MAESTRO BULQ ES. MUCHOS, MUCHOS JEDI ENTRENÓ ÉL. GRANDE SU INFLUENCIA ES.
SORA BULQ LUCHÓ A NUESTRO LADO EN GEONOSIS. ME RESULTA DIFÍCIL CREER QUE PUDIERA DESERTAR.
EL CAMBIO DEL CONDE DOOKU AL LADO OSCURO TAMPOCO CREÍA USTED. DEL REGRESO DE LOS SITH TAMBIÉN DUDÓ.
SEGURO SIEMPRE HA ESTADO. SIN EMBARGO, LAS COSAS SE HAN ENTURBIADO. MENOS CIERTO, TODO ES. LO QUE SU FUERZA HA SIDO, EN SU DEBILIDAD PODRÍA TORNARSE.
¿QUÉ RECOMIENDA USTED?
ADMIRABLES, LOS NIÑOS SON. CON **ASOMBRO** EL UNIVERSO VEN. LO QUE ALGO **ES** SE PREGUNTAN... Y LO QUE **PODRÍA** SER. VER COMO UN NIÑO, DEBERÁ USTED.
GRACIAS. MEDITARÉ SOBRE ESTO. ENTRETANTO, DEBO PREPARARME PARA VIAJAR A RUUL.
UNA **TRAMPA**, ESTA REUNIÓN PODRÍA SER.
ES POSIBLE. PERO NO PODEMOS SOLVENTAR UN CISMA. CUALQUIERA QUE SEA EL RIESGO, DEBO IR. LA GALAXIA YA ES BASTANTE PELIGROSA COMO ESTÁ.

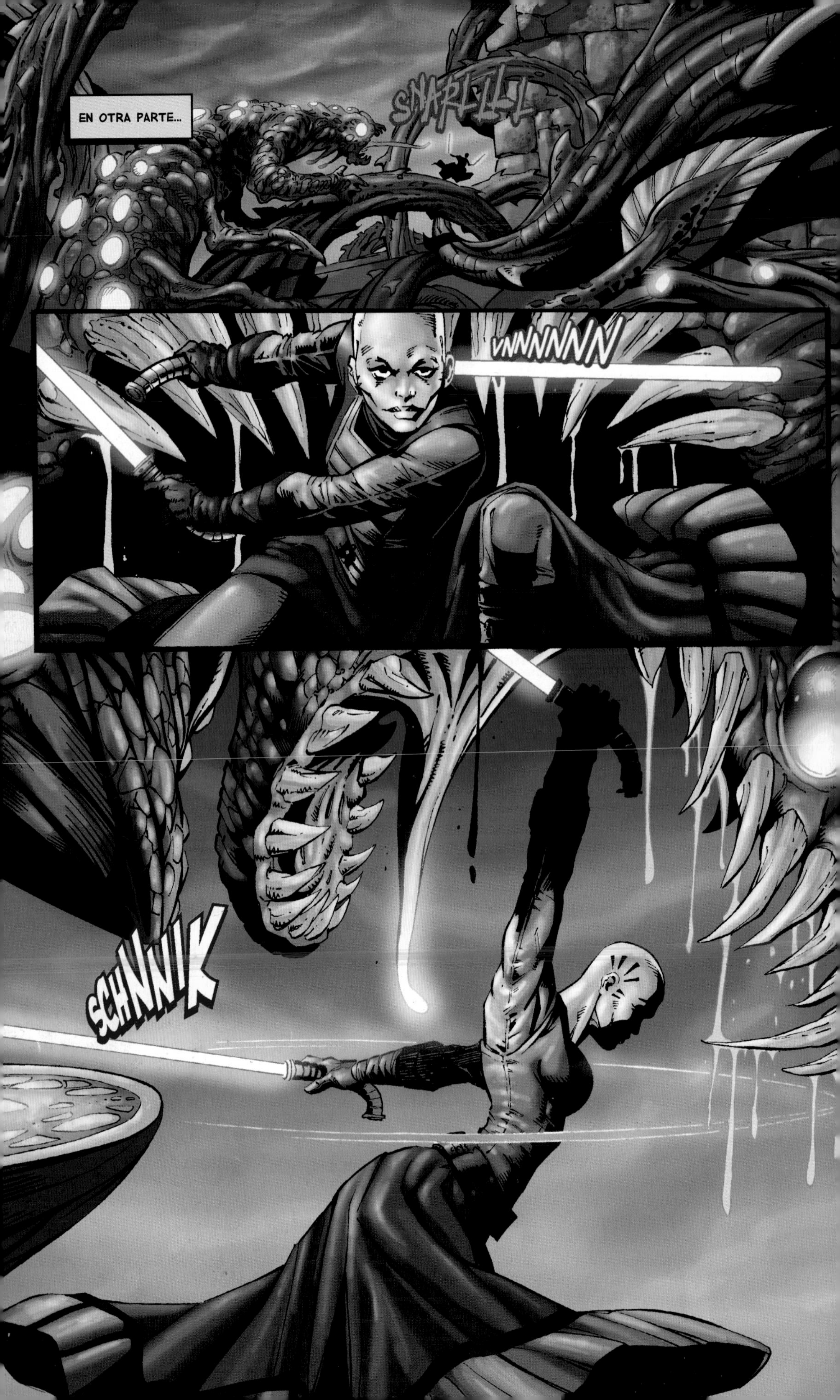
EN OTRA PARTE...
SNARLLL
VNNNNNN
SCHNNIK

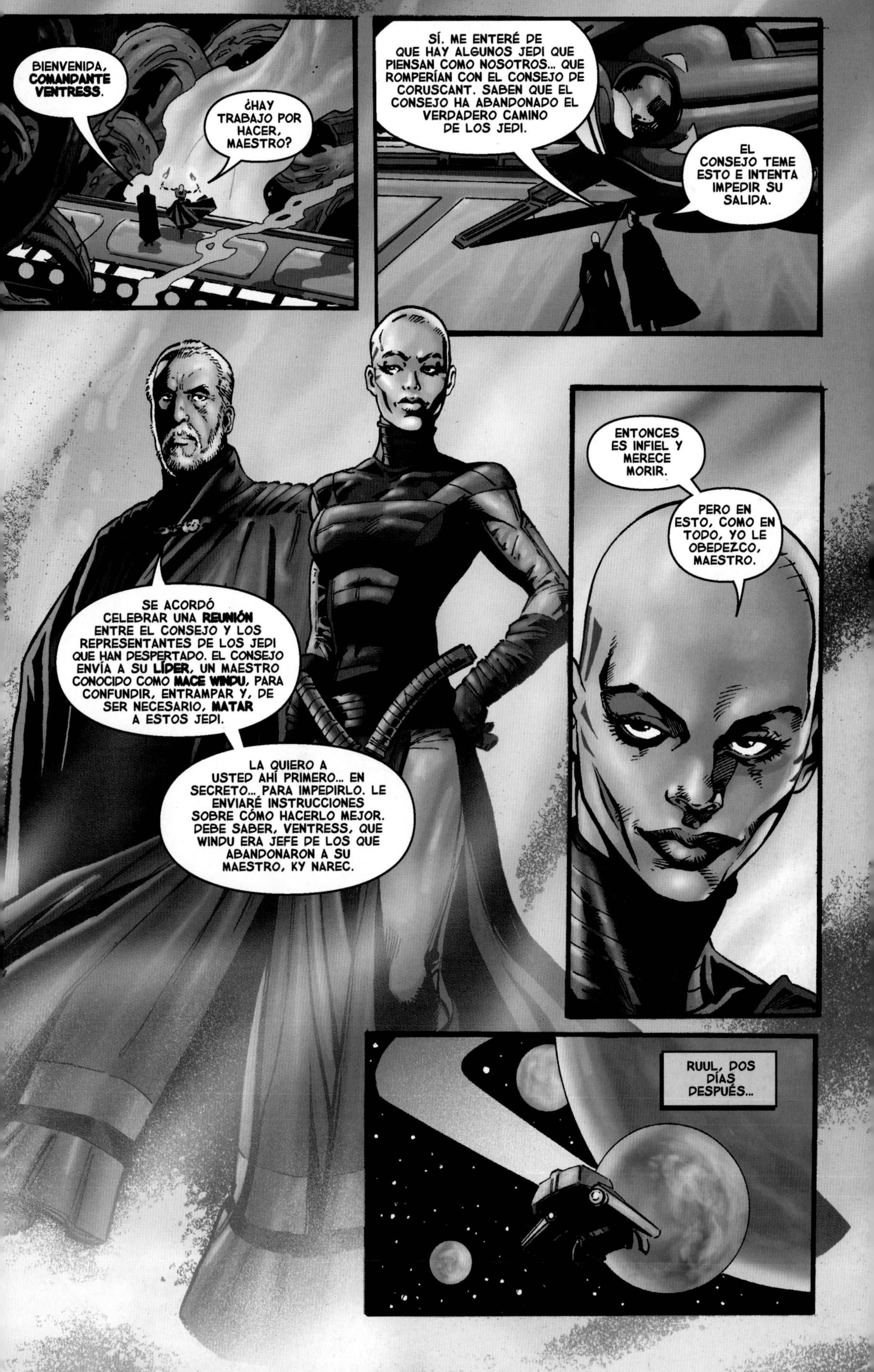
BIENVENIDA, COMANDANTE VENTRESS.
¿HAY TRABAJO POR HACER, MAESTRO?
SÍ. ME ENTERÉ DE QUE HAY ALGUNOS JEDI QUE PIENSAN COMO NOSOTROS... QUE ROMPERÍAN CON EL CONSEJO DE CORUSCANT. SABEN QUE EL CONSEJO HA ABANDONADO EL VERDADERO CAMINO DE LOS JEDI.
EL CONSEJO TEME ESTO E INTENTA IMPEDIR SU SALIDA.
SE ACORDÓ CELEBRAR UNA REUNIÓN ENTRE EL CONSEJO Y LOS REPRESENTANTES DE LOS JEDI QUE HAN DESPERTADO. EL CONSEJO ENVÍA A SU LÍDER, UN MAESTRO CONOCIDO COMO MACE WINDU, PARA CONFUNDIR, ENTRAMPAR Y, DE SER NECESARIO, MATAR A ESTOS JEDI.
LA QUIERO A USTED AHÍ PRIMERO... EN SECRETO... PARA IMPEDIRLO. LE ENVIARÉ INSTRUCCIONES SOBRE CÓMO HACERLO MEJOR. DEBE SABER, VENTRESS, QUE WINDU ERA JEFE DE LOS QUE ABANDONARON A SU MAESTRO, KY NAREC.
ENTONCES ES INFIEL Y MERECE MORIR.
PERO EN ESTO, COMO EN TODO, YO LE OBEDEZCO, MAESTRO.
RUUL, DOS DÍAS DESPUÉS...

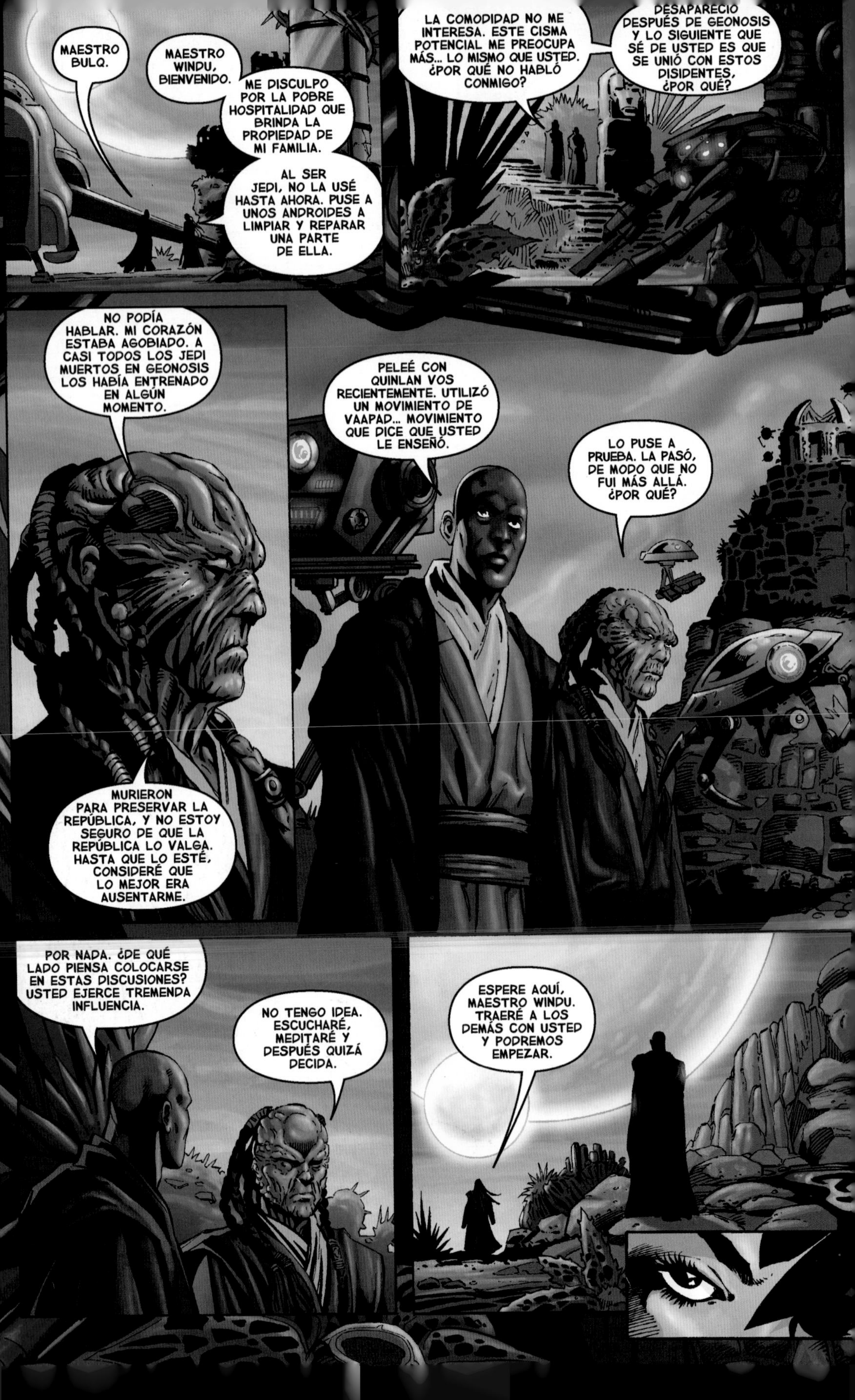
MAESTRO BULQ.
MAESTRO WINDU, BIENVENIDO.
ME DISCULPO POR LA POBRE HOSPITALIDAD QUE BRINDA LA PROPIEDAD DE MI FAMILIA.
AL SER JEDI, NO LA USÉ HASTA AHORA. PUSE A UNOS ANDROIDES A LIMPIAR Y REPARAR UNA PARTE DE ELLA.
LA COMODIDAD NO ME INTERESA. ESTE CISMA POTENCIAL ME PREOCUPA MÁS... LO MISMO QUE USTED. ¿POR QUÉ NO HABLÓ CONMIGO?
DESAPARECIÓ DESPUÉS DE GEONOSIS Y LO SIGUIENTE QUE SÉ DE USTED ES QUE SE UNIÓ CON ESTOS DISIDENTES. ¿POR QUÉ?
NO PODÍA HABLAR. MI CORAZÓN ESTABA AGOBIADO. A CASI TODOS LOS JEDI MUERTOS EN GEONOSIS LOS HABÍA ENTRENADO EN ALGÚN MOMENTO.
MURIERON PARA PRESERVAR LA REPÚBLICA, Y NO ESTOY SEGURO DE QUE LA REPÚBLICA LO VALGA. HASTA QUE LO ESTÉ, CONSIDERÉ QUE LO MEJOR ERA AUSENTARME.
PELEÉ CON QUINLAN VOS RECIENTEMENTE. UTILIZÓ UN MOVIMIENTO DE VAAPAD... MOVIMIENTO QUE DICE QUE USTED LE ENSEÑÓ.
LO PUSE A PRUEBA. LA PASÓ, DE MODO QUE NO FUI MÁS ALLÁ. ¿POR QUÉ?
POR NADA. ¿DE QUÉ LADO PIENSA COLOCARSE EN ESTAS DISCUSIONES? USTED EJERCE TREMENDA INFLUENCIA.
NO TENGO IDEA. ESCUCHARÉ, MEDITARÉ Y DESPUÉS QUIZÁ DECIDA.
ESPERE AQUÍ, MAESTRO WINDU. TRAERÉ A LOS DEMÁS CON USTED Y PODREMOS EMPEZAR.

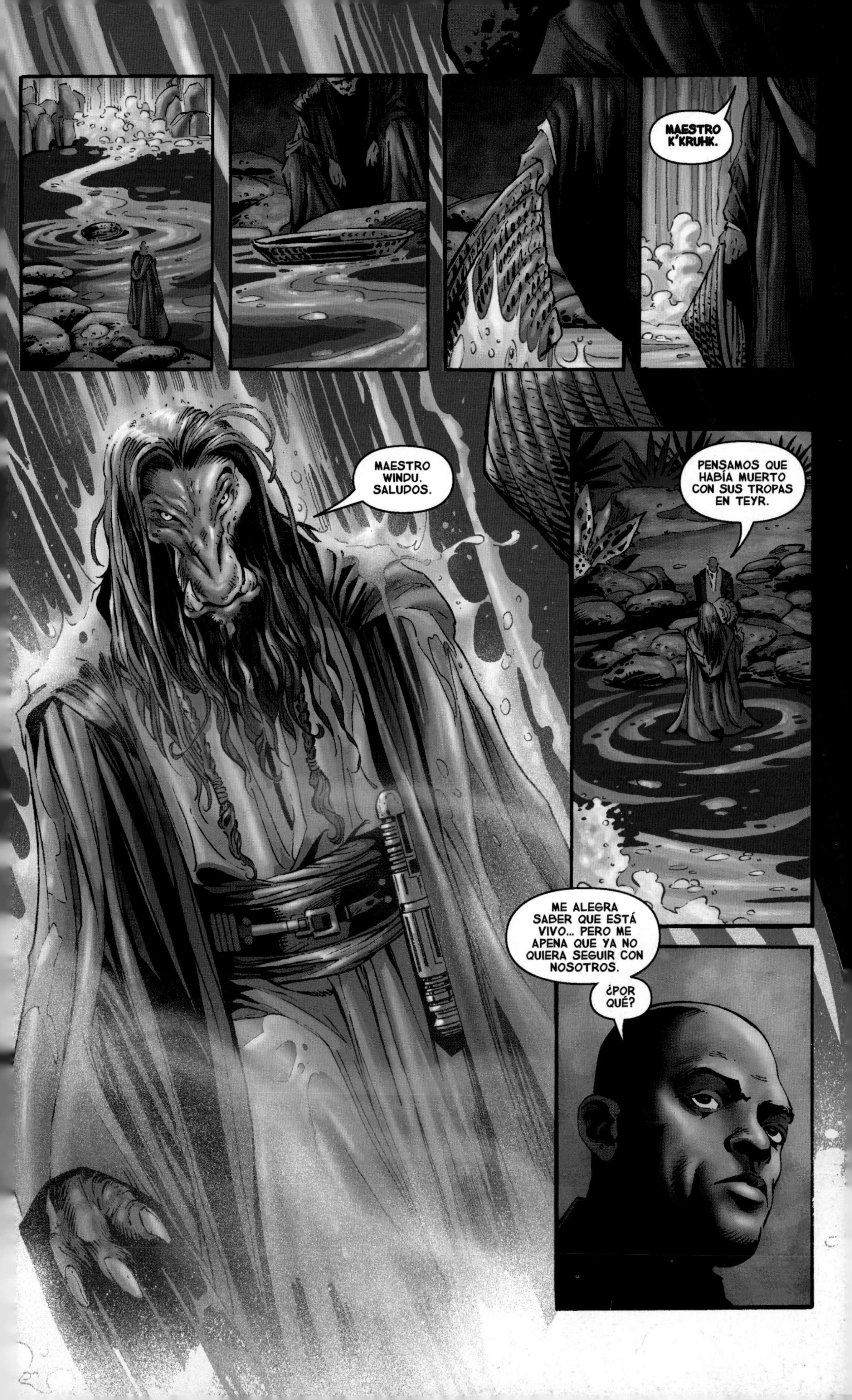
MAESTRO K'KRUHK.
MAESTRO WINDU. SALUDOS.
PENSAMOS QUE HABÍA MUERTO CON SUS TROPAS EN TEYR.
ME ALEGRA SABER QUE ESTÁ VIVO... PERO ME APENA QUE YA NO QUIERA SEGUIR CON NOSOTROS.
¿POR QUÉ?

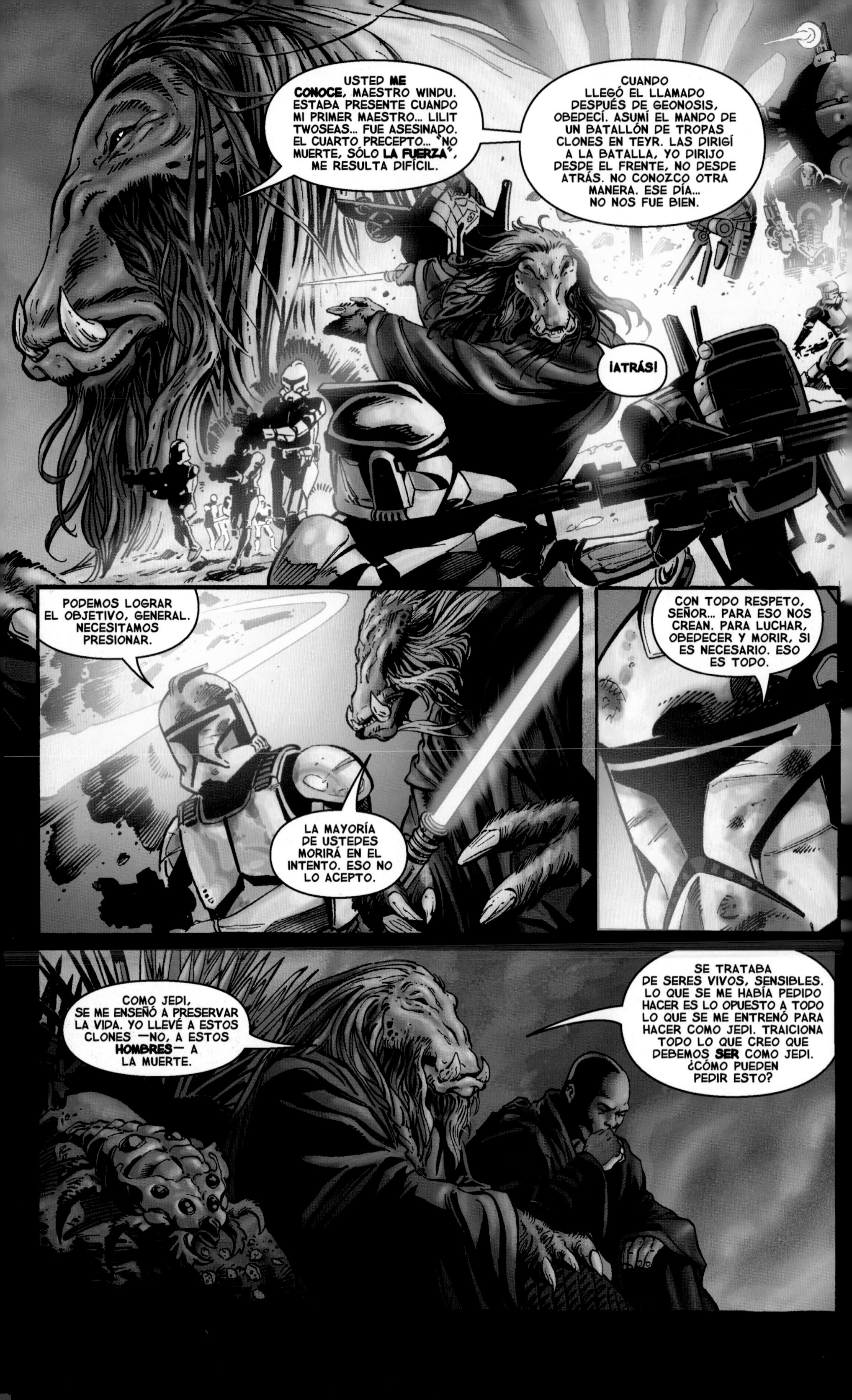
USTED ME CONOCE, MAESTRO WINDU. ESTABA PRESENTE CUANDO MI PRIMER MAESTRO... LILIT TWOSEAS... FUE ASESINADO. EL CUARTO PRECEPTO... "NO MUERTE, SÓLO LA FUERZA", ME RESULTA DIFÍCIL.
CUANDO LLEGÓ EL LLAMADO DESPUÉS DE GEONOSIS, OBEDECÍ. ASUMÍ EL MANDO DE UN BATALLÓN DE TROPAS CLONES EN TEYR. LAS DIRIGÍ A LA BATALLA, YO DIRIJO DESDE EL FRENTE, NO DESDE ATRÁS. NO CONOZCO OTRA MANERA. ESE DÍA... NO NOS FUE BIEN.
¡ATRÁS!
PODEMOS LOGRAR EL OBJETIVO, GENERAL. NECESITAMOS PRESIONAR.
LA MAYORÍA DE USTEDES MORIRÁ EN EL INTENTO. ESO NO LO ACEPTO.
CON TODO RESPETO, SEÑOR... PARA ESO NOS CREAN. PARA LUCHAR, OBEDECER Y MORIR, SI ES NECESARIO. ESO ES TODO.
COMO JEDI, SE ME ENSEÑÓ A PRESERVAR LA VIDA. YO LLEVÉ A ESTOS CLONES —NO, A ESTOS HOMBRES— A LA MUERTE.
SE TRATABA DE SERES VIVOS, SENSIBLES. LO QUE SE ME HABÍA PEDIDO HACER ES LO OPUESTO A TODO LO QUE SE ME ENTRENÓ PARA HACER COMO JEDI. TRAICIONA TODO LO QUE CREO QUE DEBEMOS SER COMO JEDI. ¿CÓMO PUEDEN PEDIR ESTO?

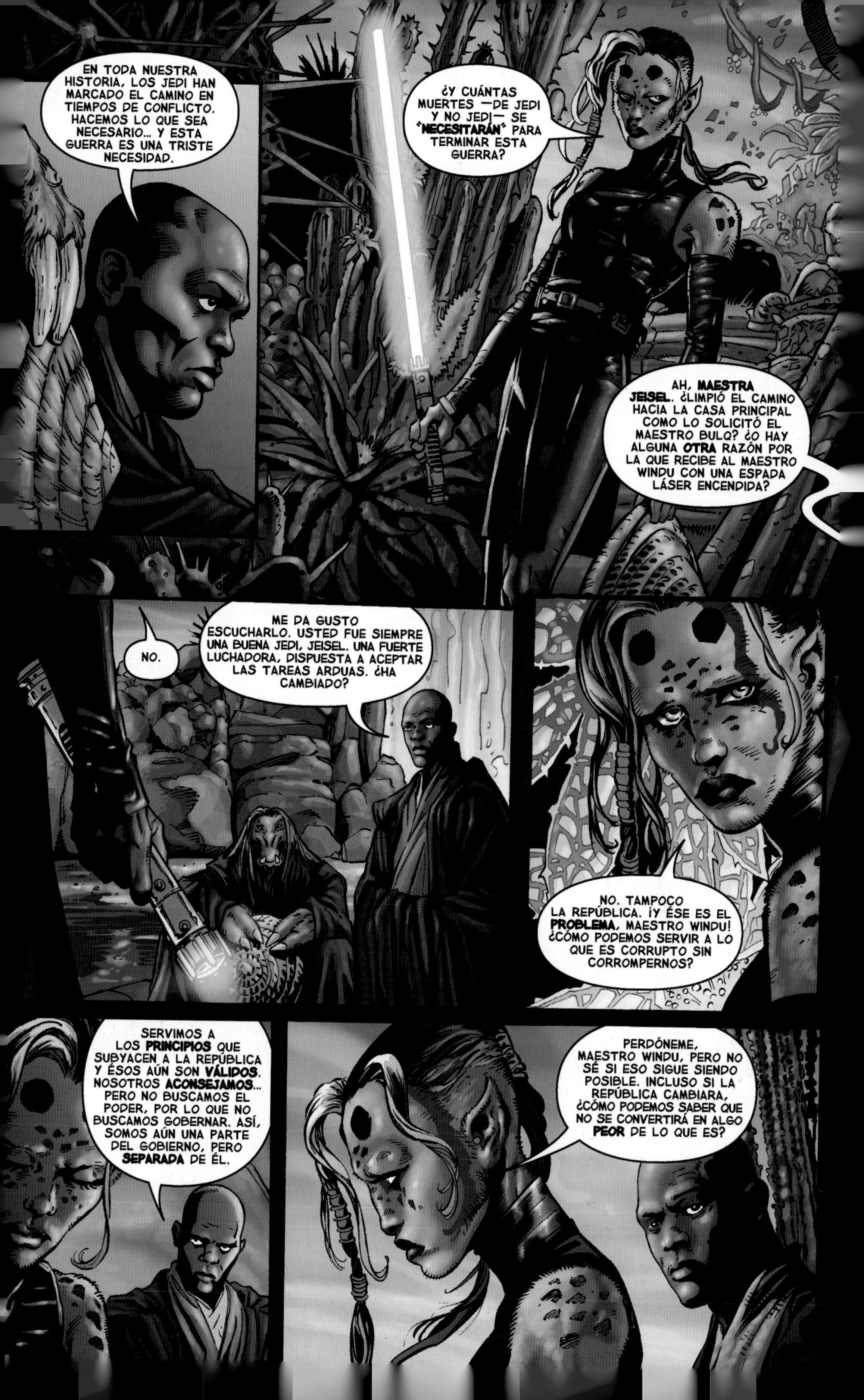
EN TODA NUESTRA HISTORIA, LOS JEDI HAN MARCADO EL CAMINO EN TIEMPOS DE CONFLICTO. HACEMOS LO QUE SEA NECESARIO... Y ESTA GUERRA ES UNA TRISTE NECESIDAD.
¿Y CUÁNTAS MUERTES —DE JEDI Y NO JEDI— SE "NECESITARÁN" PARA TERMINAR ESTA GUERRA?
AH, MAESTRA JEISEL. ¿LIMPIÓ EL CAMINO HACIA LA CASA PRINCIPAL COMO LO SOLICITÓ EL MAESTRO BULQ? ¿O HAY ALGUNA OTRA RAZÓN POR LA QUE RECIBE AL MAESTRO WINDU CON UNA ESPADA LÁSER ENCENDIDA?
NO.
ME DA GUSTO ESCUCHARLO. USTED FUE SIEMPRE UNA BUENA JEDI, JEISEL. UNA FUERTE LUCHADORA, DISPUESTA A ACEPTAR LAS TAREAS ARDUAS. ¿HA CAMBIADO?
NO. TAMPOCO LA REPÚBLICA. ¡Y ÉSE ES EL PROBLEMA, MAESTRO WINDU! ¿CÓMO PODEMOS SERVIR A LO QUE ES CORRUPTO SIN CORROMPERNOS?
SERVIMOS A LOS PRINCIPIOS QUE SUBYACEN A LA REPÚBLICA Y ÉSOS AÚN SON VÁLIDOS. NOSOTROS ACONSEJAMOS... PERO NO BUSCAMOS EL PODER, POR LO QUE NO BUSCAMOS GOBERNAR. ASÍ, SOMOS AÚN UNA PARTE DEL GOBIERNO, PERO SEPARADA DE ÉL.
PERDÓNEME, MAESTRO WINDU, PERO NO SÉ SI ESO SIGUE SIENDO POSIBLE. INCLUSO SI LA REPÚBLICA CAMBIARA, ¿CÓMO PODEMOS SABER QUE NO SE CONVERTIRÁ EN ALGO PEOR DE LO QUE ES?

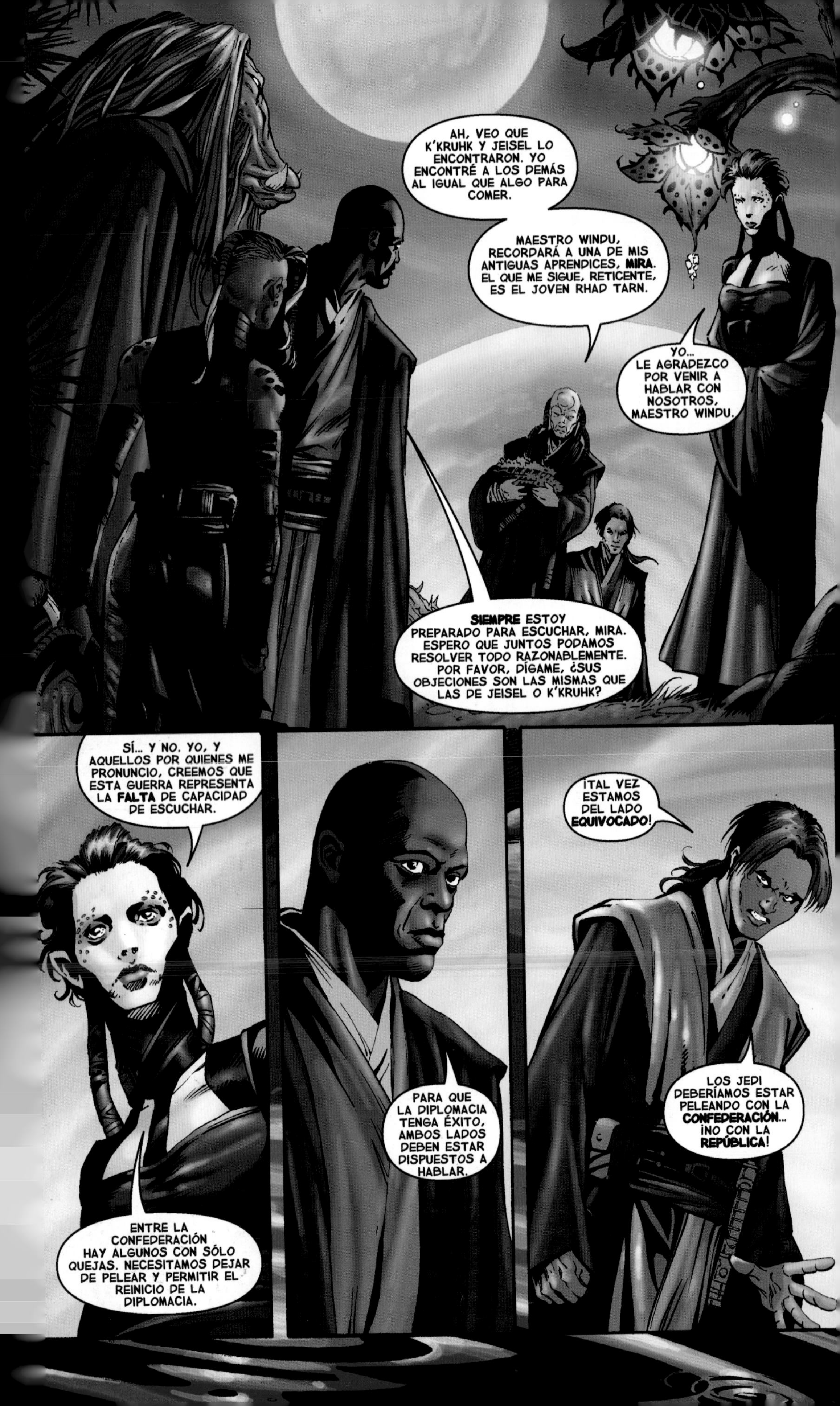
AH, VEO QUE K'KRUHK Y JEISEL LO ENCONTRARON. YO ENCONTRÉ A LOS DEMÁS AL IGUAL QUE ALGO PARA COMER.
MAESTRO WINDU, RECORDARÁ A UNA DE MIS ANTIGUAS APRENDICES, MIRA. EL QUE ME SIGUE, RETICENTE, ES EL JOVEN RHAD TARN.
YO... LE AGRADEZCO POR VENIR A HABLAR CON NOSOTROS, MAESTRO WINDU.
SIEMPRE ESTOY PREPARADO PARA ESCUCHAR, MIRA. ESPERO QUE JUNTOS PODAMOS RESOLVER TODO RAZONABLEMENTE. POR FAVOR, DÍGAME, ¿SUS OBJECIONES SON LAS MISMAS QUE LAS DE JEISEL O K'KRUHK?
SÍ... Y NO. YO, Y AQUELLOS POR QUIENES ME PRONUNCIO, CREEMOS QUE ESTA GUERRA REPRESENTA LA FALTA DE CAPACIDAD DE ESCUCHAR.
ENTRE LA CONFEDERACIÓN HAY ALGUNOS CON SÓLO QUEJAS. NECESITAMOS DEJAR DE PELEAR Y PERMITIR EL REINICIO DE LA DIPLOMACIA.
PARA QUE LA DIPLOMACIA TENGA ÉXITO, AMBOS LADOS DEBEN ESTAR DISPUESTOS A HABLAR.
¡TAL VEZ ESTAMOS DEL LADO EQUIVOCADO!
LOS JEDI DEBERÍAMOS ESTAR PELEANDO CON LA CONFEDERACIÓN... ¡NO CON LA REPÚBLICA!

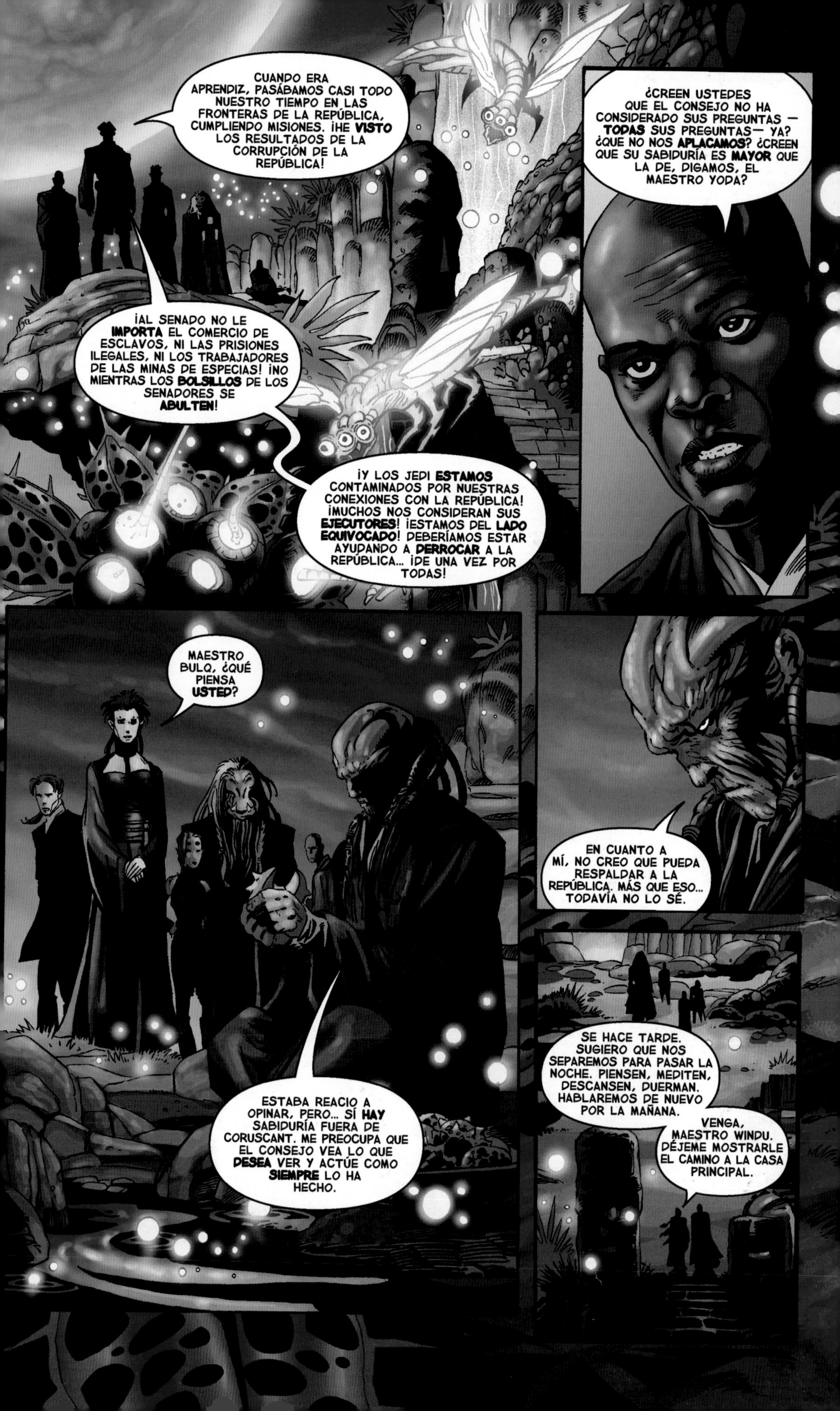
CUANDO ERA APRENDIZ, PASÁBAMOS CASI TODO NUESTRO TIEMPO EN LAS FRONTERAS DE LA REPÚBLICA, CUMPLIENDO MISIONES. ¡HE VISTO LOS RESULTADOS DE LA CORRUPCIÓN DE LA REPÚBLICA!
¡AL SENADO NO LE IMPORTA EL COMERCIO DE ESCLAVOS, NI LAS PRISIONES ILEGALES, NI LOS TRABAJADORES DE LAS MINAS DE ESPECIAS! ¡NO MIENTRAS LOS BOLSILLOS DE LOS SENADORES SE ABULTEN!
¡Y LOS JEDI ESTAMOS CONTAMINADOS POR NUESTRAS CONEXIONES CON LA REPÚBLICA! ¡MUCHOS NOS CONSIDERAN SUS EJECUTORES! ¡ESTAMOS DEL LADO EQUIVOCADO! DEBERÍAMOS ESTAR AYUDANDO A DERROCAR A LA REPÚBLICA... ¡DE UNA VEZ POR TODAS!
¿CREEN USTEDES QUE EL CONSEJO NO HA CONSIDERADO SUS PREGUNTAS — TODAS SUS PREGUNTAS— YA? ¿QUE NO NOS APLACAMOS? ¿CREEN QUE SU SABIDURÍA ES MAYOR QUE LA DE, DIGAMOS, EL MAESTRO YODA?
MAESTRO BULQ, ¿QUÉ PIENSA USTED?
ESTABA REACIO A OPINAR, PERO... SÍ HAY SABIDURÍA FUERA DE CORUSCANT. ME PREOCUPA QUE EL CONSEJO VEA LO QUE DESEA VER Y ACTÚE COMO SIEMPRE LO HA HECHO.
EN CUANTO A MÍ, NO CREO QUE PUEDA RESPALDAR A LA REPÚBLICA. MÁS QUE ESO... TODAVÍA NO LO SÉ.
SE HACE TARDE. SUGIERO QUE NOS SEPAREMOS PARA PASAR LA NOCHE. PIENSEN, MEDITEN, DESCANSEN, DUERMAN. HABLAREMOS DE NUEVO POR LA MAÑANA.
VENGA, MAESTRO WINDU. DÉJEME MOSTRARLE EL CAMINO A LA CASA PRINCIPAL.

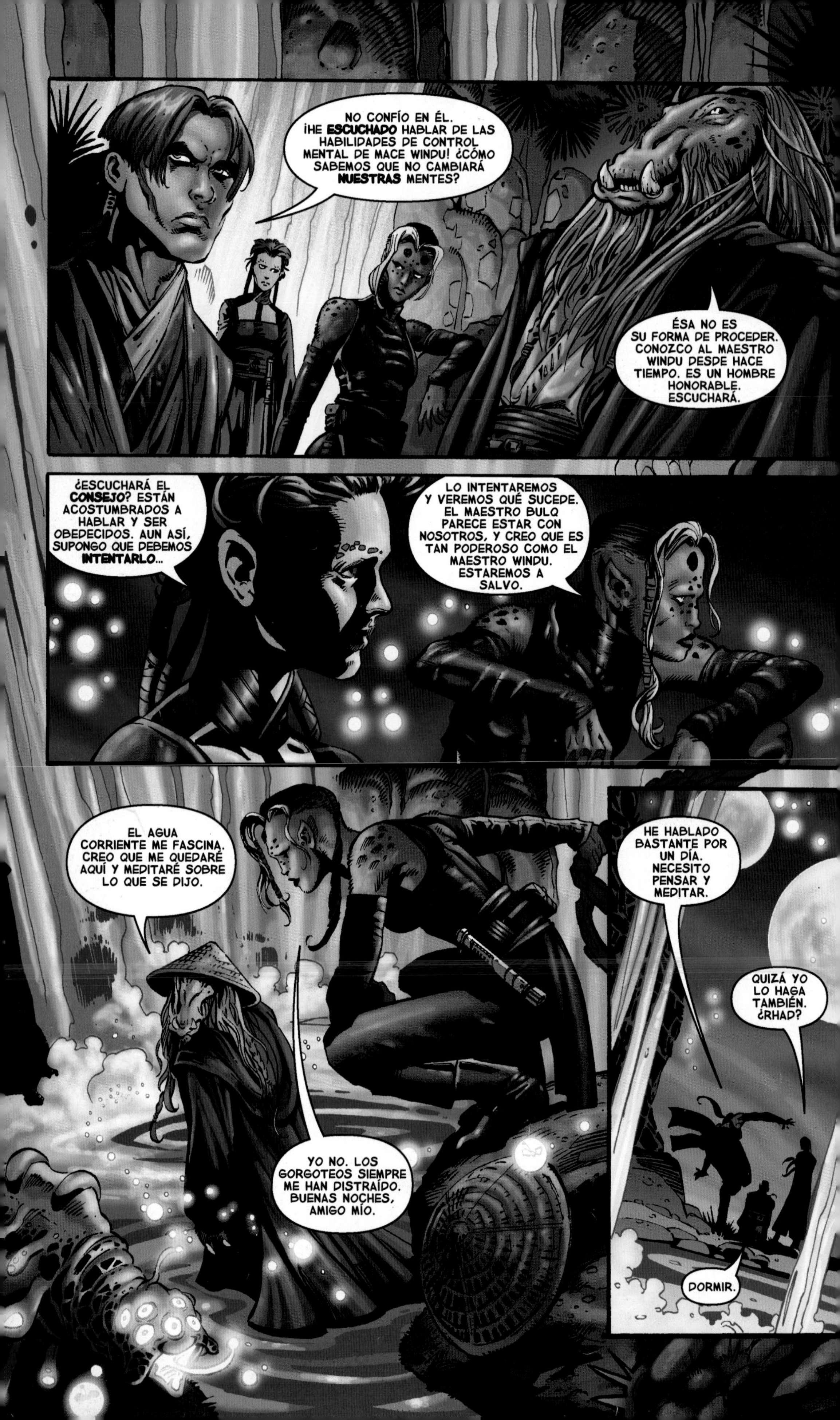
NO CONFÍO EN ÉL. ¡HE **ESCUCHADO** HABLAR DE LAS HABILIDADES DE CONTROL MENTAL DE MACE WINDU! ¿CÓMO SABEMOS QUE NO CAMBIARÁ **NUESTRAS** MENTES?
ÉSA NO ES SU FORMA DE PROCEDER. CONOZCO AL MAESTRO WINDU DESDE HACE TIEMPO. ES UN HOMBRE HONORABLE. ESCUCHARÁ.
¿ESCUCHARÁ EL **CONSEJO**? ESTÁN ACOSTUMBRADOS A HABLAR Y SER OBEDECIDOS. AUN ASÍ, SUPONGO QUE DEBEMOS **INTENTARLO**...
LO INTENTAREMOS Y VEREMOS QUÉ SUCEDE. EL MAESTRO BULQ PARECE ESTAR CON NOSOTROS, Y CREO QUE ES TAN PODEROSO COMO EL MAESTRO WINDU. ESTAREMOS A SALVO.
EL AGUA CORRIENTE ME FASCINA. CREO QUE ME QUEDARÉ AQUÍ Y MEDITARÉ SOBRE LO QUE SE DIJO.
YO NO. LOS GORGOTEOS SIEMPRE ME HAN DISTRAÍDO. BUENAS NOCHES, AMIGO MÍO.
HE HABLADO BASTANTE POR UN DÍA. NECESITO PENSAR Y MEDITAR.
QUIZÁ YO LO HAGA TAMBIÉN. ¿RHAD?
DORMIR.

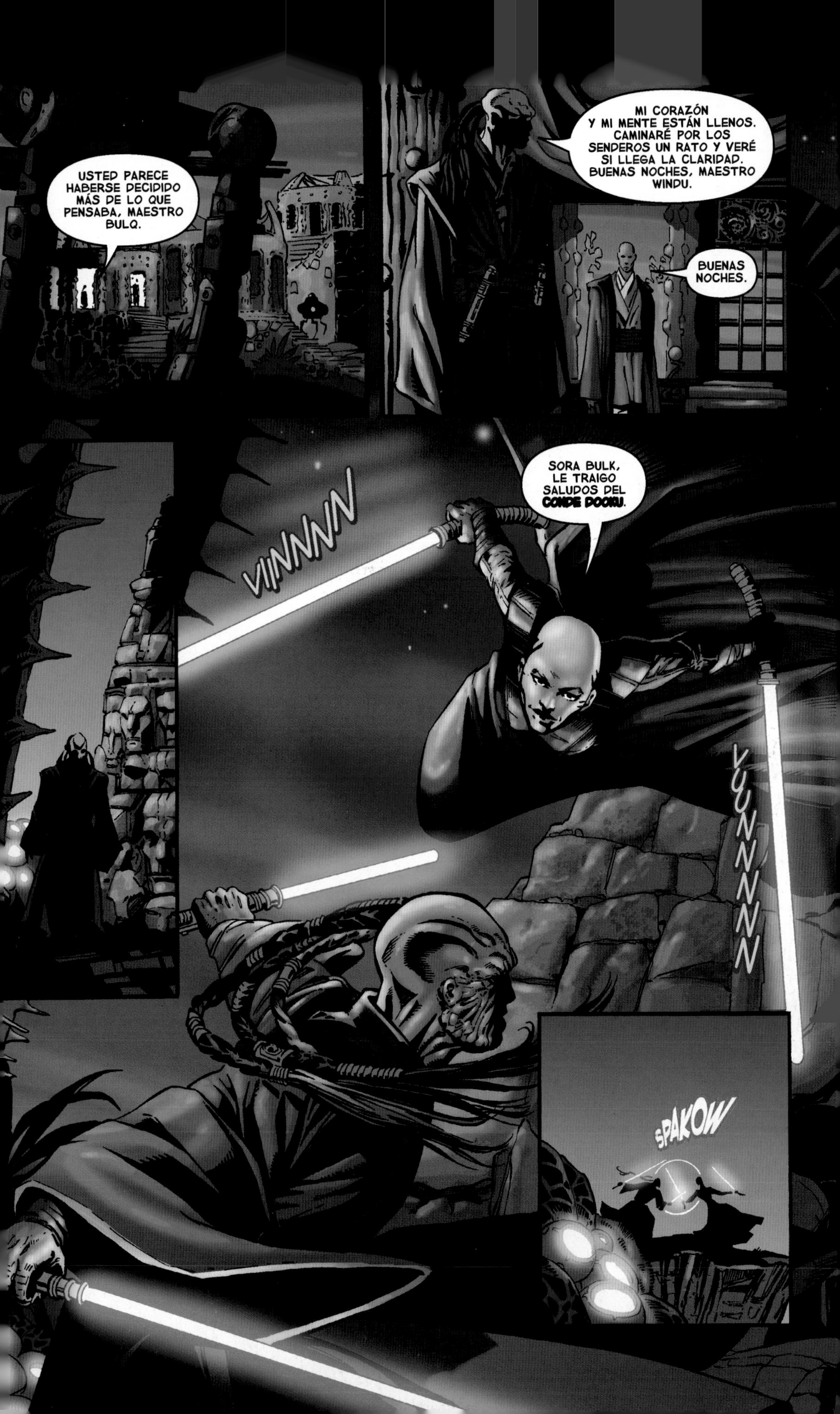
USTED PARECE HABERSE DECIDIDO MÁS DE LO QUE PENSABA, MAESTRO BULQ.
MI CORAZÓN Y MI MENTE ESTÁN LLENOS. CAMINARÉ POR LOS SENDEROS UN RATO Y VERÉ SI LLEGA LA CLARIDAD. BUENAS NOCHES, MAESTRO WINDU.
BUENAS NOCHES.
SORA BULK, LE TRAIGO SALUDOS DEL CONDE DOOKU.
VINNNN
VUUNNNNNN
SPAKOW

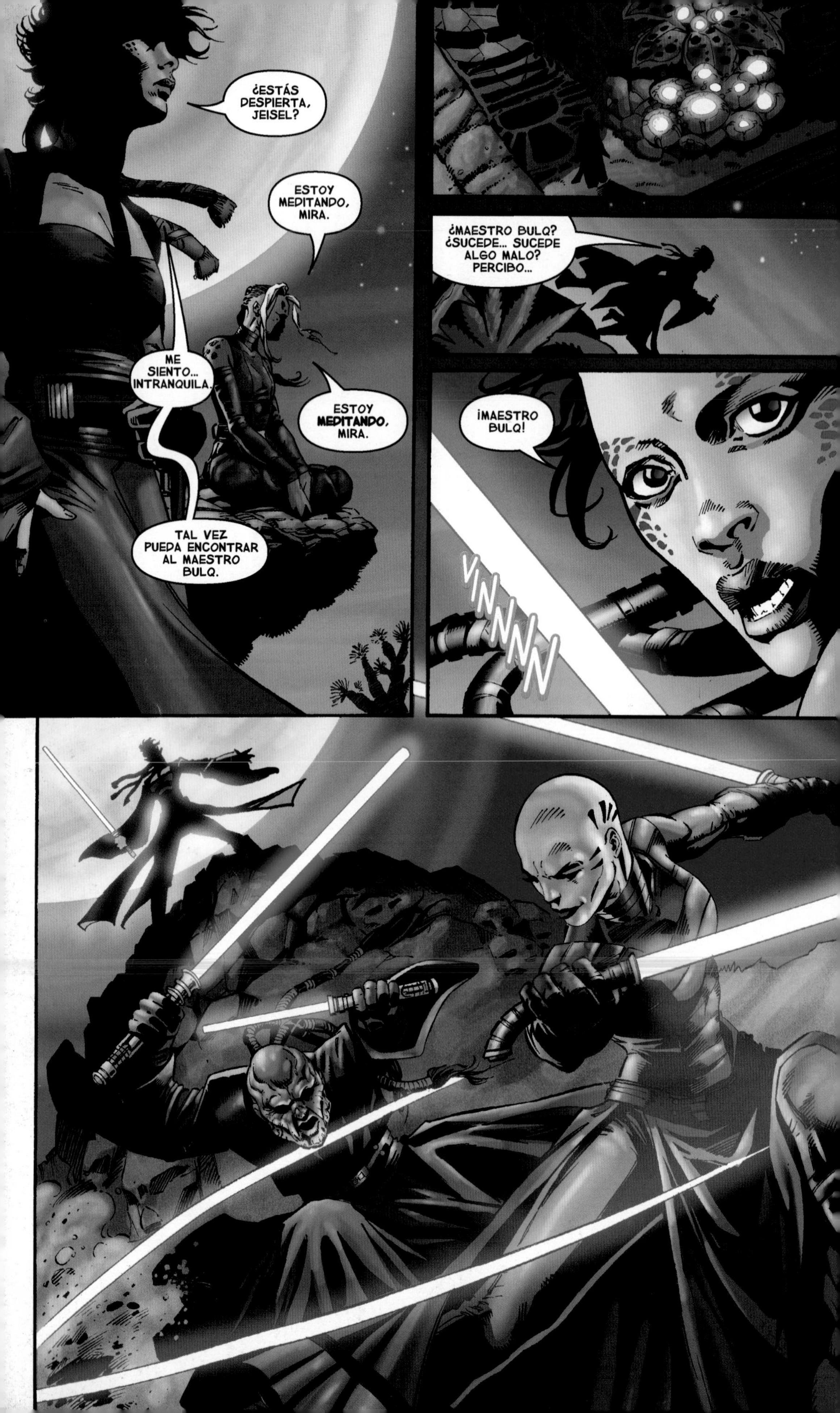
¿ESTÁS DESPIERTA, JEISEL?
ESTOY MEDITANDO, MIRA.
ME SIENTO... INTRANQUILA.
ESTOY **MEDITANDO**, MIRA.
TAL VEZ PUEDA ENCONTRAR AL MAESTRO BULQ.
¿MAESTRO BULQ? ¿SUCEDE... SUCEDE ALGO MALO? PERCIBO...
¡MAESTRO BULQ!
VNNNNN

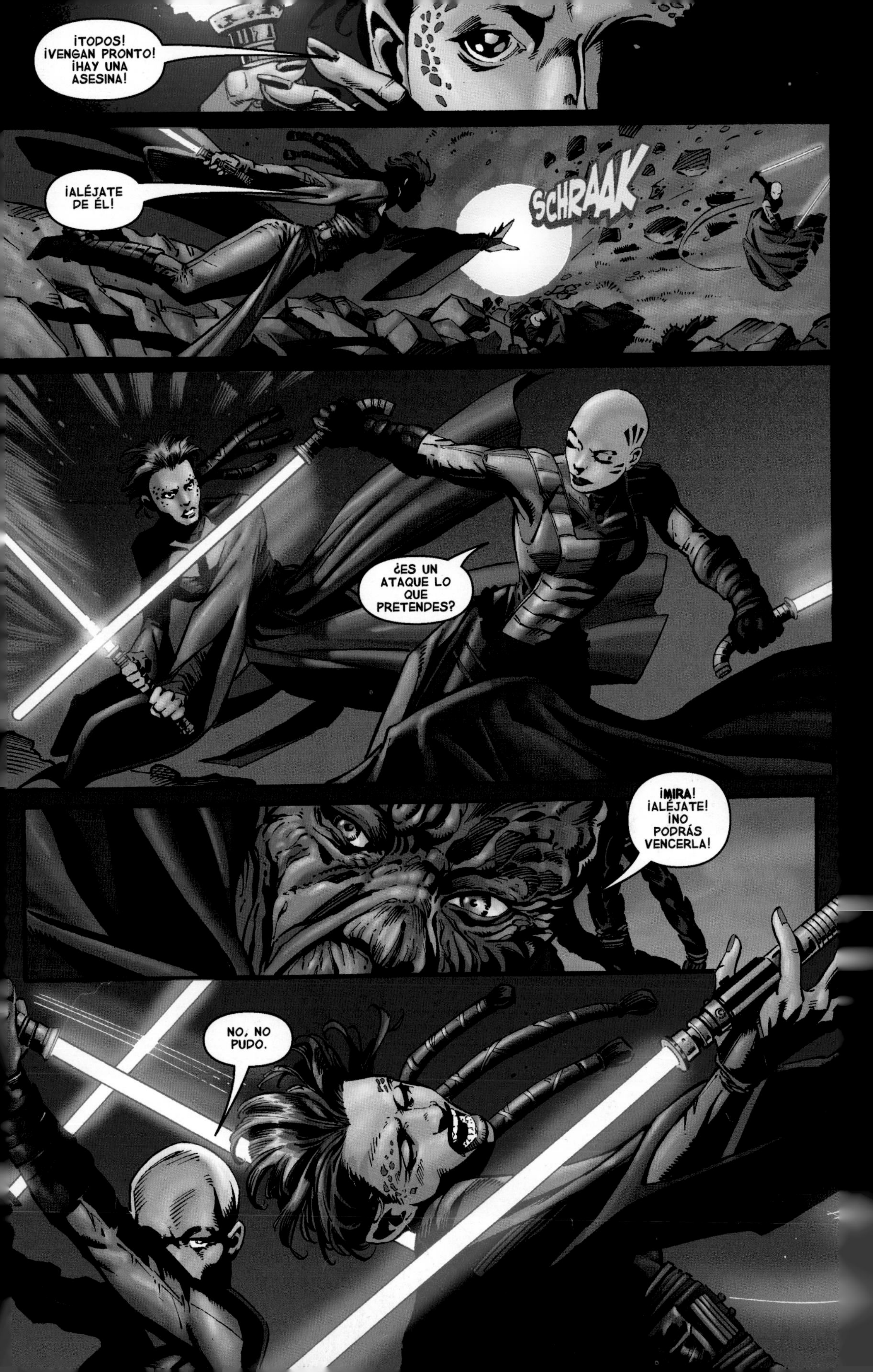
¡TODOS! ¡VENGAN PRONTO! ¡HAY UNA ASESINA!
¡ALÉJATE DE ÉL!
SCHRAAK
¿ES UN ATAQUE LO QUE PRETENDES?
¡MIRA! ¡ALÉJATE! ¡NO PODRÁS VENCERLA!
NO, NO PUDO.

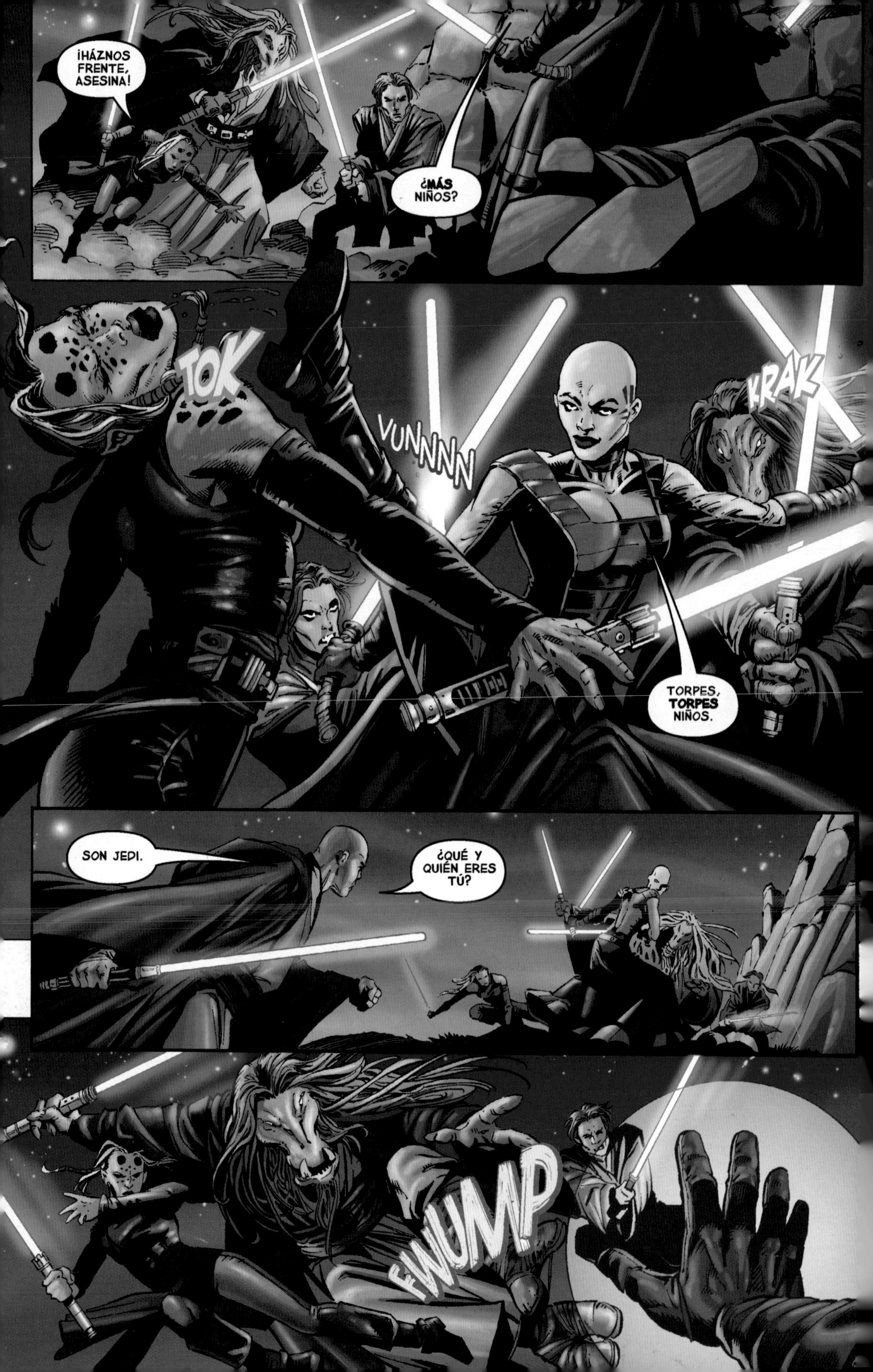
¡HÁZNOS FRENTE, ASESINA!
¿MÁS NIÑOS?
TOK
VUNNNNN
KRAK
TORPES, TORPES NIÑOS.
SON JEDI.
¿QUÉ Y QUIÉN ERES TÚ?
FWUMP

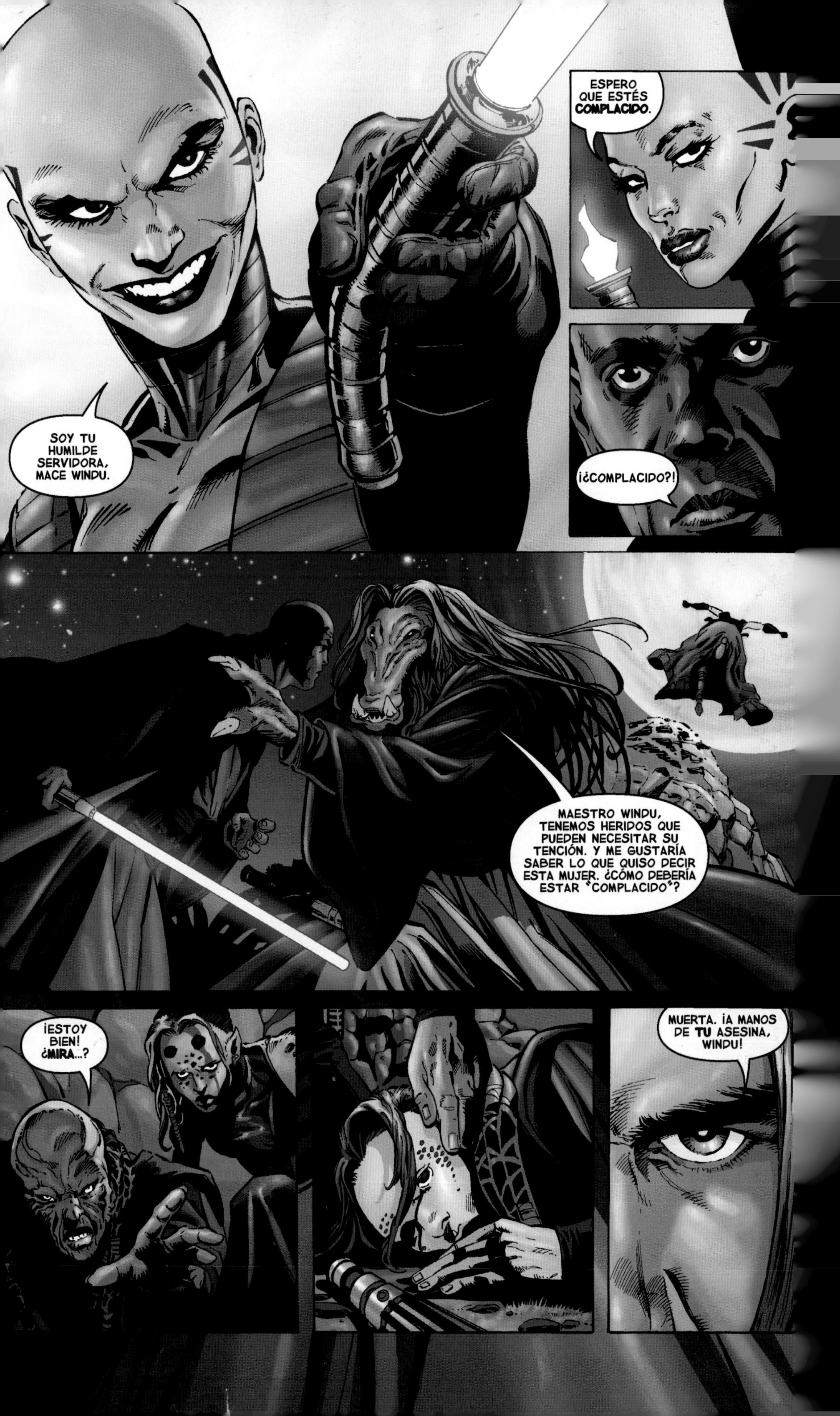
SOY TU HUMILDE SERVIDORA, MACE WINDU.
ESPERO QUE ESTÉS COMPLACIDO.
¡¿COMPLACIDO?!
MAESTRO WINDU, TENEMOS HERIDOS QUE PUEDEN NECESITAR SU TENCIÓN. Y ME GUSTARÍA SABER LO QUE QUISO DECIR ESTA MUJER. ¿CÓMO DEBERÍA ESTAR "COMPLACIDO"?
¡ESTOY BIEN! ¿MIRA...?
MUERTA. ¡A MANOS DE TU ASESINA, WINDU!

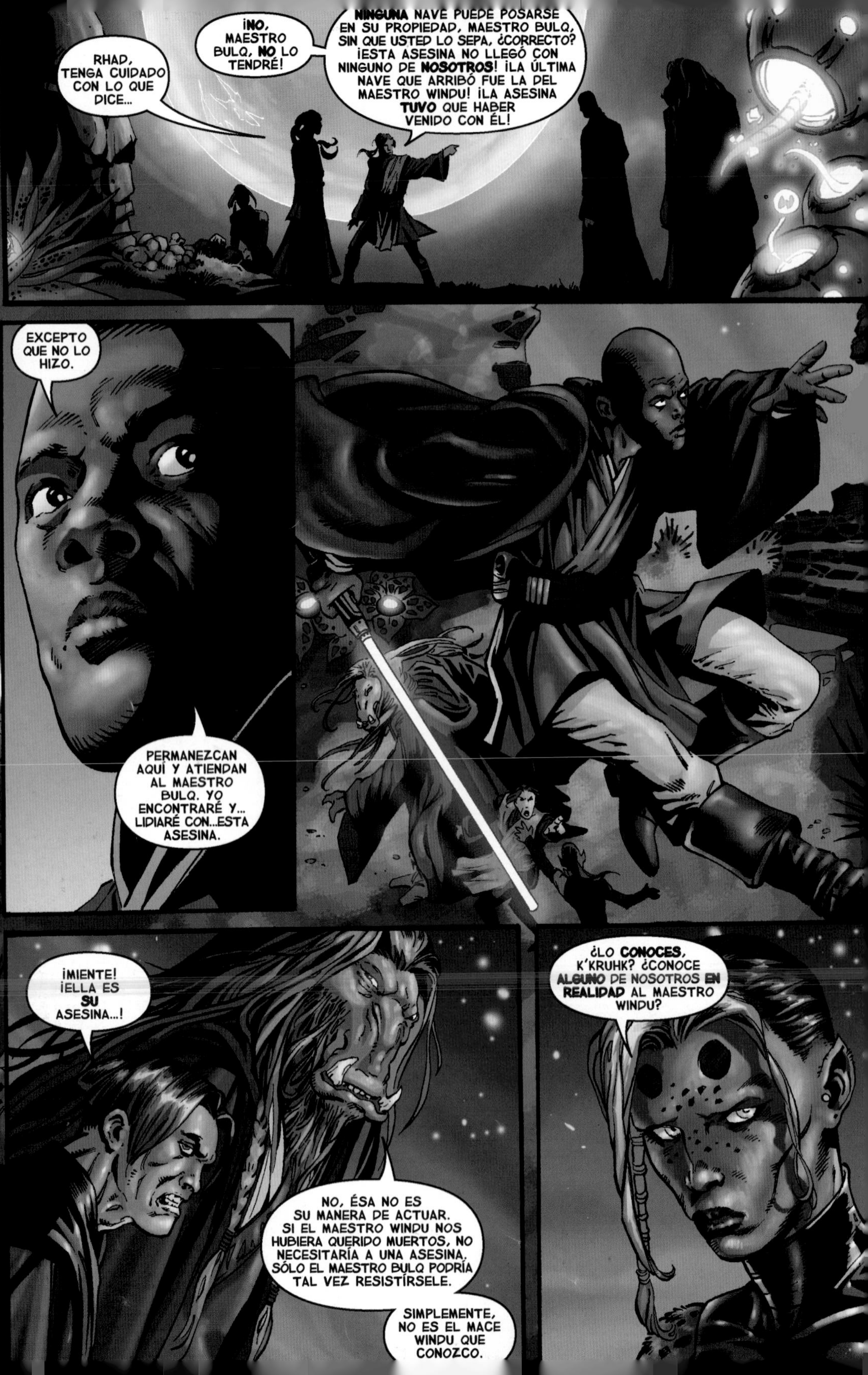
RHAD, TENGA CUIDADO CON LO QUE DICE...
¡NO, MAESTRO BULQ, NO LO TENDRÉ!
NINGUNA NAVE PUEDE POSARSE EN SU PROPIEDAD, MAESTRO BULQ, SIN QUE USTED LO SEPA, ¿CORRECTO? ¡ESTA ASESINA NO LLEGÓ CON NINGUNO DE NOSOTROS! ¡LA ÚLTIMA NAVE QUE ARRIBÓ FUE LA DEL MAESTRO WINDU! ¡LA ASESINA TUVO QUE HABER VENIDO CON ÉL!
EXCEPTO QUE NO LO HIZO.
PERMANEZCAN AQUÍ Y ATIENDAN AL MAESTRO BULQ. YO ENCONTRARÉ Y... LIDIARÉ CON...ESTA ASESINA.
¡MIENTE! ¡ELLA ES SU ASESINA...!
NO, ÉSA NO ES SU MANERA DE ACTUAR. SI EL MAESTRO WINDU NOS HUBIERA QUERIDO MUERTOS, NO NECESITARÍA A UNA ASESINA. SÓLO EL MAESTRO BULQ PODRÍA TAL VEZ RESISTÍRSELE.
SIMPLEMENTE, NO ES EL MACE WINDU QUE CONOZCO.
¿LO CONOCES, K'KRUHK? ¿CONOCE ALGUNO DE NOSOTROS EN REALIDAD AL MAESTRO WINDU?

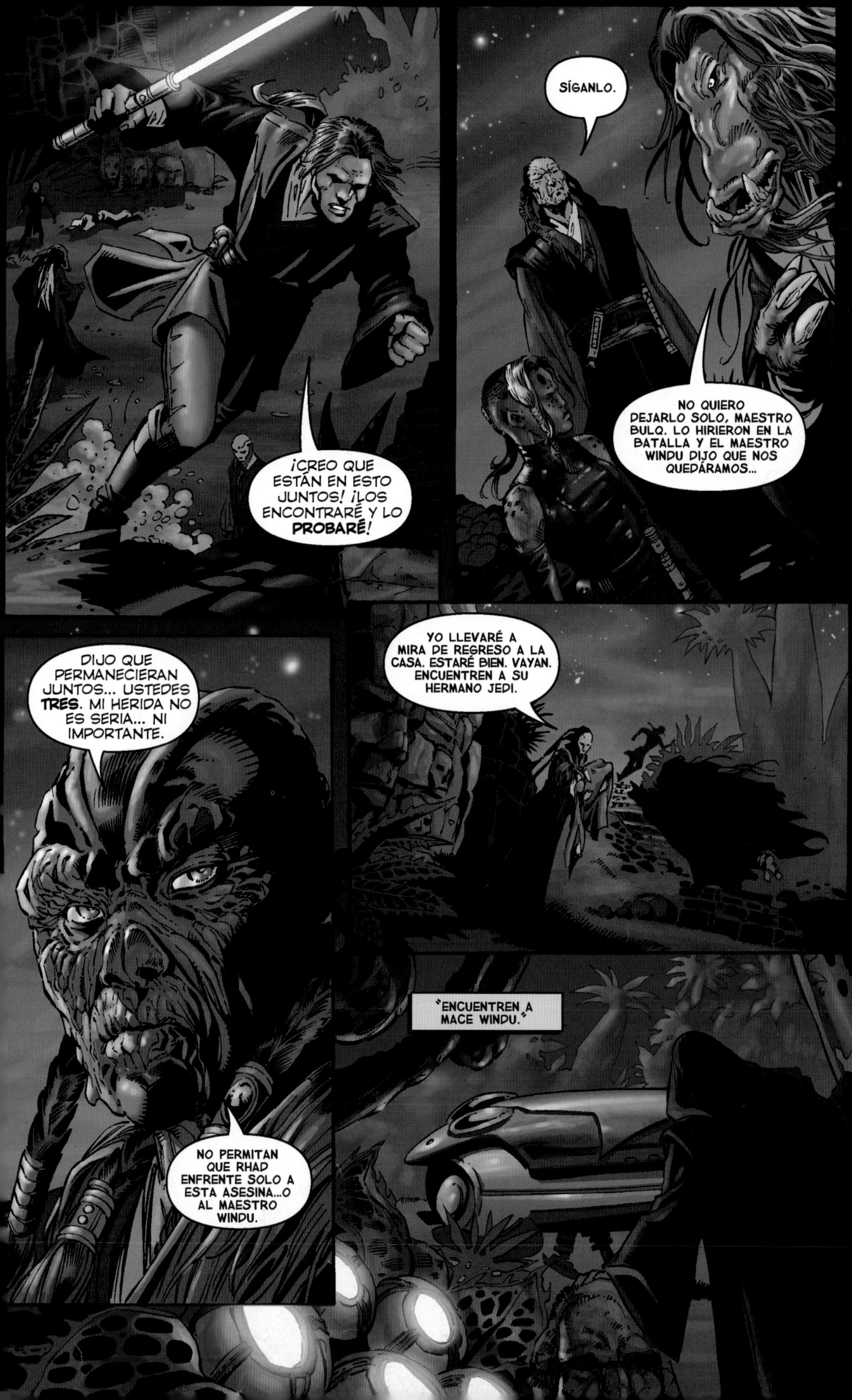
¡CREO QUE ESTÁN EN ESTO JUNTOS! ¡LOS ENCONTRARÉ Y LO PROBARÉ!
SÍGANLO.
NO QUIERO DEJARLO SOLO, MAESTRO BULQ. LO HIRIERON EN LA BATALLA Y EL MAESTRO WINDU DIJO QUE NOS QUEDÁRAMOS...
DIJO QUE PERMANECIERAN JUNTOS... USTEDES TRES. MI HERIDA NO ES SERIA... NI IMPORTANTE.
NO PERMITAN QUE RHAD ENFRENTE SOLO A ESTA ASESINA...O AL MAESTRO WINDU.
YO LLEVARÉ A MIRA DE REGRESO A LA CASA. ESTARÉ BIEN. VAYAN. ENCUENTREN A SU HERMANO JEDI.
"ENCUENTREN A MACE WINDU."

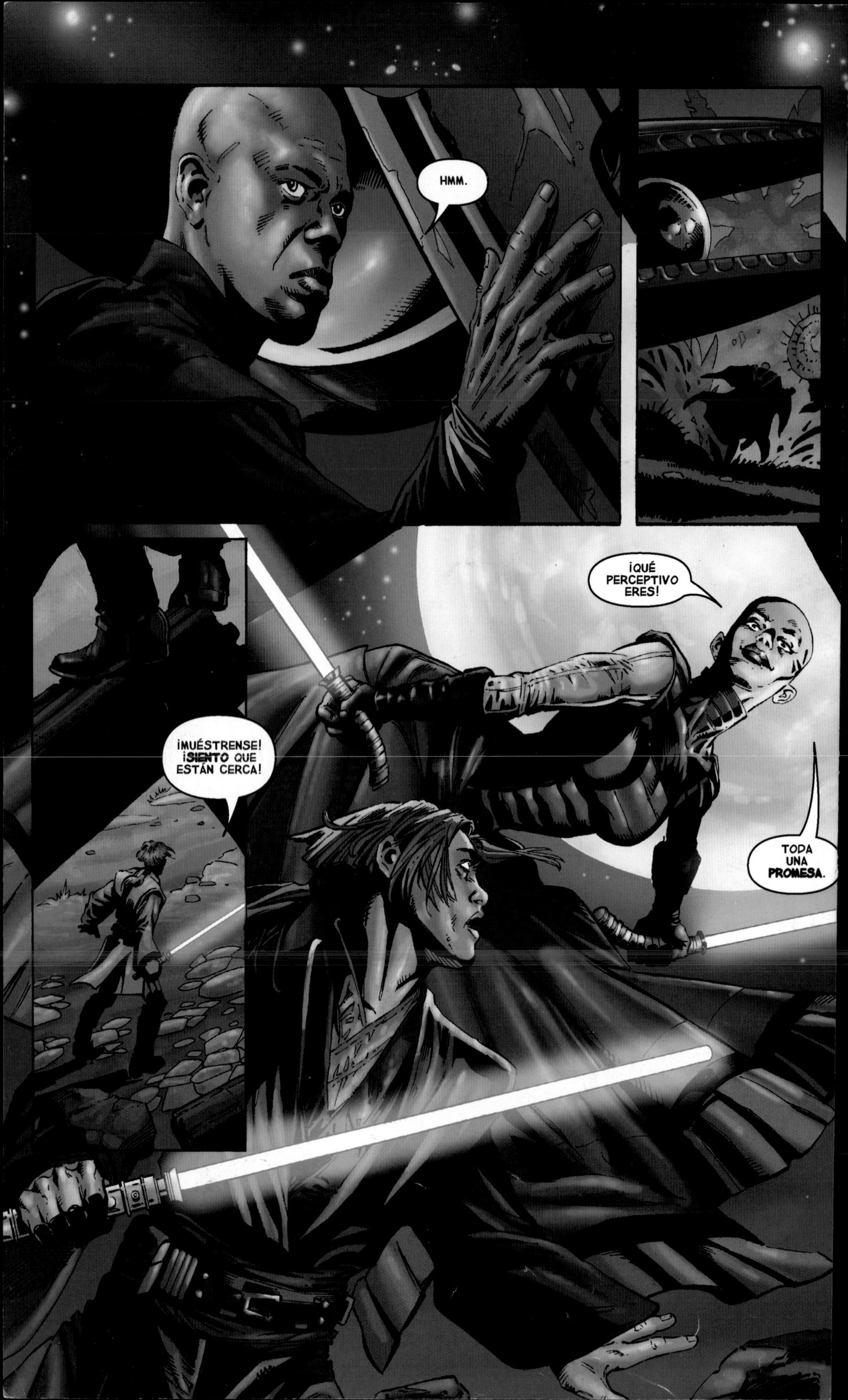
HMM.
¡QUÉ PERCEPTIVO ERES!
¡MUÉSTRENSE! ¡SIENTO QUE ESTÁN CERCA!
TODA UNA PROMESA.

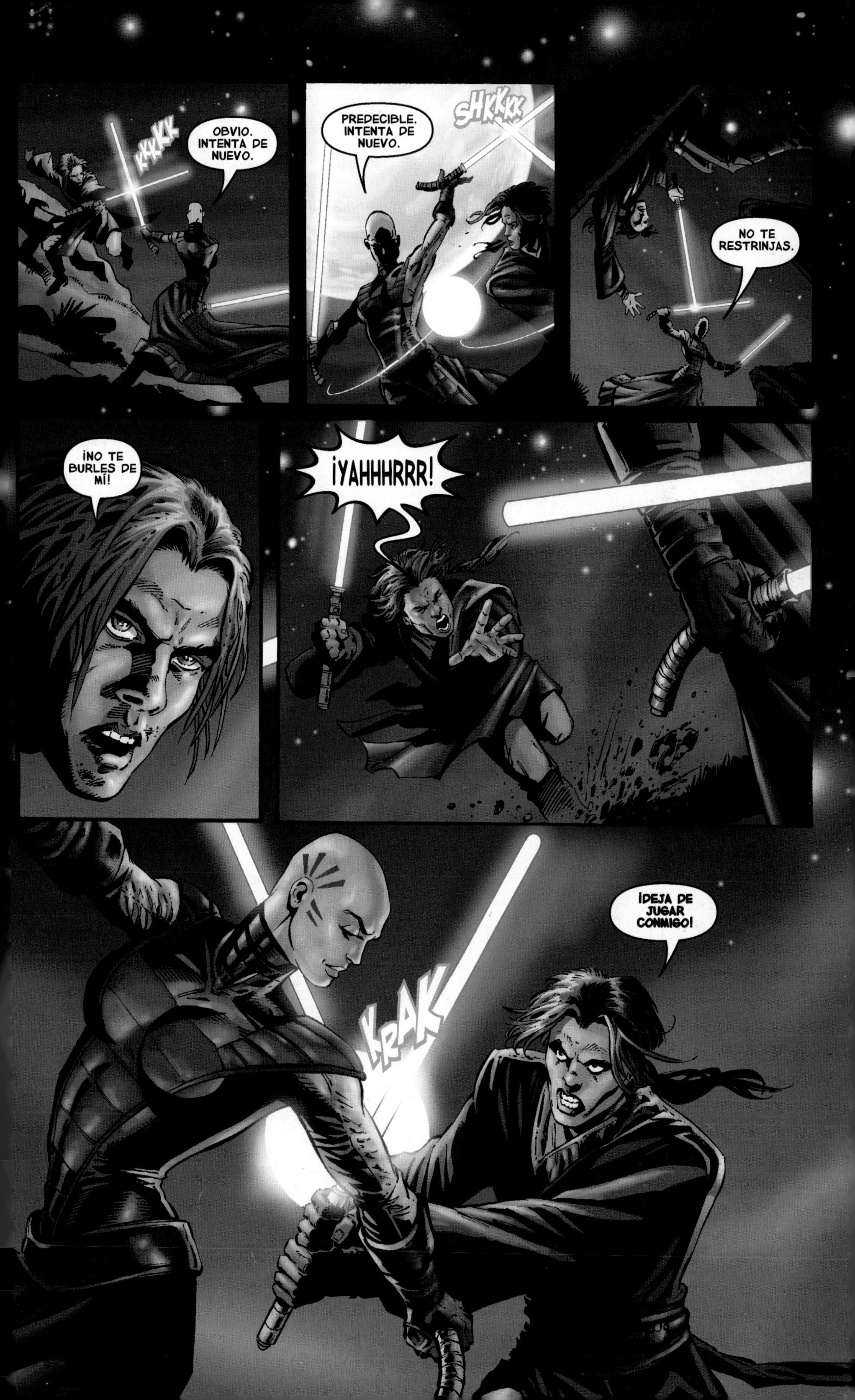
KKKKK
OBVIO. INTENTA DE NUEVO.
SHKKKK
PREDECIBLE. INTENTA DE NUEVO.
NO TE RESTRINJAS.
¡NO TE BURLES DE MÍ!
¡YAHHHRRR!
¡DEJA DE JUGAR CONMIGO!
KRAK

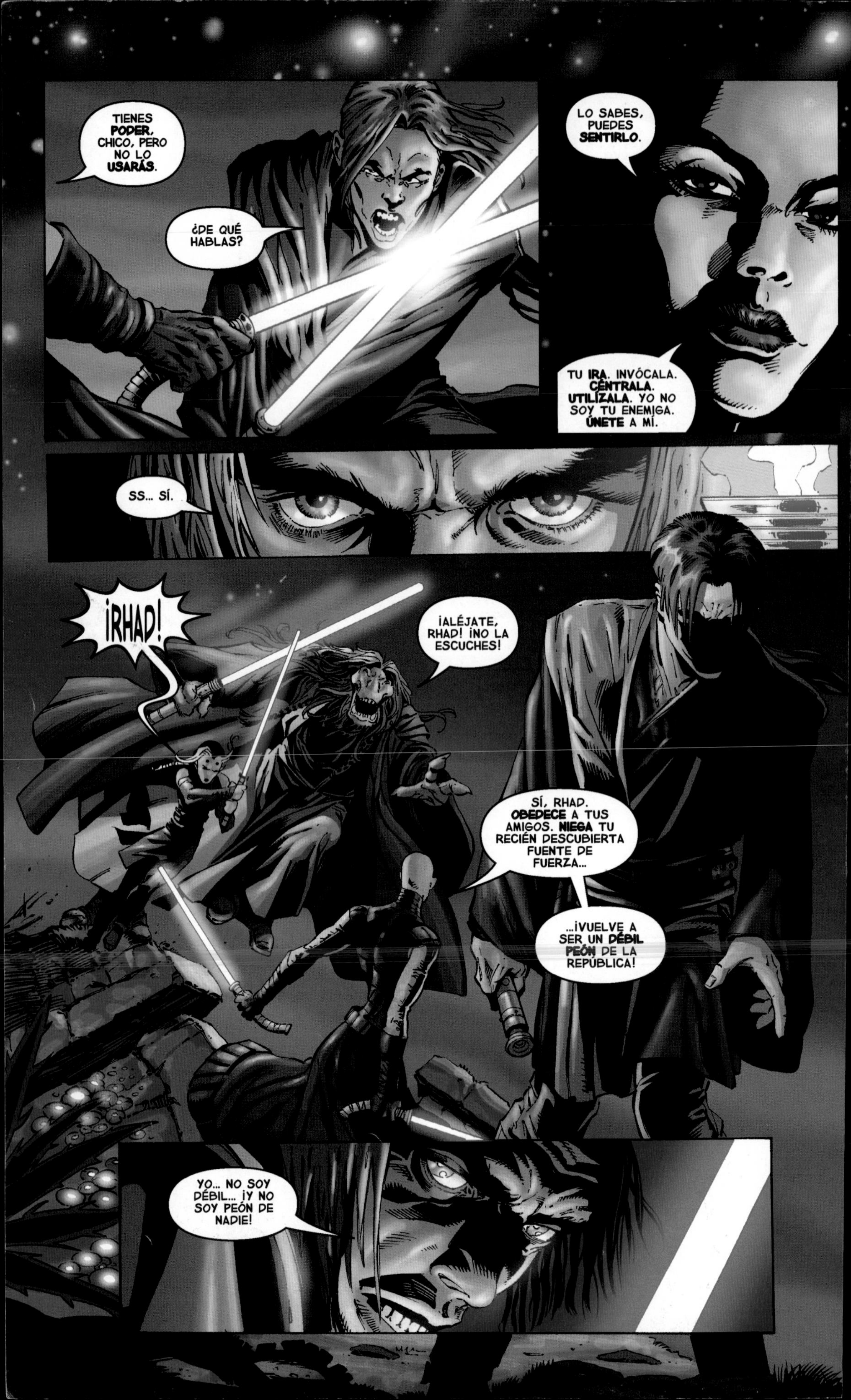
TIENES **PODER**, CHICO, PERO NO LO **USARÁS**.
¿DE QUÉ HABLAS?
LO SABES, PUEDES **SENTIRLO**.
TU **IRA**. INVÓCALA. **CÉNTRALA**. **UTILÍZALA**. YO NO SOY TU ENEMIGA. **ÚNETE** A MÍ.
SS... SÍ.
¡RHAD!
¡ALÉJATE, RHAD! ¡NO LA ESCUCHES!
SÍ, RHAD. **OBEDECE** A TUS AMIGOS. **NIEGA** TU RECIÉN DESCUBIERTA FUENTE DE FUERZA...
...¡VUELVE A SER UN **DÉBIL PEÓN** DE LA REPÚBLICA!
YO... NO SOY DÉBIL... ¡Y NO SOY PEÓN DE NADIE!

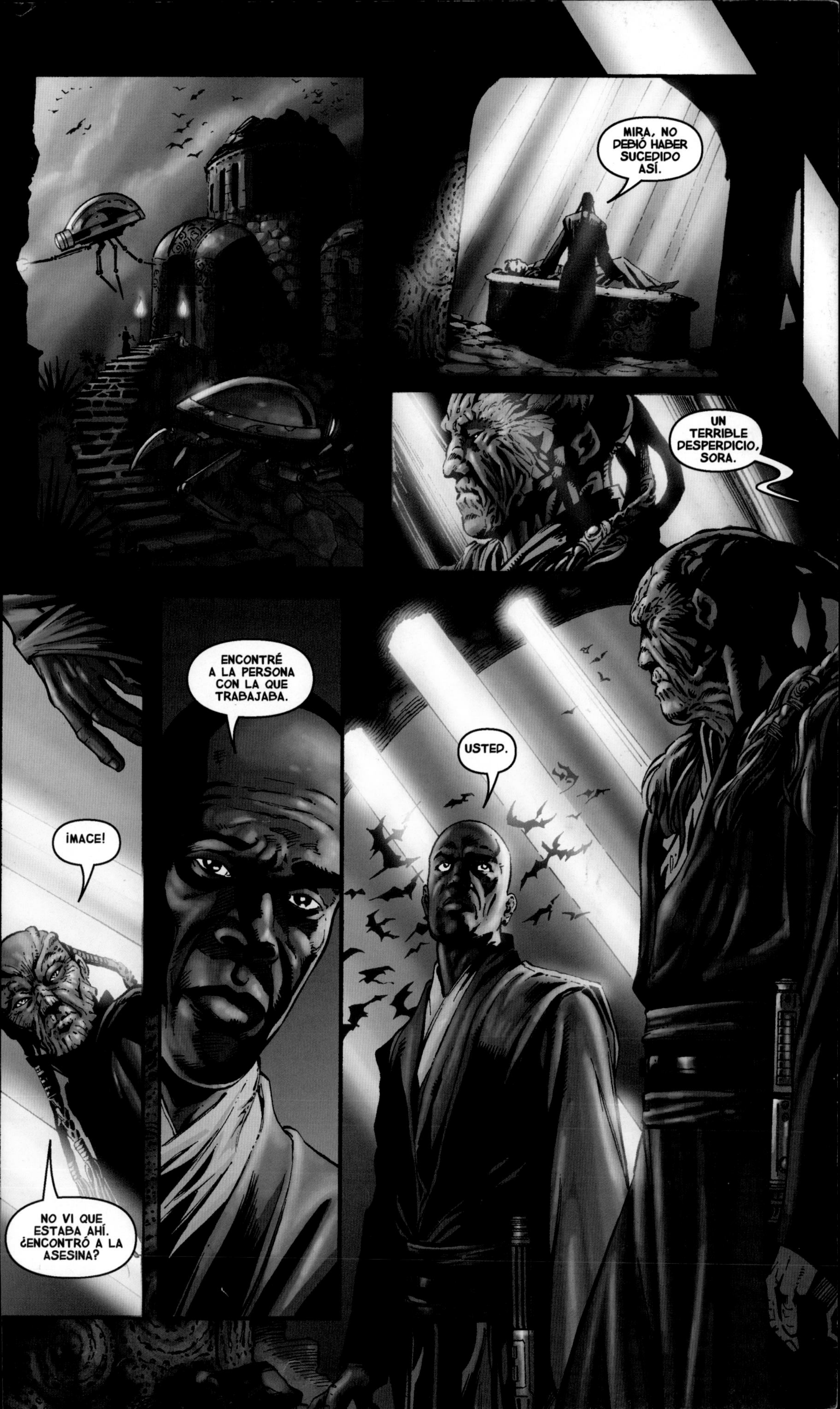
MIRA, NO DEBIÓ HABER SUCEDIDO ASÍ.
UN TERRIBLE DESPERDICIO, SORA.
¡MACE!
NO VI QUE ESTABA AHÍ. ¿ENCONTRÓ A LA ASESINA?
ENCONTRÉ A LA PERSONA CON LA QUE TRABAJABA.
USTED.

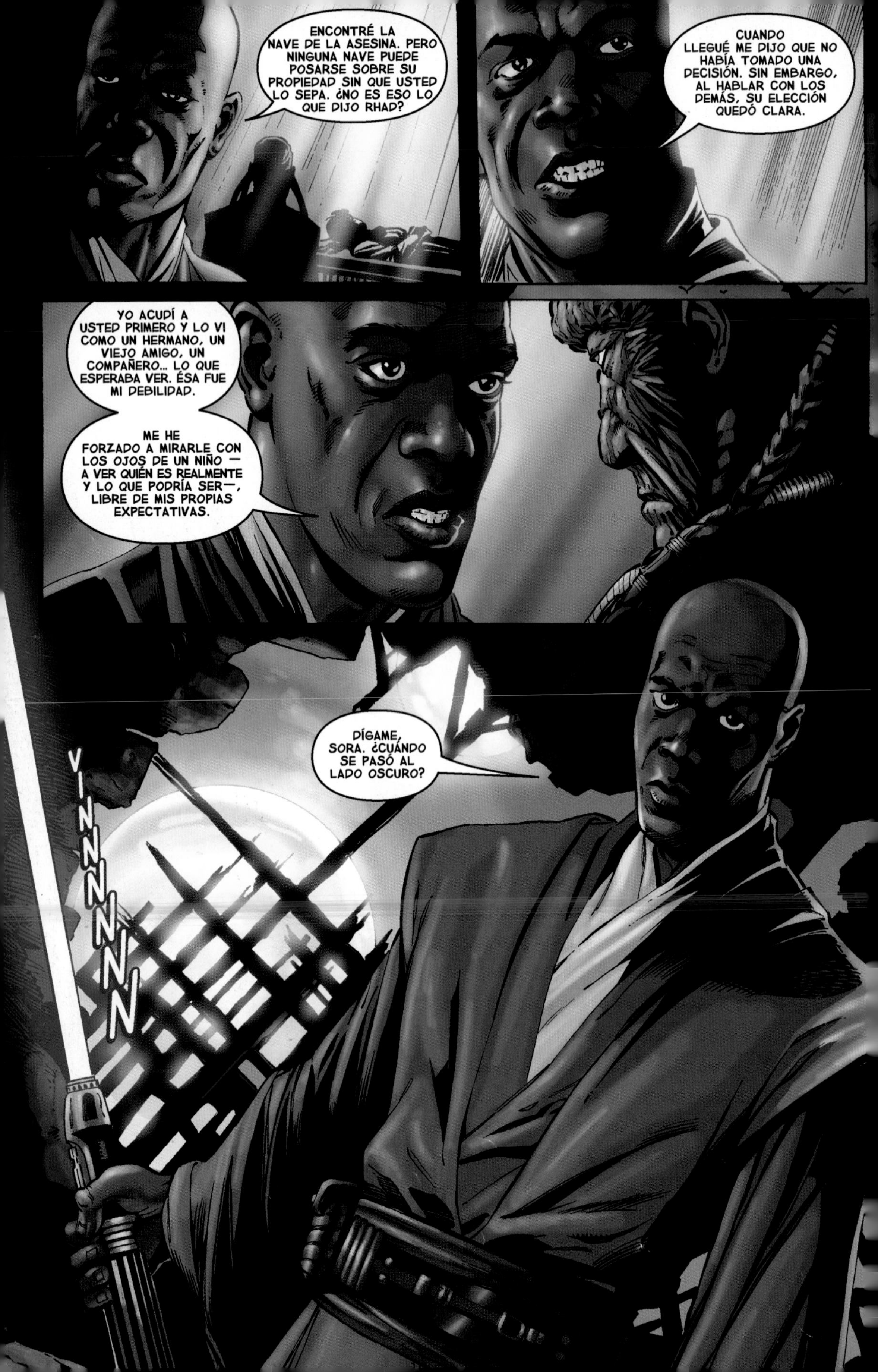
ENCONTRÉ LA NAVE DE LA ASESINA. PERO NINGUNA NAVE PUEDE POSARSE SOBRE SU PROPIEDAD SIN QUE USTED LO SEPA. ¿NO ES ESO LO QUE DIJO RHAD?
CUANDO LLEGUÉ ME DIJO QUE NO HABÍA TOMADO UNA DECISIÓN. SIN EMBARGO, AL HABLAR CON LOS DEMÁS, SU ELECCIÓN QUEDÓ CLARA.
YO ACUDÍ A USTED PRIMERO Y LO VI COMO UN HERMANO, UN VIEJO AMIGO, UN COMPAÑERO... LO QUE ESPERABA VER. ÉSA FUE MI DEBILIDAD.
ME HE FORZADO A MIRARLE CON LOS OJOS DE UN NIÑO — A VER QUIÉN ES REALMENTE Y LO QUE PODRÍA SER—, LIBRE DE MIS PROPIAS EXPECTATIVAS.
DÍGAME, SORA. ¿CUÁNDO SE PASÓ AL LADO OSCURO?
VINNNNNNN

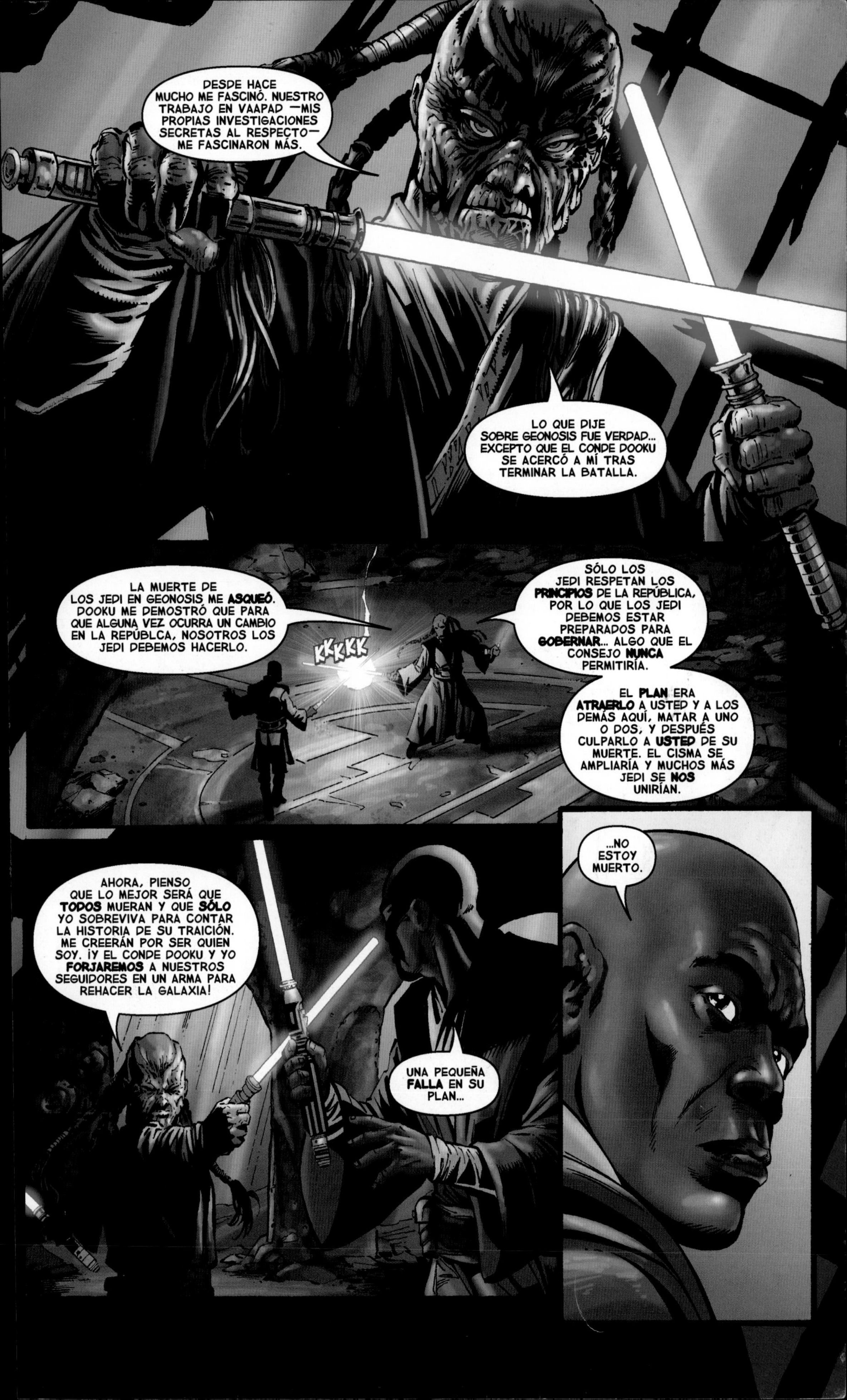

DESDE HACE MUCHO ME FASCINÓ. NUESTRO TRABAJO EN VAAPAD —MIS PROPIAS INVESTIGACIONES SECRETAS AL RESPECTO— ME FASCINARON MÁS.
LO QUE DIJE SOBRE GEONOSIS FUE VERDAD... EXCEPTO QUE EL CONDE DOOKU SE ACERCÓ A MÍ TRAS TERMINAR LA BATALLA.
LA MUERTE DE LOS JEDI EN GEONOSIS ME ASQUEÓ. DOOKU ME DEMOSTRÓ QUE PARA QUE ALGUNA VEZ OCURRA UN CAMBIO EN LA REPÚBLCA, NOSOTROS LOS JEDI DEBEMOS HACERLO.
KKKKK
SÓLO LOS JEDI RESPETAN LOS PRINCIPIOS DE LA REPÚBLICA, POR LO QUE LOS JEDI DEBEMOS ESTAR PREPARADOS PARA GOBERNAR... ALGO QUE EL CONSEJO NUNCA PERMITIRÍA.
EL PLAN ERA ATRAERLO A USTED Y A LOS DEMÁS AQUÍ, MATAR A UNO O DOS, Y DESPUÉS CULPARLO A USTED DE SU MUERTE. EL CISMA SE AMPLIARÍA Y MUCHOS MÁS JEDI SE NOS UNIRÍAN.
AHORA, PIENSO QUE LO MEJOR SERÁ QUE TODOS MUERAN Y QUE SÓLO YO SOBREVIVA PARA CONTAR LA HISTORIA DE SU TRAICIÓN. ME CREERÁN POR SER QUIEN SOY. ¡Y EL CONDE DOOKU Y YO FORJAREMOS A NUESTROS SEGUIDORES EN UN ARMA PARA REHACER LA GALAXIA!
UNA PEQUEÑA FALLA EN SU PLAN...
...NO ESTOY MUERTO.

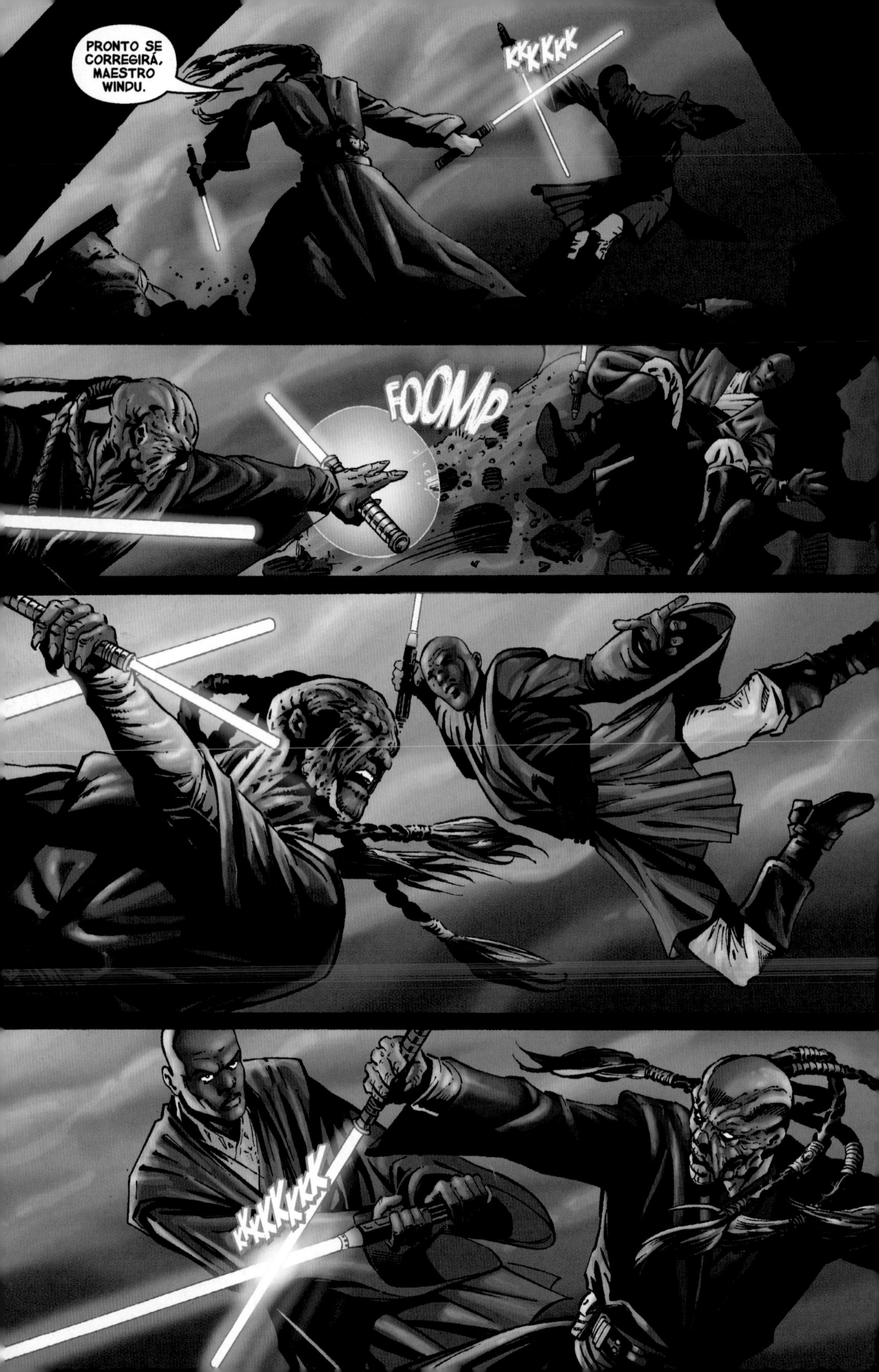
PRONTO SE CORREGIRÁ, MAESTRO WINDU.
KKKKKK
FOOMP
KKKKKKK

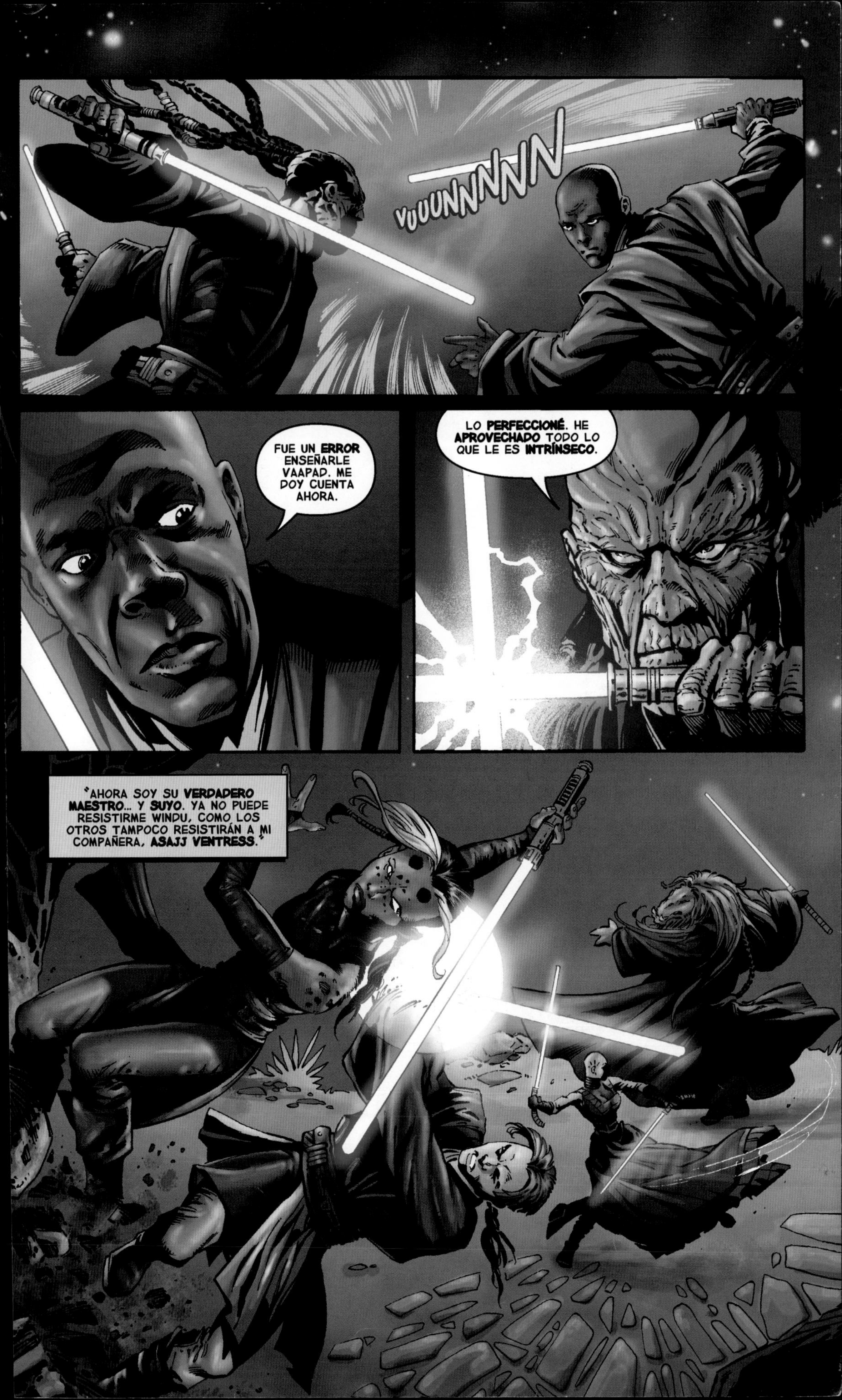
VUUUNNNNN
FUE UN ERROR ENSEÑARLE VAAPAD. ME DOY CUENTA AHORA.
LO PERFECCIONÉ. HE APROVECHADO TODO LO QUE LE ES INTRÍNSECO.
"AHORA SOY SU VERDADERO MAESTRO... Y SUYO. YA NO PUEDE RESISTIRME WINDU, COMO LOS OTROS TAMPOCO RESISTIRÁN A MI COMPAÑERA, ASAJJ VENTRESS."

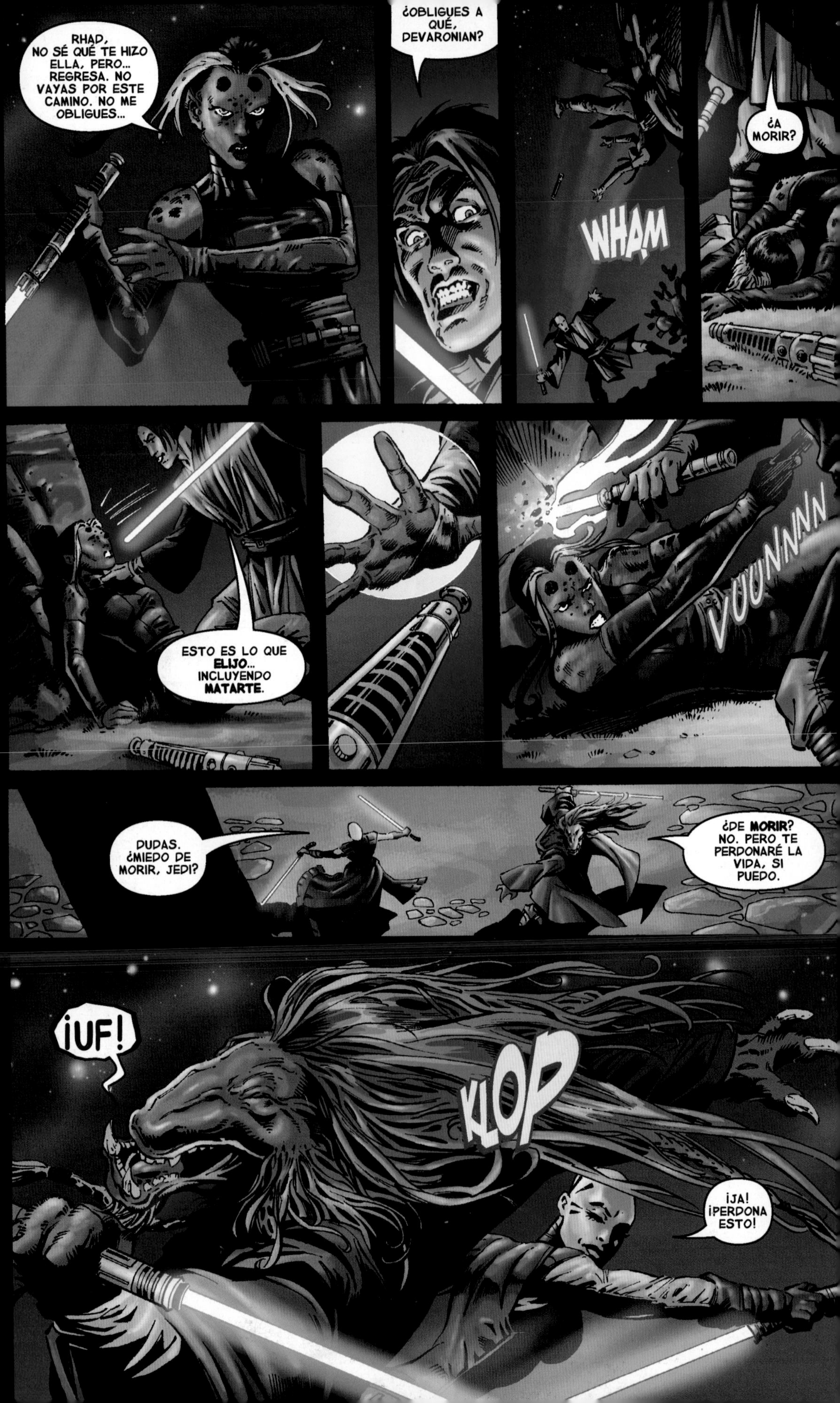
RHAD, NO SÉ QUÉ TE HIZO ELLA, PERO... REGRESA. NO VAYAS POR ESTE CAMINO. NO ME OBLIGUES...
¿OBLIGUES A QUÉ, DEVARONIAN?
WHAM
¿A MORIR?
ESTO ES LO QUE ELIJO... INCLUYENDO MATARTE.
VUUNNNN
DUDAS. ¿MIEDO DE MORIR, JEDI?
¿DE MORIR? NO. PERO TE PERDONARÉ LA VIDA, SI PUEDO.
¡UF!
KLOP
¡JA! ¡PERDONA ESTO!

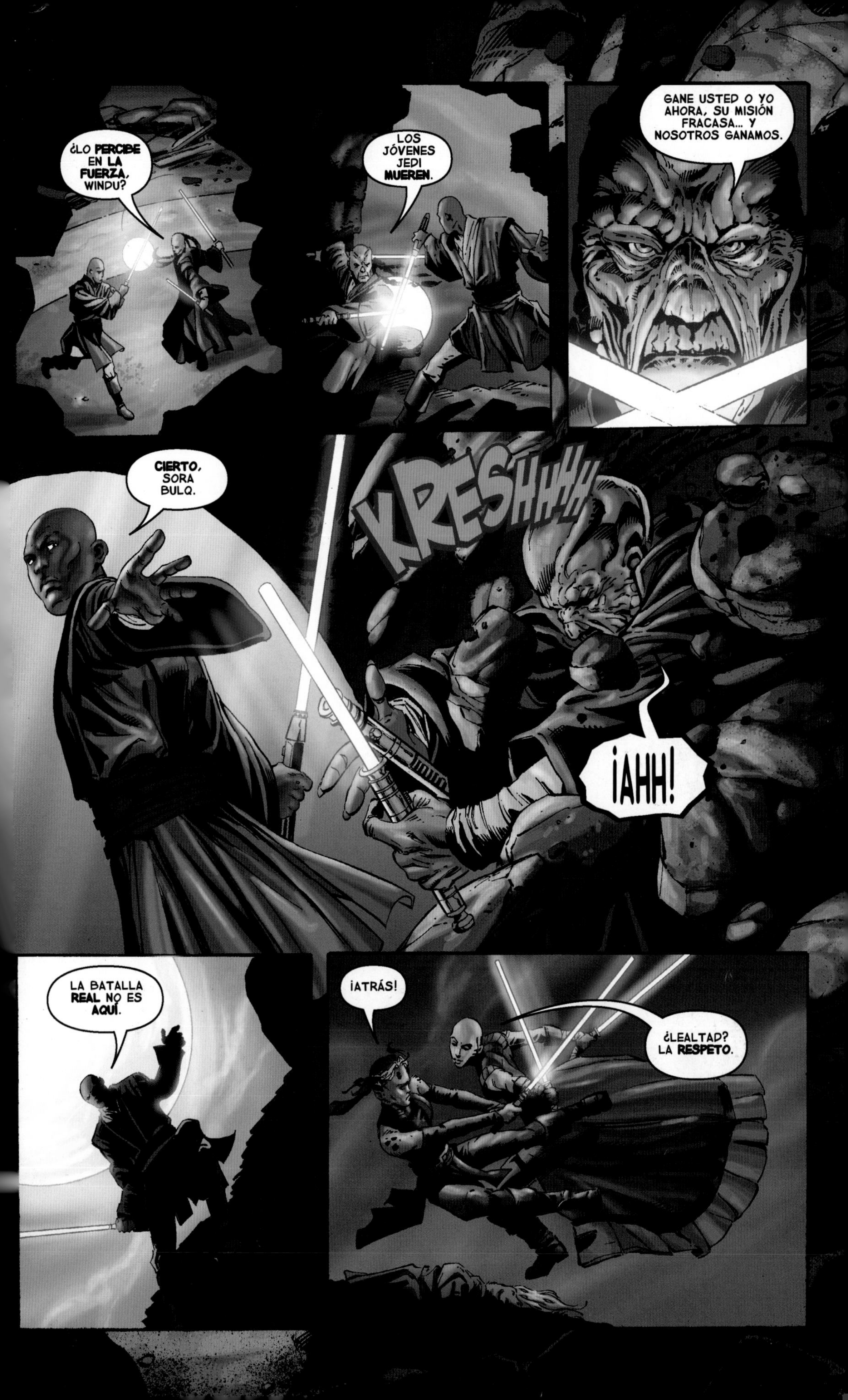
¿LO PERCIBE EN LA FUERZA, WINDU?
LOS JÓVENES JEDI MUEREN.
GANE USTED O YO AHORA, SU MISIÓN FRACASA... Y NOSOTROS GANAMOS.
CIERTO, SORA BULQ.
KRESHHHH
¡AHH!
LA BATALLA REAL NO ES AQUÍ.
¡ATRÁS!
¿LEALTAD? LA RESPETO.

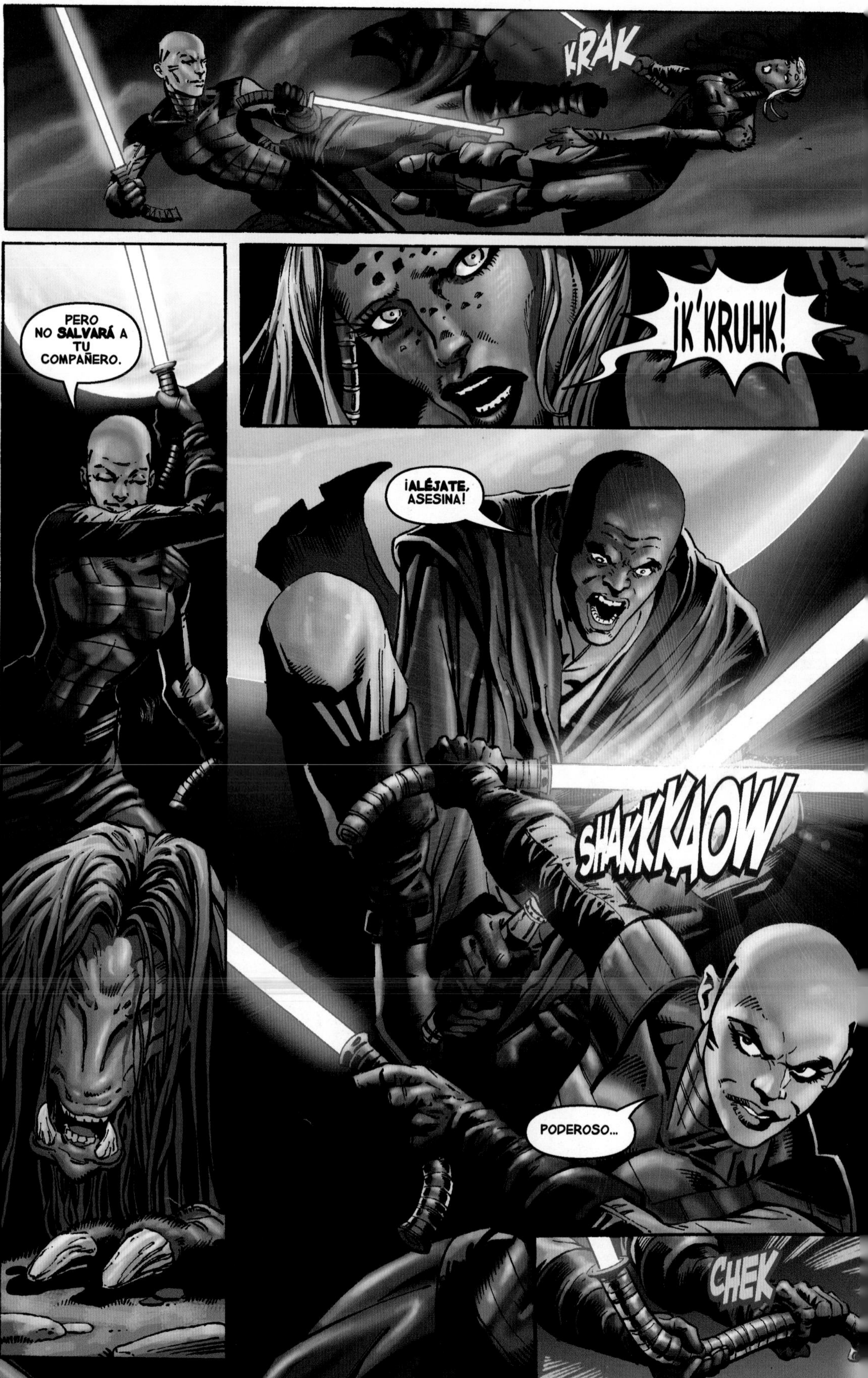
KRAK
PERO NO SALVARÁ A TU COMPAÑERO.
¡K'KRUHK!
¡ALÉJATE, ASESINA!
SHAKKKAOW
PODEROSO...
CHEK

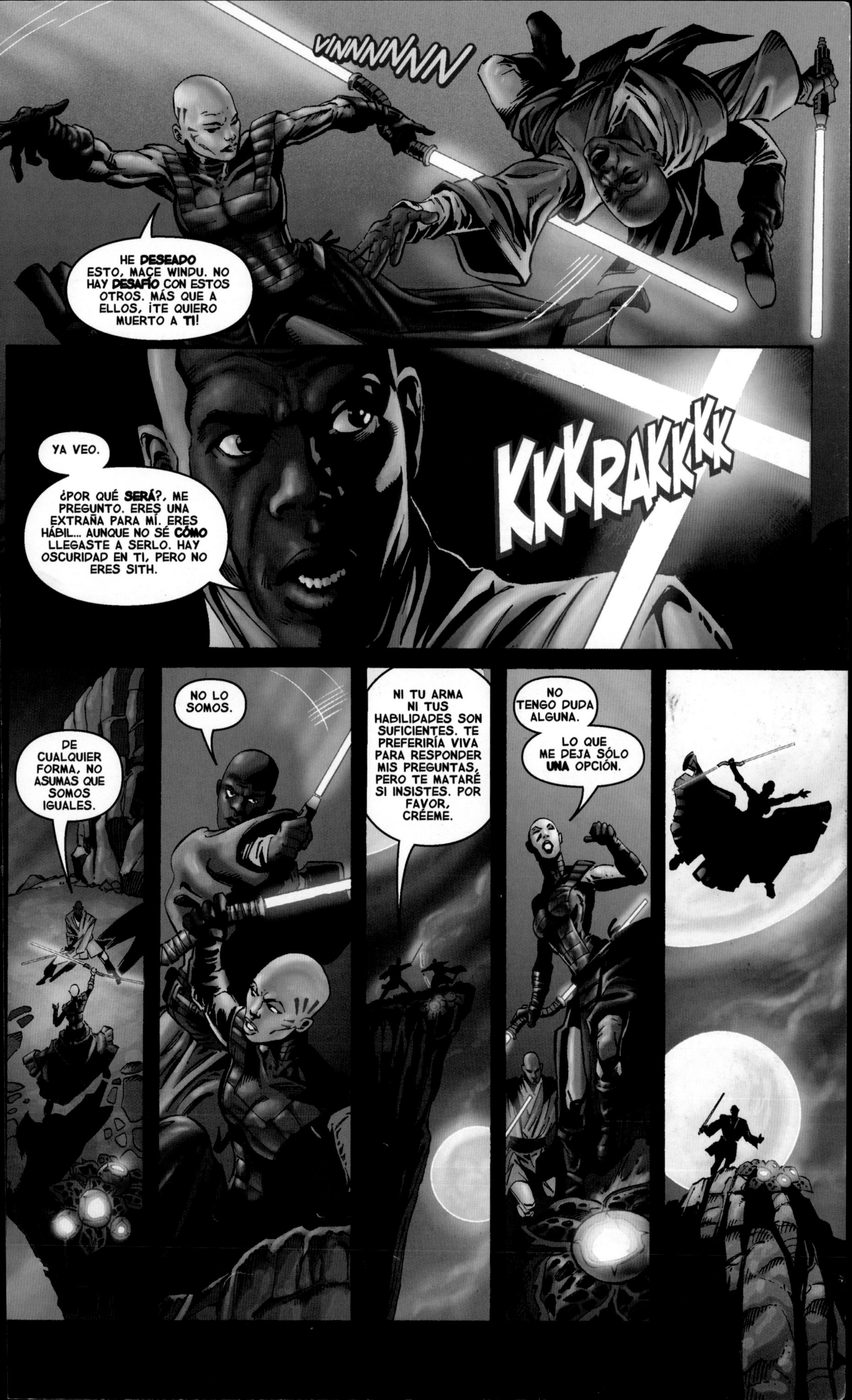
VNNNNNNN
HE DESEADO ESTO, MACE WINDU. NO HAY DESAFÍO CON ESTOS OTROS. MÁS QUE A ELLOS, ¡TE QUIERO MUERTO A TI!
KKKRAKKKK
YA VEO.
¿POR QUÉ SERÁ?, ME PREGUNTO. ERES UNA EXTRAÑA PARA MÍ. ERES HÁBIL... AUNQUE NO SÉ CÓMO LLEGASTE A SERLO. HAY OSCURIDAD EN TI, PERO NO ERES SITH.
DE CUALQUIER FORMA, NO ASUMAS QUE SOMOS IGUALES.
NO LO SOMOS.
NI TU ARMA NI TUS HABILIDADES SON SUFICIENTES. TE PREFERIRÍA VIVA PARA RESPONDER MIS PREGUNTAS, PERO TE MATARÉ SI INSISTES. POR FAVOR, CRÉEME.
NO TENGO DUDA ALGUNA.
LO QUE ME DEJA SÓLO UNA OPCIÓN.

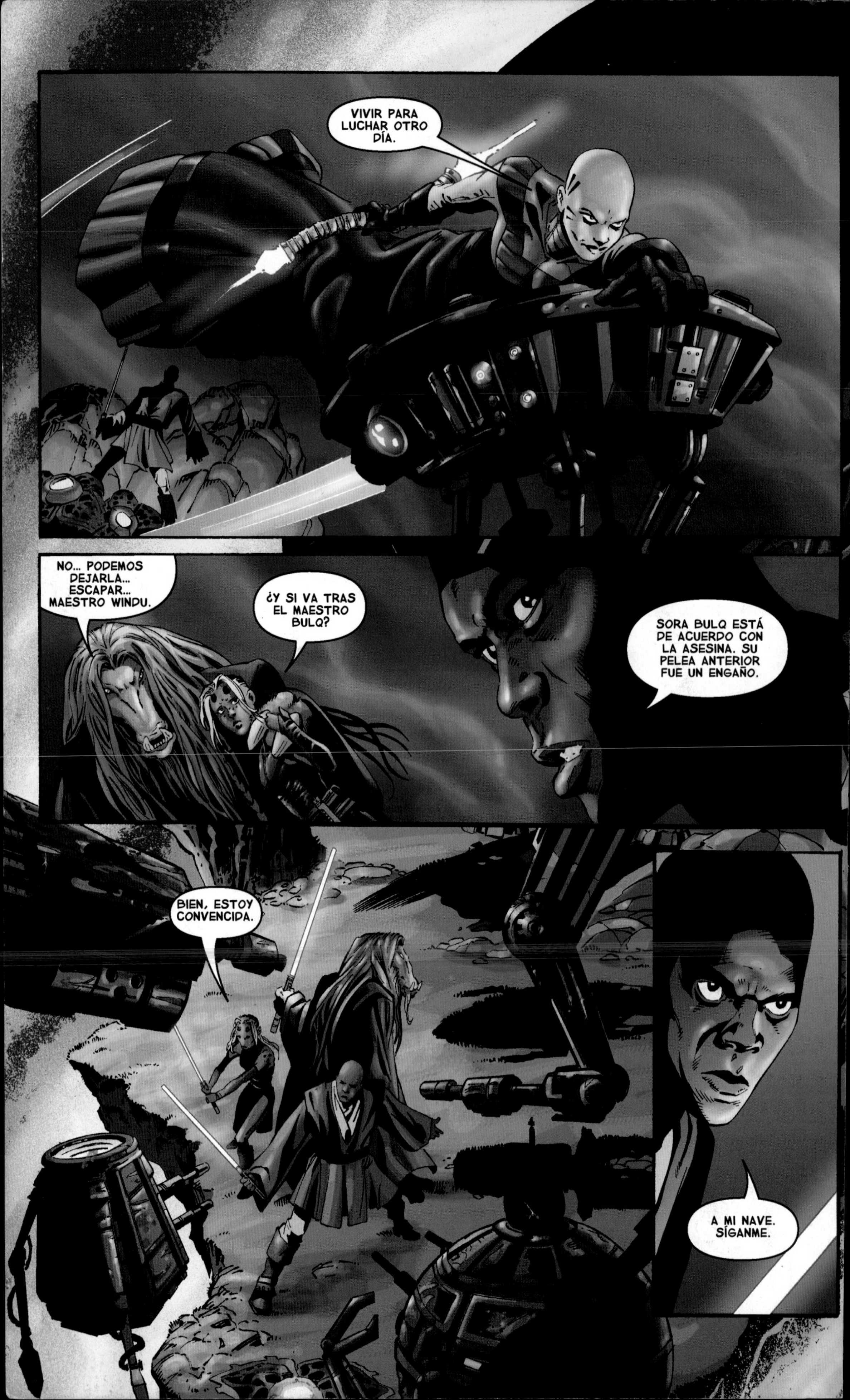
VIVIR PARA LUCHAR OTRO DÍA.
NO... PODEMOS DEJARLA... ESCAPAR... MAESTRO WINDU.
¿Y SI VA TRAS EL MAESTRO BULQ?
SORA BULQ ESTÁ DE ACUERDO CON LA ASESINA. SU PELEA ANTERIOR FUE UN ENGAÑO.
BIEN, ESTOY CONVENCIDA.
A MI NAVE. SÍGANME.

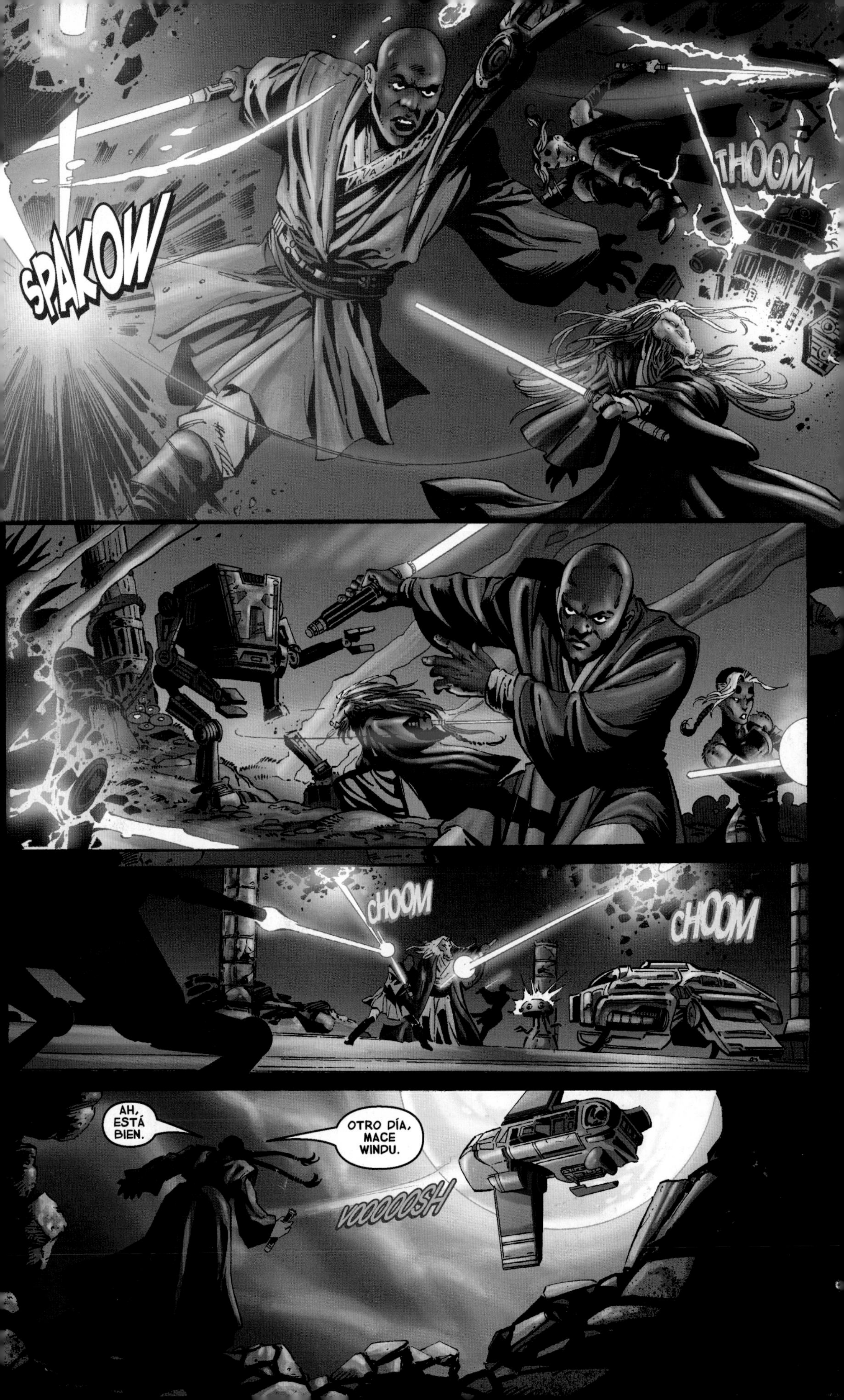
THOOM
SPAKOW
CHOOM
CHOOM
AH, ESTÁ BIEN.
OTRO DÍA, MACE WINDU.
VOOOOOSH

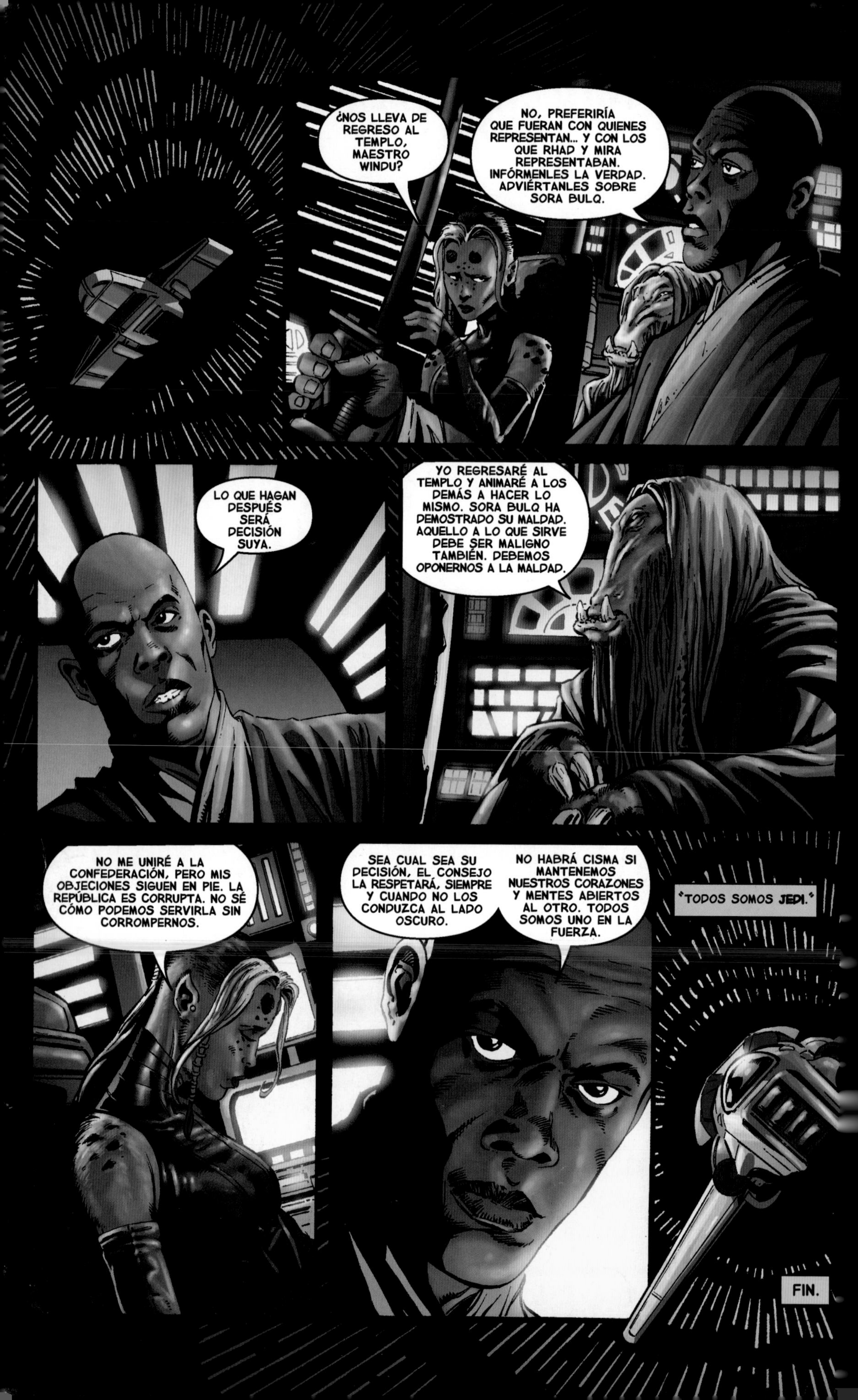
¿NOS LLEVA DE REGRESO AL TEMPLO, MAESTRO WINDU?
NO, PREFERIRÍA QUE FUERAN CON QUIENES REPRESENTAN... Y CON LOS QUE RHAD Y MIRA REPRESENTABAN. INFÓRMENLES LA VERDAD. ADVIÉRTANLES SOBRE SORA BULQ.
LO QUE HAGAN DESPUÉS SERÁ DECISIÓN SUYA.
YO REGRESARÉ AL TEMPLO Y ANIMARÉ A LOS DEMÁS A HACER LO MISMO. SORA BULQ HA DEMOSTRADO SU MALDAD. AQUELLO A LO QUE SIRVE DEBE SER MALIGNO TAMBIÉN. DEBEMOS OPONERNOS A LA MALDAD.
NO ME UNIRÉ A LA CONFEDERACIÓN, PERO MIS OBJECIONES SIGUEN EN PIE. LA REPÚBLICA ES CORRUPTA. NO SÉ CÓMO PODEMOS SERVIRLA SIN CORROMPERNOS.
SEA CUAL SEA SU DECISIÓN, EL CONSEJO LA RESPETARÁ, SIEMPRE Y CUANDO NO LOS CONDUZCA AL LADO OSCURO.
NO HABRÁ CISMA SI MANTENEMOS NUESTROS CORAZONES Y MENTES ABIERTOS AL OTRO. TODOS SOMOS UNO EN LA FUERZA.
"TODOS SOMOS JEDI."
FIN.